第二卷　自罗马废除君主专制到意大利统一

历史学家不应以恐怖故事震惊读者。

——波利比乌斯

目录

1/ **第一章**
政治体制变迁——行政长官权力的限制、罗马的政治矛盾和社会矛盾

27/ **第二章**
平民保民官和十人政治

55/ **第三章**
阶级平等运动及贵族和平民的新联盟

97/ **第四章**
伊特鲁里亚势力的衰落和凯尔特人

123 / **第五章**
罗马征服拉丁和坎帕尼亚

149 / **第六章**
意大利抗击罗马

180 / **第七章**
皮洛士王和罗马的斗争以及
意大利统一

238 / **第八章**
法律、宗教、兵制、经济、民族

269 / **第九章**
艺术与科学

第一章

政治体制变迁——行政长官权力的限制、罗马的政治矛盾和社会矛盾

在国家及其相关的所有事务中，做到团结一致和无所不能这两点，是意大利政治体制的核心原则，但它允许一个国家首脑终身享有无上的权力，这一点不仅其敌人能够感受到，它的臣民也必然会有深切的体会。权力滥用和压迫人民是这种制度的必然结果，同时，也必然会有人努力去削弱这种权力。然而，罗马的改革和革命斗争与它们的不同之处则在于：人们从未致力于限制国家的权力，或者去剥夺国家相关机构的权力，人们从未在争夺个人天赋权利的同时去反对国家的

权力，相反，他们反对的是国家所体现的那个政治体制。从塔克文氏时代直至格拉古时代，罗马进步党派的诉求都不是为了限制国家的权力，而是要限制官吏的权力。此外，罗马人从未忘记一条事实：人民不应该是统治者，而应该是被统治者。

这种斗争都发生在公民内部，但与之并行的还有另外一种斗争：非公民争取政治平等的努力，其中包括平民、拉丁人、意大利人以及其他被解放的奴隶的斗争。所有这些人，不管是否是公民（平民和自由民属于公民，而拉丁人和意大利人不是），他们都极其缺乏并深切渴求政治平等。

第三种矛盾更为普遍，那就是贫富矛盾，尤其是财产被没收者或受威胁者与富人之间的矛盾。罗马的法律和政治关系造成了为数众多的农民阶级的兴起：他们一部分是依赖于资本家的小型业主，一部分是依赖于地主的短期承租人。这种政治关系还经常剥夺他们个人甚至整个阶层的田产，但不会影响他们的个人自由。由于这些原因，农业无产阶级在早期就逐渐壮大，对于整个国家的命运产生了巨大的影响，而城市无产阶级直到很久以后才在政治上取得了立足之地。

就是以上这些矛盾决定了罗马的国内史，可以想见，它们还决定了意大利其他一些地区的历史，虽然这些历史我们无从考证。享有充分特权的公民内部的政治运动、排斥者与被排斥者之间的战争、有产者与无产者之间的冲突，虽然相互交织、错综复杂，并经常结成奇特的同盟，但它们从本质上还是有区别的。

国家首脑终身制的废除

塞尔维乌斯改革使得非公民和公民在军事上处于平等的地位，但这次改革似乎是出于行政的考虑，而不是某一政治党派的主张，我们由此可以推断，这次导致内部危机和政体改变的运动，最初的目的是限制官吏的权力。这次罗马最早的反对派运动的最初成绩就是取消了国家首脑的终身任期制，也就是说，取消了君主专制。这是事物自然运动的必然结果，这一点事实已经证明，因为此后，在整个意大利-希腊世界里，政治体制都遭到了相似的变革。不仅在罗马，在其他一些拉丁国家，甚至在萨贝利、伊特鲁里亚、阿普利亚等地区。可以说，和希腊各国一样，在所有的意大利城邦内，我们发现，早期的国家首脑终身制都被废弃，取而代之的是每年一任的首脑制。比如在卢卡尼亚地区，有证据表明，在和平时期，那里实行的是民主制，只有面临战争时，行政官员们才会指派一个国王，也就是类似于罗马独裁官的官员。在萨贝利各国，如卡普亚和庞贝，后期都由一个"国家管理人"来管理，而且每年一换。我们由此可以推断，类似的制度也存在于意大利其他城邦。

从这个角度看，罗马执政官取代国王的原因就无须任何解释了。古希腊和意大利的政体由首脑终身制发展成为首脑任期制，且通常为每年一任，这是其自我发展的必然结果。这种变化的原因虽然简单，其途径却有很多种，可能是因为一个终身制统治者死后，他们决定不再选举下一个，据说在罗慕路斯死后，罗马元老院就决定采取这条道路；也可能是因为统治者本人主动退位，相传塞尔维乌斯·图利乌斯国王就有过这个打算；或者可能是广大人民群起反抗一个残暴的统治者，并将他驱逐下台。

塔克文氏被逐出罗马

罗马的君主专制制度就是以最后这种方式结束的。尽管塔克文氏王朝的最后一任国王"骄傲"的塔克文氏被赶下台一事在历史上流传着很多逸事和佳话，最终演变成了一段罗曼史，但最主要的事实还是无可置疑的。以下事实据说就是人民反抗他的原因：国王没有按要求与元老院洽商，没有补足元老院缺额；没有咨询元老的意见就自作主张宣判某人死刑或没收某人财产；他在谷仓里囤积了大量粮食，还要求公民额外服兵役和劳役。以下事实可以证明人民的怒火有多大：他们以自己和子孙后代的名义起誓，此后再也不愿容忍一个国王；在罗马，"国王"这个名字总会引起人们莫名的憎恨；最重要的是，他们出台法令规定"国王仅为祭祀"（祭献人）。他们认为必须有这样一个人进行献祭，这样诸神才不会失去自己已经习惯的中间人，但他不能担任一切职务，他地位虽高，权力却是最小的。和末代国王一起，他的族人被全部放逐，这也说明当时的氏族关系多么密切。塔克文氏家族由此辗转到了凯雷，那儿也许就是他们最早的家乡，他们的祖墓最近就在那里被发现。从此，罗马废弃了终身制的首脑，取而代之的是两个每年一任的执政官。

关于这个重大的事件，以上就是历史上可以确定的事实[1]。可以想见，在罗马这样一个幅员辽阔的大国，王权，尤其是累世执政于此的王朝，必然会遭到比在小国更激烈的抵制，斗争也会更加残酷，好在没有确凿的证据表明，它会遭到其他国家的干涉。和伊特鲁里亚的那场战争——由于罗马编年史时间顺序混乱，被排在紧挨塔克文氏家族惨遭驱逐的时期——也不能被看作是伊特鲁里亚为了支持一个在罗马受到伤害的同胞，就干预了罗马的内政，因为尽管伊特鲁里亚人大获全胜，他们并没有恢复罗马的君主专制制度，甚至根本没有迎回塔克文氏家族。

执政官的权限

虽然我们无法知晓这个重大事件的历史联系，幸运的是，我们对于此次政体变化的本质却有着清楚的了解。事实证明，此次王权遭到剥夺，跟以前王位空缺时，临时找一个"过渡国王"的情况完全不同。实际情况就是，终身制的国王已经完全被两个"一年王"所取代。这些执政官自称"将军"或者"大法官"，或者就是简单的同僚执政官[2]。同僚职位和一年任期正是共和制区别于君主制的地方，这也是历史上第一次出现。

同僚安排

上面第三个也即现在最常见的一个称呼，就来自"同僚原则"，它在此以一种特别的形式出现。最高权力并不是移交给两个执政官共同行使，而是每个执政官都可以单独拥有，并充分行使这种权力，如同一个国王。并非一个执政官掌管司法，另一个掌管军队，而是同时掌管国家司法，共同去军队巡察。如有冲突发生，解决问题的方式就是按月份或者天数轮流掌管。此外，权力范围的划分，至少在最高军事指挥权方面，毫无疑问从一开始就有的，比如一个执政官带领部队攻打埃魁人，另一个则带队攻打沃尔西人，但这种分工没有绝对的约束力。每一位执政官都可以随时干预另一位权限内的事情，所以，当两种最高权力发生碰撞时，一个执政官禁止另一个命令的事情，他们的命令就会相互抵消。这种最高长官同僚制的政体，若非罗马人所特有，也是拉丁人特有的，至少在罗马共和国它还行得通，但在其他大国找到类似的例子就很难了。很明显，这种体制的初衷是在法律上尽可能地保存王权。结果，它没有把王权分成几部分，也没有把它从一个人移交给两个人，相反，它让王权成倍增加，然后在必要的时候，让它们相互抵消。

任职期限

至于他们的任职期限，之前"过渡国王"五天的过渡期为其提供了一个法律先例。通常，执政官的执政期限自即位之日起不允许超过一年，一年期满就不再是执政官，就如"过渡国王"五天的过渡期一样[3]。由于规定了任职期限，以前国王各种事实上不负责的行为，在执政官这里都不复存在。罗马共和国的国王固然要受到法律限制，而不是凌驾于法律之上，然而，罗马人认为，你不能在他自己的法庭起诉最高法官，同样，国王可能确实犯了错，但没有法庭可以起诉他，所以他就逃脱了惩罚。对于执政官，如果他犯了谋杀罪或叛国罪，只要他在位，他的职位可能会保护他，不过一旦任期结束，他就会遭到与其他公民一样的惩罚。

除了这些主要的、影响政体原则的变化之外，还有一些次要的、更多有关外部的限制，其中一些限制还产生了深远的影响。国王利用公民耕其私田的做法，非公民作为整体必须服从国王从而获得其保护的特殊关系，随着终身制的废除也都荡然无存了。

上诉权

迄今为止，涉及刑事诉讼、罚款和体罚时，案件都要由国王来侦查和裁判，甚至罪犯是否有权上诉也要由国王来决定。《瓦莱里法》（罗马纪元245年即公元前509年）规定，除非军法从事，否则执政官必须允许被判死刑或体罚的犯人进行上诉，后来一条法律（具体日期不定，但于罗马纪元303年即公元前451年通过）又增加了罚重金一罪，扩大了此项规定的范围。当执政官以法官的身份而不是将军的身份出现时，其侍从会把斧钺置于一旁作为上诉权的象征，而之前，侍从们都是手持斧钺，表示其主人拥有刑事裁判权。如果法官不允许犯人上诉，法律对他的惩罚也无非就是声名狼藉，按照当时的情况，也就是道德上有污点，其坏处无非就是此人做证的资格被取消。同样，在法律上，旧的王权不可能被削弱，改革后对于首脑权力的限制，严格来讲，只在事实和道德上具有一定作用。所以，执政官是在旧的王权框架内行事，他完全可能歪曲正义，但这不算犯罪，从而不会受到惩罚。

同样，民事诉讼方面也出现了相同趋势的限制。执政官刚就职时，他们自由裁量私人之间法律争端的权力就被剥夺了。

委任权的限制

刑事和民事诉讼改革与将职权交给副手或继任者的有关规定相联系。尽管国王拥有绝对自由去委任代理人，但他没有这么做的必要，执政官们移交权力的方式则截然不同。如果最高法官离开都城，他必须指派一位副手来掌管司法。这样的规定对执政官也同样适用，但这个副手并不拥有同僚执政的权力，相反，任命副手的任务会落到最后一位离城的执政官身上。但是执政官本人仍在都城时，他的委任权在设置这一职位时就遭到限制，他只能在某些规定的情况下行使这种权力，超过规定的范围则禁止行使。如前所言，整个司法体系就是根据这个原则组建的。执政官可以在重大案件中行使他的刑事裁判权，他把裁决结果呈交给公众，由公众来肯定或者否决。就我们所知，他从来没有或者很快就不能行使这种权力了，或许只有在由于某种原因不能诉诸公众时，他才可以进行刑事裁决。最高长官理论上有最高司法权，但实际上都是通过代理人行使，虽然此人是由他来任命的。

刑事诉讼过程这么安排，避免了最高长官和国家利益之间产生冲突。这些代理人包括两位非常任的审判暴乱和叛国罪的法官以及两位常任的缉凶法官。其实在王权时期，国王派人代表他审理案件时其安排也大概类似，但是后来这个政体的常任职位以及行使权力的同僚原则，都是共和国所特有的。后面这种安排之所以如此重要，是因为它第一次和两个常任最高长官并列设置了两个助手，助手由各最高长官就职时指派，并和他同时离任。助手的职位和最高长官一样，也是按照常任的原则设置的，遵守同僚安排，任期也是一年。这还不是后来的低级官吏制度，至少从共和国与官吏职位的联系这方面来说还不是，因为它的被委任长官不是来自人民的选举，但有一点毫无疑问，后来的低级官吏制度发展形式虽然多样，但它们的起点都源于此。

与此类似，最高长官裁判民事诉讼的权力也遭到限制，正如国王派副手审理私人案件的权力也移交给了执政官。当他确定案件原、被告的身份后，再派人按照自己的命令去处理此案。

这样，留给执政官的主要政务就是管理国库和国家档案库，但同时，至少从很早开始，就会有常任助理和他们一起完成此项任务。毫无疑问，这些助理，比如财务官等，在办理案件时绝对听命于执行官，但是如果没有他们的帮助和参与，执政官就无法开展工作。

另一方面，如若没有上述规定，身在都城的首脑本人必须亲自处理事务，比如在案件审理之初，他无论如何都不能委托别人来代替自己。对于执政官委托权的这种双重约束存在于城市管理之中，主要存在于司法和财务方面。然而，作为国家的最高统帅，执政官仍然享有将自己全部或部分职责委托给别人的权力。对于移交民事权力和军事权力的不同规定解释了以下一些问题：为什么在罗马政府民事活动中，代理行政长官不可能存在？为什么非行政长官永远不可能代表纯粹的民事行政长官？另一方面，为什么军事代理长官会被排除在国家民事活动之外？

继任人提名

国王没有提名继任人的权力，临时执政者才有[4]。从这方面看，执政官和后者的地位相似，然而，在罗马共和国政府内部，如若临时执政者没有行使此项权力，他仍和以前一样享有此项权力，其职位也仍然会持续下去，任期不会缩短。不过，考虑到公民的利益，其提名权已遭到极大限制，他提名继任人时必须征得公民的赞同，也就是说，他只能提名公民爱戴的人。毫无疑问，从某种意义上看，由于这种限制，最高执政长官的提名权已经大部分转移到了国家和公民的手中，但事实上，建议权和正式提名权之间还存在着巨大的差异。操纵选举的执政官不仅仅是个选举监察人，他仍然可以利用自己的王者特权排挤一些候选人，或者对选票置之不顾。起初，他甚至可以把候选人的名单缩减为自己选中的几个人，然后，更重要的是，当独裁官指定同僚执政官的时候（下文很快要讲到这一点），他们并没有咨询民意，相反，他们同样可以自由行事，正如以前的临时执政者指定国王一样。

祭司提名的一些改变

对于祭司的提名，原本是国王的特权，并没有移交给执政官：祭司团的职位如有空缺，则由同级别的祭司自行补充，而维斯塔贞女和单独的祭司则由主教祭司团推举产生，同时，主教祭司团对于维斯塔女祭司还拥有父辈一样的管制权。其实以上权力只有在单个人行使时，才最为恰当，所以主教祭司团此时会首先推举一位领头，称作大祭司长。我们之前所提到的"献祭王"既没有国王的民政权，也没有其宗教权，他所拥有的仅仅是授予其身的一个头衔。

这样，宗教和民政最高领导权的分离——新任大祭司长的半官方职位和罗马其他祭司的特征完全不同，这是政体改革最有意义、最为重要的一点。它们的目的就是限制官吏的权力，保护贵族的利益。

我们曾经提道，国王的身份会带来人们的崇敬和畏惧，而执政官既无国王身份，又无宗教权力，侍从们又没有手持斧钺，故其外部身份远不如原先的国王。不仅如此，国王们身着紫衣以示尊贵，而执政官与其他公民的区别仅仅是衣服上镶有一道紫边。同时，国王外出时一般乘坐战车，而执政官则必须遵守规定，在城内均需步行。

独裁官

对于执政长官权力和外部排场的限制，仅适用于一般的国家元首。在特殊情况下，会出现一个单独的元首，和另外两位公众推举的执政官并列，这位元首就是"陆军统帅"，通常也被称为"独裁官"。在选举独裁官时，民众无法产生任何影响，他完全是由其中一位时任执政官推举的，对此，其同僚或其他任何官员都无法阻挠。和之前的国王一样，独裁官对案件的判决是终结性的，除非他本人允许，否则任何人不得提起上诉。独裁官一旦上任，其他所有官员必须听命于他。另一方面，独裁官的任期也受到两方面的限制：首先，作为两位执政官的同僚，且其中一个还是他的推举人，所以他的任期不能超过两位执政官的任期；其次，法律规定，他任期的最大期限为六个月。对于独裁官还有一个特殊的规定：在他上任伊始，这个"陆军统帅"就要指定一个"骑兵统帅"作为他的直属下属，并与他同时离职，就如财务官之于执政官一样。毫无疑问，这项规定源于如下一个事实：独裁官是陆军首领，所以依律不能骑马。从这些规定来看，独裁官制度和执政官制度应该是同时产生的，其目的是避免战事爆发时分割权力的不便，并在短期内恢复王权，因为在战时，两位执政官权力平等会招致危险。独裁官一职就是为了军事目的而设计的，这有确凿的文献证明，更重要的是独裁官及其属下的古老名称、其任期仅限于一场夏季战役的时间、其判决不允许上诉等特性都证明了这一点。

总而言之，两位执政官仍然是国家的最高行政长官、最高法官及最高将领，如同过去的国王一样，即使从宗教方面看，为国家祈福和祭祀，并以国家名义，借助精通神学者的帮助去了解神意的也是执政官而不是"献祭王"（他被推举为"献祭王"的目的也许就是为了保存这个名字）。

不仅如此，执政官还享有一种特权：在紧急时刻，无须征得民意，即可随时完全恢复王权，以此来避免由于同僚制度和司法权特别削减而引起的弊端。所以，领导这次革命的不知名的政治家就用这种纯粹罗马人的精神，以精明又简易的方式解决了问题，既在法律上保存了王权，又在实际上对其加以限制。

百夫队与公民大会

由于政体改变，民众获得了最重要的权利，如每年选举元首的权利、在最后时刻决定一个公民生死的权利，但是获得这些权利的不可能是推动政体改革的人们，那些元老已经成为贵族阶层。相反，国家的力量存在于民众中间，其中大部分人都聚集了一定的知名度和财富。尽管这部分人同样分担国家重任,他们仍被排除在公民大会之外,但是只要公民大会对国家机器的运转不产生太大的影响,只要王权高贵而自由的地位仍然得到民众的敬畏,从而在国家内部能够保持法律上的平等,那么他们被排除在公民大会之外也可以容忍。国家本身要定期进行选举并决定一些重大事宜,而元首本人也会在任期之后降为下属,这种情况就无法再持续下去,尤其是改革之初,国家经历重大变革之时,贵族和平民只有通力合作才能完成改革大业。

所以,国家的扩张在所难免,而且此次扩张的范围非常广泛,罗马辖下诸公国内,所有既非奴隶又非公民的平民都被纳入了公民的范畴。原来的公民大会,无论法律上还是事实上都是国家的首要权威机构,现在他们的特权都被剥夺了,只有在非常正式或者影响到氏族关系的问题上——比如在执政官或独裁官上任时对他们宣誓效忠(就如之前对国王宣誓效忠一样),或者过继养子、立遗嘱等法律方面还保留有一定权力,但是自此以后,公民大会不再进行任何纯属政治的决议。不久,即使平民也拥有了社区的投票权,不过到那时起,旧的公民大会已完全丧失了其聚会和进行决议的权力。这种公民大会是建立在氏族基础之上的,而氏族又仅仅存在于旧的公民团体之中,所以至此,公民大会就被彻底清除了。平民们被纳入公民团体后,他们在法律上也享有建立氏族和宗族的权利[5],这也是他们在初期唯一能做的事情。不过建立氏族的平民却只有很少一部分,这不仅有史实记载,此事本身也可以想象,所以,与旧公民大会截然相反的新公民大会就成立了,它吸纳了众多不属于任何氏族的公民。

公民大会所有的政治特权甚至刑事案件的上诉权（其实基本上都是一些政治案件）、对于行政长官的推举以及采纳或否定某项法律的权力都被移交给了军人大会，或为他们所强取，所以，百夫队之前只承担责任，现在也获得了一定的公民权利。《塞尔维乌斯·图利乌斯法》起初的一些小小改变，比如把宣布侵略战争开始的权利移交给军队等[6]就取得了很大进步，从此，公民大会完全被百夫队大会永远地夺去了势头，人们也渐渐习惯视后者为首领。在百夫队大会中，只有最高长官愿意发言或者愿意派人发言时，才会有辩论的情况产生，当然了，一旦有案件上诉，双方的陈述都要听取，决议须多数人通过才能生效。

在公民大会，有投票权的公民地位完全平等，所以，平民们成为公民后，公民大会就完全民主了，不用说，政治问题在公民大会依然是禁止的。在百夫队大会里，具有决定性影响力的不是贵族，而是有产者，同时，能够决定选举结果的优先表决权，也都掌握在骑士阶层的手里，换句话说，都掌握在富人的手里。

元老院

政体改革对于元老院的影响远不如对于国家的影响。之前的元老们不仅仍然拥有其贵族身份，而且仍然拥有其基本的特权，如指派摄政王、是否采纳公民提出的决议为宪法等。不仅如此，他们的特权还因为这次改革而得到加强，因为行政长官的任命，本来是由公民选举产生的，现在也需要得到贵族元老院的同意。就我们所知，只有提起上诉一件事不需要经过元老院的批准，因为这些决定是为了宽恕罪人，既然公民大会已经同意，就不会再被任何人取消了。

随着君主专制制度的废除，元老院的权力不仅没有减少，反而增大了许多，但在元老院还有别的事情需要讨论，并且可以采用更自由的方式去处理，所以，根据史料记载，在君主专制废除之后，很有必要吸纳一些平民，扩大元老院规模，这就引起了元老院整体上的改头换面。从最早时候起，元老院作为国家议会，但其职责并非单独在此，即使在王政时期，如果有非元老参加议会，也不会被认为违法。现今法律规定，在议会讨论某种决议时，应当允许一部分非贵族参与进来。当然，这并不意味着他们处于平等地位。议会内的平民并没有成为议员，仍然属于骑士阶层，他们不被称为"元老"，而是称作"在册者"，无权穿着代表元老尊荣的红鞋[7]。此外，他们不仅被排除在元老们专有的行政特权之外，即便议会里没有讨论重大问题，只是征询大家建议时，他们也不得不保持缄默，眼看着元老们挨个接受咨询，只有在元老们分组表决人数不均时，才用来凑个数目，引用那些傲慢的元老的话，就是"用脚投票"。无论如何，在新的制度下，平民们还是进入了议会，而不仅仅是公民大会，从而完成了通往权利平等的第一步，同时也是最艰难的一步。

除此之外，有关元老的制度都没有发生重大变化。不过很快，在贵族成员中，等级分化逐渐明显，尤其是在投票时：那些职务接近最高行政长官的或者曾担任此职务的元老，名字会出现在名单之上,会先于他人赢得投票,而其中职务最高的首席元老,很快就成了人人艳羡的对象。另一方面,时任执政官和国王一样,不再是元老院的一员,因而投票时他的一票不包括在内。议会成员的挑选——包括狭义的贵族议员和那些"在册者"——应由执政官来进行,而之前,这是国王的责任。此事说明,虽然国王仍然考虑让各氏族在元老院拥有代表,但涉及平民,他就不用有所顾忌了,因为在平民之间,氏族发展并不完善,结果,元老院与氏族之间的关系就越来越疏远了。没有信息表明,有任何法律规定拥有选举决定权的执政官在吸收平民进入元老院时,人数不能超过一定限额,同时,这样的法律规定也根本没有必要存在,因为执政官本人也属于贵族阶层。另一方面,可能从一开始,在任命元老时,执政官的职位就不如国王那么自由,他会更多地受到本阶级意见和传统的束缚。

有一条规定认为,假如执政官当选时还不是元老(这种情况在当时可能发生),要取得执政官一职,此人必须立即加入元老院,成为终身元老。这条规定可能很早就在传统习惯上得到了认可。同样,元老职位若有空缺,并不会得到及时补充,而是在人口普查的时候再去修改或完善(所以,一般来说,通常是四年一次),这也是很早形成的一项传统。这项规定对于握有选举决定权的人,也是一种权力限制。议员们的数目仍然与以前相同,其中也包括那些"在册者",从这里我们大体可以推断出贵族们的数目减少了多少[8]。

革命的保守特性

由上可见,在罗马共和国,甚至在由君主制转变为共和制时,旧的制度也都尽可能地保留了下来。如果有哪个国家的改革能够如此保守,那就是罗马,国家的制度没有一个是真正弃而不用的。这也表明了此次运动的主要特征。塔克文氏家族被驱逐在外并不是像一些满怀同情而错误百出的记载所说的,是渴望自由、追求自由的民众所为,相反,它是两个相互冲突的党派斗争的结果,而且他们很清楚自己的冲突将会稳定持续下去。他们一派是原来的公民,另一派是平民,就像1688年英国的辉格党和托利党一样,在同遭大难、面临着专制政府取代共和制的威胁时也会暂时联合起来;然而一旦大难结束,就又分裂开来。没有新公民的合作,旧公民不能废除专制,但新公民又不够强大,无法把权力从旧公民手中一劳永逸地夺过来。经过漫长的讨价还价,双方都做出了最小的让步,但是哪一种制度会最终取得胜利,两派应该团结一致,还是继续对抗,这些问题都要留给将来做决定。仅仅看到眼下的改革或者只看到最高执政长官任期的变化,这都是对影响深远的罗马革命的误解。其实罗马革命的间接作用才最为重要,甚至可能超过了革命者自己的预期。

新国家的诞生

简单地说,后人所谓的"罗马公民团"就是从这时开始的。

一直以来，平民都是非公民，他们承受着沉重的税务和负担，但从法律上看，他们只是这个国家不得不忍受的一群外来者，很难划清他们和真正的外国人之间的界限。现在，他们也被纳入了服兵役的公民的范畴，尽管还远远不能拥有与旧公民平等的地位。旧公民仍然享有法律上属于元老会议的权利，只有旧公民才有资格被选为行政长官或者祭司，他们甚至可以优先占有公共利益，比如使用公共草场等。不过无论如何，平民不再仅仅具有服兵役的义务，在公共大会或议会上，有人征询意见时，他们也可以进行投票，而那些最贫困的穷人，也和最高贵的旧公民一样，得到了上诉权的保护。这样，通往完全平等的第一步也是最艰难的一步就完成了。

罗马公民团里贵族和平民的这种融合，其中一个结果就是，旧公民变成了氏族贵族，他们无法接受新人加入，甚至不能自行弥补空缺，因为贵族不再拥有在公共议会通过法令的权力，而依靠法律接纳新家庭成为贵族的做法也更加不可能。在国王治下，罗马贵族阶级并不如此封闭，新氏族的加入并不罕见，现在，贵族阶级呈现出新的特征，这表明他们很快就会失去自己在这个国家的政治特权及尊贵地位。尽管他们可以成为军官和议员，但平民却被排除在公共官职和祭司职位之外，同时，法律上又顽固地禁止贵族和平民通婚，这都足以表明，贵族阶级从一开始就希望独享特权。

新旧公民融合的第二个结果就是对其盟国拉丁及其他国家人民居住权的详细规定。对于获得平民权利的条件必须表达得更为准确，对于扩大了的公民团与其他非公民的界限必须划分得更为清楚。这种必要并非是由于百夫队的选举权，因为此项权利仅限于固有田产者，相反，这是由于上诉权的原因，因为上诉权仅仅授予平民，而不会授予暂时或者永久居住在罗马的外国人。从人民的观点和情感来看，对于贵族和平民之间不公平的区分、罗马公民与外来人之间那种严格而傲慢的界限，其源头都可以追溯到这个时代。前者（贵族和平民）的区分，从其本质来看是相当短暂的，而后者却是政治上的不平等，会持续很长时间。政治上团结一致的要求及国家日益强大的骄傲感，此时开始根植于民众心里，并逐渐扩张，首先会削弱这种不公平的划分，之后，它会渐渐被其洪流冲刷殆尽。

法律及命令

从这一时期开始，法律和命令渐渐分开。这种区分可以从罗马这个国家的基本特征中找到基础，因为，在罗马，即使王权也要服从于而不是凌驾于法律之上。和其他具有政治潜能的民族一样，罗马人对于权威规定深刻而实际的尊重，导致了罗马公法和私法这条原则的产生：行政长官的每条命令，如果没有法律依据，至少在其任期内有效，同时会随着其任期期满而失效。很明显，从这方面看，只要首席长官是终身制，那么法律和命令之间的区分就完全消失了，而公共议会的立法活动根本不会取得任何进展。另一方面，如果首席长官的任期为一年，那议会就会拥有广泛的活动余地了。这不是完全没有实际意义的，如果执政官审判的案件没有法律效力，那么他的继任者可以重新审理。

民事权及军事权

最后，民事权和军事权的分离也发生于这个时期。在前者中，法律规定一切事情；在后者中，斧钺代表了最高权力。前者中起决定作用的是有限制的上诉权和委任权，而在后者中最高统帅拥有绝对控制权，如同国王一样[9]。军队统帅及其军队在一般情况下不得进入城区，这是一项约定俗成的原则。只有在民事机构监督之下所形成的组织和法规才具有永久效力，这项规定即便在条文中没有明示，它的精神也暗示了这一点。当然，军队统帅不顾此原则、召集人员在营地召开公民大会的事情也时有发生，并且在这种情况下所制定的法令也仍然有效，但是，按照惯例，这样的事情是不允许的，所以很快就被禁止并不再发生了。市民和士兵的不同之处在罗马公民的头脑里更加根深蒂固了。

贵族政府

不过，新共和政治的这些成果要继续发展还需要时间。尽管后代们都能深切体会到它的成效，但从当时人们的眼光看来，这次改革则是另一番模样。非公民确实获得了公民权，新公民团在百人会议中也取得了广泛的权力，但是拥有否决权的贵族元老院手腕强硬，防范森严，如同现在的上议院一样与百人大会对峙，在一切重要的事情上都有权从法律上阻止他们的自由活动，尽管元老院不能阻止百人大会追求自由的愿望，但它会以实际行动对其造成拖延或者破坏。贵族们放弃了他们作为国家唯一代表的身份却不以为意，因为他们在其他方面也确实获得了不少权益。

不错，国王和执政官一样，同属贵族，且和执政官一样都拥有推举元老的权力，但是他特殊的地位，使他不仅凌驾于平民之上，也同样凌驾于贵族之上，有时候，他甚至不得不依靠平民的支持来对抗贵族。执政官的任期很短，在任期之前或之后，他都只是个普通的贵族，说不定明天他就要听命于他今天任命的某个人，所以他决不会高高地凌驾于其他贵族之上，他心里的贵族意识一定远远强于他的长官意识。事实上，如果一个不赞同贵族统治的人由于偶然的机会入主政府，那么那些贵族自豪感强烈的同僚们一定会千方百计地干扰他施政，不仅如此，他还很容易就被独裁官所废除，更重要的是，他缺乏政治权力的第一要素——时间。一个国家的元首，不管他被授予多少权力，如果他执政的时间短暂，就绝不会真正掌管统治权，因为时间是掌管统治权的必要条件。不用说，与任期仅有一年的执政官相比，那些终身元老们的影响要大得多，以至于他们的法律关系都颠倒过来了（由于他们能够在各方面干预执政，我们这里所说的不是狭义上的贵族，而是贵族和平民融合后的贵族元老院），元老院基本上把政府权力都揽入怀内，而执政官则沦落到了代言人的地步，只能执行他们的决定。如有决议要提交国民大会进行表决，则必须先由元老院进行核准，这种做法虽然法律上并未规定，但事实上已经成为一种惯例，不容轻易改变。此外，国家间签订重要协议、管理和分配公共土地、处理后果超过一年任期的事情时，都要依照上面的惯例进行。由此可见，留给执政官的职权只有处理日常事务、进行民事诉讼的初始步骤以及指挥战争了。

还有一种改革尤其重要：无论是执政官还是独裁官，只有在元老院的允许和授意下，才可以动用公共财产。之前，国家的财政大权由国王掌管，或者至少有权自己掌管，现在，元老院规定执政官必须把财政大权授予两个常任下属。毫无疑问，这两个下属应由执政官选派，同时听命于执政官，但是可以想象，这两个下属对于元老院的依赖要远大于执政官本人对元老院的依赖[10]，至此，财政大权就完全被元老院纳于掌心。罗马元老院的财产审核权，就效果而言，和现在君主立宪制的税务审核权是一样的。

这种制度的结果不言而喻。所有贵族政府的首要条件都是：国家的权力不在单个人的手中，而是在一个团体的手中。罗马的元老院就是一个占有绝对优势的贵族团体，他们把政府的权力掌握在手，同时，不仅执行权在贵族手中，而且他们完全听命于这个掌权的团体。确实，元老院有很多人都不是贵族，但他们都不担任要职，甚至无权参与事务讨论，被排除在掌权的政府之外，在元老院处于从属的地位，并且他们还拥有使用公共草场的特权，所以在经济上也依附于这个团体。出身于贵族的执政官至少每四年可以修改一次元老名单，他的这个权力渐渐得到承认，但这种权力对于限制贵族没有任何作用，相反，它可以用来为贵族谋福利，比如，可以用它阻止某个"臭名昭著"的平民进入元老院，或者把他从元老院驱逐出去。

平民的反抗

因此可以说,这次革命的直接后果就是贵族政府的确立,不过,这并不是全部。尽管当时大多数人可能认为这次革命给平民带来的只是更严厉的专制,但我们后来人还是从中看到了自由的萌芽。贵族所得到的权力并没有牺牲国民的利益,只是限制了官员们的权力。公民们确实只获得了有限的一些权利,相比贵族们所获得的,既不实际,又不明显,千人之中可能没有一人认识到它的价值,但它们对于将来却是一个保证。迄今为止,非公民在政治上仍然毫无地位,旧公民却享有一切:现在,前者也并入了公民范畴,旧公民的地位一落千丈,因为,尽管公民平等还远远没有实现,但要攻陷一座城池,重要的是打开第一个缺口,而不是占领最后一个据点。所以,罗马公民认为他们的政治生活开始于执政官制度的开始,有其一定的道理。

尽管共和革命首先确立了贵族统治,它仍可称为是非公民或者平民的胜利,但即使从这方面看,这次革命也不带有现在我们所谓的"民主"的特点。纯粹的个人能力如果没有出身和财富的支持,在王权时代比在贵族统治时代更容易赢得功名。那时法律上并没有禁止平民加入贵族,但现在,平民们最大的野心也就是进入元老院,成为一个无权发言的附属品。所以现在的情况就是,掌权的贵族即便允许平民加入元老院,但能够列席元老院的也绝不是平民中最优秀的人才,而是一些声名显赫的家族中的首要人物,同时,这些人一旦进入元老院,就会严守其位,免得被他人夺走。所以,尽管在旧公民团体内部，人们在法律上完全平等，但在新公民团体或者以前的非公民中，人们就分裂成了享有特权的群体以及处于下层的人民。但是，按照百人大会制度，此时国家的权力都落入了地产阶级的手中——他们自从塞尔维乌斯·图利乌斯改革军队和税制以来，一直是承受国家负担的主干力量——而且掌握政权的不是大地主也不是小村民，而是农民的中间阶级。在这种制度中，老年人依然享有特权，尽管他们人数较少，但他们和年轻人所拥有的投票份额一样多。就这样，旧公民团体及其氏族贵族渐渐消亡，而新公民团体的基础渐渐形成，后者的优势就在于其拥有的田产及年龄上。这时，以家族产业和名望为基础的新贵族阶级——将来的贵族——已初露端倪。罗马共和国的保守特征在这一点上表现得最为明显：促使共和国诞生的革命同时也为新的政体描绘出了基本轮廓，而新政体也同样保守，具有同样的贵族政治。

注释

[1] 这个广为流传的故事其实大部分都是自相矛盾的。编造这个故事很大程度上都是为了对这些姓氏进行解释（布鲁图斯，波普利科拉，谢沃拉），但如果仔细考察的话，会发现故事里一些明显的历史事实都是编造出来的。比如说布鲁图斯是骑兵将领（保民官），而且在那个位置上还提议制定人民法令以驱逐塔克文氏家族，这一部分就很令人质疑，因为，依照罗马法律，一个小小的军官根本不可能有权力召开社区会议。很明显，编造这个故事的目的就是为罗马共和国提供一个法律基础，不过这个故事明显不真实，因为这种情况下，"保民官"和"执

政官"两个词就混淆了,召集百人大会的权力本应属于后者,现在,在故事中,保民官也有召开区民会议的权力了。

[2] Consules 是指两个人共同做事,praesul 指一个人先做,exsul 指一个人被排斥,insula 指一个人加入进来,本意指落入海中的一大块岩石。

[3] 执政官就职的日子与新年开始的日子(三月一日)并不一致,而且也不固定。离职的时间根据就职的时间而定,除非该执政官是顶替中途离职的另一执政官,在这种情况下,替补者就会继承前任的所有权力,当然还有他的任期。在早期,只有一位执政官离职时才会有替补的情况发生,直到共和国的后期,才发生了两位执政官离职时都有替补的情况。所以,执政官的一年任期跨越了两个不同的年头。

[4] 这也是元老院特权的一部分,王政制度下的继任人是由法律规定的,国王没有提名的权力。

[5] 这里的平民还包括附属国人民和客民。

[6] 这是塞尔维乌斯军事组织政治效应的一个方面。

[7] 元老院的特权在外表上并没有很多,元老们穿着红鞋,执政官身着镶紫边的衣服,这就是他们身份的象征。那个时代的罗马崇尚朴实,生活朴素,不像后期那么奢华,穷人和富人之间的差别也不是很大。

[8] 第一任执政官将一百六十四位平民纳入元老院,并不被视为历史事实,它只是证明了后代的罗马考古学家无法查到多于一百三十六家罗马贵族。

[9] 再说一点并非多余,"审判权"以及"司法权"都由治安推事掌管,二者的区别仅在于,审判权受到法律的限制,而司法权则较为自由。

[10] 这是因为受到授权规定的限制。

第二章

平民保民官和十人政治

在共和国新的政体下,旧公民们依照法律掌握了充分的政治权力。此时,行政官员沦为贵族的仆人,而贵族们又通过官员掌管政权,他们在元老院也占有优势,并完全掌管所有的行政和宗教职位;只有他们才掌握有关人类及神学的知识,且对政治事务颇为了解。由于家族的支持者甚多,贵族们在公共会议中也具有很大的影响力,最后,他们还拥有审核及否决国家条令的权力。贵族们的实际权力之所以能够保存下来,可能就是因为他们及时放弃了独享的法律特权。

确实，平民们能痛切地感受到政治上的不平等，但如果贵族们了解如何让民众置身于政治斗争之外，毫无疑问，他们根本不用害怕纯粹政治上的反抗，因为平民们所要求的无非是公平的统治以及物质利益得到保障。事实上，国王被驱逐后初期，政府采取了很多措施，尤其是经济方面的措施，目的就是为了，至少表面上是为了争取民众对于政府的好感，比如降低关税、粮食价格过高时国家出面购买大批粮食、国家垄断食盐买卖等，目的就是向民众提供价格合理的粮食和食盐。国家节日也延长了一天。同样，前面提过的有关财产罚款的法令不仅是为了限制官员们可怕的罚款特权，更重要的是，为了保护财产来源较少的穷人。官员们在同一天对同一人的罚款，不得超过两只羊或者三十头牛，而且要允许他们上诉。羊和牛的比率非常奇特，其原因可能是因为，穷人只拥有几只羊，而富人拥有大群大群的牛，所以应对他们规定不同的最高限额。这一点充分考虑到穷人和富人的不同，值得现代的立法者学习。

这些法令只是表面文章，其主要的趋势正好相反。随着政体的改革，罗马的财政和经济关系发生了深刻的变化。之前，国王的政府可能是有计划地限制资本势力的发展，同时采取措施促使农庄数目不断增加，而新的贵族政府，却好像从一开始就致力于摧毁这些中产阶级，尤其是中、小地产主，结果一方面造成了地主和富人的统治，另一方面又造成了农业无产阶级的产生。

资产阶级势力的兴起

降低关税是一项普遍受欢迎的措施，但主要的受益人还是商人，不过能在更大程度上促进资本增长的，还是间接的经济管理制度。很难说促使资本增长的最初原因是什么，不过其根源可能会追溯到王政时期，执政官制度开始实行以后，私人经济活动渐渐增多，部分是由于罗马的官员更替频繁，另一部分是由于国家的财务活动逐渐延伸到了谷物和食盐的买卖方面，这样就形成了新经济管理制度的基础。这种新制度对于罗马共和国非常重要，同时也极为有害。国家渐渐把所有的间接收入以及复杂的债务和交易置于中间商的手中，中间商上交或领取一笔整数款项，然后为其打理事务并赚取利润。不用说，只有少数的资本家才能进行这些交易，并且由于国家对有形担保监管很严，所以进行这种交易的都是些大地主，就这样，一个新的包税商和承包商阶层渐渐兴起，他们的财力不断增长，对国家的影响力也逐渐增大，虽然表面上他们仍是这个国家的仆人。他们的财富来源荒唐，且对国家毫无补益，从这些方面看，他们与现代股票交易所的经纪人完全相似。

公共土地

国家财政管理的核心方面首先表现在公共土地的处理方式上，而这些措施简直就是为了在物质上和精神上同时消灭中产阶级。从性质上讲，公共草场和国有土地的使用应该是公民的特权，正式法律都不允许平民使用公共草场，但是，罗马法不仅把公共用地变成了私有财产，单个公民还不能像使用自有财产那样使用土地。只要公共用地仍为公共用地，则其使用权的规定完全依赖国王的喜好，不用怀疑，他会经常使用这种权利或者权力，去做有利于平民的事情。自从共和国诞生后，法律严格规定，公共草场的使用权仅属于享有特权的公民，换句话说，仅属于贵族。虽然前面说过，元老院允许接纳一些富有的平民，但是那些最需要使用公共草场的小产业主及劳工却无权使用。

不仅如此，那些在公共草场放牧的还须缴纳放牧税，只是税收较轻，足以让人认为使用草场是一种特权，但这种税收却给国库带来不少收入。贵族财务官也并不认真征收放牧税，渐渐地，这种制度就趋于废弃。到目前为止，尤其是战争胜利征得别国土地时，需要对土地进行分配，贫穷的公民和非公民都会有所得，只有不适合耕种的土地才会归入公共草场。统治阶级一般不会完全放弃分配土地，更不会仅仅去迎合富人的需要，但是这种事情越来越少，越来越难得，取而代之的是有害无益的占田制。所谓占田制是指国家所获得的土地，并没有分配给某个人或者正式出租给某人一段时间，而是由其第一个占有者或者其继承人使用，直到国家另有安排，所以国家有权随时收回土地，而占有人须上交田地所产谷物的十分之一，或所产油类、酒类的五分之一。其实这就是把前面所讲的《临时让与法》运用于国有财产中[1]，或许这种办法早已运用于公共土地中，在分配土地之前作为临时处理的办法。现在，不仅土地的占有期变为无期，而且占有土地的人也变成了享有特权的人或者他们的亲信，什一税、五一税也和放牧税一样，渐渐趋于废弃。这些对于中小地产者不啻三重打击，首先，他们被剥夺了公民使用公共财产的权利；其次，公共财产收入不再流入国库也加重了他们的税收负担；最后，田地分配制度也没有了，它曾经就如今天的移民制度一样，给农业无产阶级带来了出路，可惜现在也没有了。

此外，大规模农庄的出现更是雪上加霜，这种趋势其实早就出现了，它赶走了小型业主，取而代之的是大型庄园的农奴。这个打击更难避免，甚至比上面所说的政治灾难加在一起更加危险。同时，连年的战争更加重了农民的负担，随之而来的税收和劳役不断增加，农民的处境困难重重。他们有的直接失去田产，成为债主的仆役（如果不是奴隶的话）；有的则因为债务增加，成为债主的短期承租人。此时的资本家们，投机买卖更加有利可图，且没有麻烦或者危险，有时他们利用这种方式来增加自己的田产，有时他们会通过债务法把农民的人身和田产搞到自己手里，只留给农民名义上的所有权和实际的使用权。

后面这种方式最为普遍同时也最为有害，虽然农民会因此避免倾家荡产，但他们的处境岌岌可危——财产完全被剥夺，同时却债务缠身——完全处于债主的掌控之中，这种状况在精神上和政治上都几乎摧毁了整个农民阶级。之前，当农民进行抵押贷款时，立法者却规定他们立即把财产移交给债主，为了避免无力还债，并把国家负担转移到田地的真正拥有者身上[2]。现在严格的个人贷款制度却违背了立法者的本意，它对于商人可能比较适合，但对农民却是毁灭性的灾难。土地的自由买卖制度总会带来农业无产阶级破产的危险，在这种情况下，如果他们的负担增加，同时又没有任何补救措施，那么贫困和绝望会以可怕的速度在农业中产阶级中蔓延。

社会问题与阶级问题的关系

在这些关系中，穷人和富人的区别，与贵族和平民之间的区别完全不同。固然大部分贵族都是广有田产的富人，但在平民中，富裕的家庭也不在少数。甚至当时，平民在元老院里已经占据多数，财政监督权由元老院掌管，甚至贵族官员也不得参与，毫无疑问，贵族们滥用特权获得的经济利益，所有的富人都能享用。同时压力就更加沉重地压到了普通人的身上，因为那些最具才干、最有反抗精神的人都被选进了元老院，由被压迫者变成了压迫阶级。

就当时的情况来看，贵族的政治地位不可能永远持续下去。如果贵族们有公正治国的自制以及保护中产阶级的明智——就如本阶级的执政官本人试图去做的那样，但是由于其他官吏地位低下，他们无法发挥更有效的作用——他们掌握国家机器的时间可能会更长久一些。如果他们同意让一些家庭富有且深受爱戴的平民享有平等的权利——比如吸收他们进入元老院——那么两个阶级就可以和平执掌政权，并进行投机经营。可惜这两条道路都没有被采纳，由于贵族精神所特有的思想狭隘和目光短浅（这一点在罗马也明显可见），强大的共和国很快就走向分崩离析，冲突和纷扰连绵不断。

圣山起义

然而，此次危机并非来自政治上受到忽视的阶层，而是来自贫困的农民。根据修订过的编年史，这次政治革命发生于罗马纪元244年即公元前510年，社会革命发生在罗马纪元259年和260年（即公元前495年和公元前494年）之间，很明显，两次革命相互连接，但它们的间隔却比较长。据记载，《债务法》的严格执行激起了广大农民的公愤，到了罗马纪元259年即公元前495年，由于战事告急，需大量征兵，但是应服兵役的人们拒绝应征，于是当时的执政官普布利乌斯·塞尔维利乌斯就暂时取消了《债务法》，并下令释放由于债务入狱的犯人，并禁止他们再次被捕，这样，农民们才同意应征，为战争胜利作出了贡献。他们用努力赢得和平，从战场上归来之后，立刻就被捕入狱，重新戴上了镣铐，因为第二任执政官阿皮乌斯·克劳狄乌斯重新施行了《债务法》。当他曾经带领过的士兵向阿皮乌斯的同僚请求援助时，他不敢进行反抗，倒好像同僚制度的施行不是为了保护人民，而是为了背信弃义、支持独裁一样，然而，不能改变的事情他们必须忍受。第二年战争重新爆发，执政官的话就不起任何作用了，直到马尼亚斯·瓦尔利亚斯被任命为独裁官，农民们才终于屈服了，部分是因为独裁官比执政官位高权重，部分是因为他们相信独裁官对广大民众非常和善。瓦尔利亚斯家族是非常古老的贵族,对他们而言,掌握政权被认为是一种特权、一种荣耀,而不是牟利的工具。这次战争罗马人又取得了胜利。可是等战士们返回家园,独裁官又把他的改革提议交给了元老院,并遭到了他们强烈的反对。此时军队依然和平时一样在城门前列队,消息传来时,酝酿已久的暴风雨终于爆发了。因为义气和严密的军事组织,即便胆小或者冷漠的士兵也都参加了此次活动,军队抛弃了他们的将军、抛弃了驻地,在指挥官(也就是保民官,大部分出身于平民)的带领下,排着整齐的队伍来到了位于台伯河与阿涅内河之间的克鲁斯图美伦地区,在那里占据了一座小山,并打算在这块罗马最肥沃的地区建立一座新的平民城。

这次起义使得最顽固的压迫者也清晰看到一点:内战必然会给他们带来经济上的致命打击,于是元老院进行了妥协,与独裁官通过谈判,达成了一致,市民们也都返回了城内,国家至少在表面上获得了统一。马尼亚斯·瓦尔利亚斯因此获得了"伟大的人"这一称号,而阿涅内河对岸的山也被称作"圣山"。这次革命自有其庄严和伟大的一面,它是人民群众自发组织的,并没有明确的指引,领导人也是临时推选,并且没有流血牺牲就取得了胜利。市民们每每回忆此事,无不充满了幸福与骄傲。它造成的后果也持续了好几世纪:保民官的产生就来自此。

平民保民官和平民市政官

除了临时法令,尤其是为了消除人民债务困扰或者为了救济一部分农村居民而建立殖民地的法令,独裁官还以宪法形式颁布了一条旨在使得违背军中誓约的公民获得大赦的法律,并让每一位公民发誓遵守,然后藏于神庙,由两位官员监管它的实施,他们被称为"神殿主持"。按照这项法律,在两个贵族执政官之外又设立了两个平民保民官,他们由平民按地区聚会进行选举。保民官无权反对军事命令[3],也就是说,无权反对独裁官在任何地区的命令,也无权反对执政官在城外的命令,但在执政官的民事权力方面,他们有权在独立、平等的基础上与之对抗。这并不意味着权力分散。保民官的权力就如执政官对其同僚或者其他下属官员的权力,比如,如果一位行政官员颁发命令,而法令当事人认为自己的权利受到侵犯,并提起上诉,则保民官就可以及时进行干预,取消该法令,即保民官有权干预或取消行政官员对公民颁发的命令,也就是拥有干预权或者所谓的保民官否决权。

仲裁

由此可见,保民官的权力主要是:随意干预行政和司法工作;使应服兵役的公民可以不去服役且免受惩罚;阻止或者取消对债务人的法律诉讼、对已定罪者的刑事审判及预审羁押以及诸如此类的其他权力。为了避免需要帮助的人求助时保民官不在场，法律规定保民官不得在城外留宿一夜，他的家门也须日夜敞开。不仅如此，保民官的其他职权还有：他的一句话就可以制止国家的某项决定，否则，国家的最高权力职位就可以毫无顾忌地收回它所赋予平民的权利。由于一些官员并不尊重保民官，甚至对他们甚为抵触，如果保民官没有能够立刻生效且无所畏惧的权力去对付他们，那么此种权力的效果会大打折扣。保民官被授权的形式非常隆重，平民们在圣山上，以自己以及子孙后代的名义挨个起誓，要一直保护保民官不受任何伤害。如果保民官在行使权力时遭遇不测，那么施暴的人一定会受到极刑处置，而且这种刑事审判不会交给官员，而是由平民来进行处置。

因此，保民官有权处置任何公民，尤其是在位的执政官。如果执政官拒不认罪，则有权进行拘捕，在调查期间对他羁押或者允许他进行保释，然后宣判他死刑或者罚款。为达到这个目的，国家还会同时任命两位市政官，作为保民官的下属协助他们开展抓捕工作，因此，市政官的权力也同样不可侵犯，平民们也同样宣誓保护他们。此外，和保民官一样，市政官本人也拥有司法权，当然他们的权限仅限于罚款之类的小案件。如果有人对保民官或者市政官的判决提起上诉，不应诉至公民团，因为平民官员无权在那里处理事宜，相反，应诉至全体平民那里。在这种情况下，平民会分区聚会，最后以多数票进行裁决。

当然，这种程序更多地带有暴力的意味而不是公正，尤其是宣判一个非平民的时候，事实上，这也是经常发生的事情。一个贵族不是由公民团的最高首脑审判，而是由公民内部一个群体的最高首脑审判，而且他提起上诉时，也不是上诉到公民团，而是仍由这个群体来裁决，这一点既不符合法律规定，也不符合法律的精神。毫无疑问，这起初就是私刑审判，但这种自我帮助的做法很早就形成了法律条文，自从保民官的地位得到法律许可以来，这种做法也得到了法律的承认。

毫无疑问，保民官和市政官的这种新司法权以及平民大会的上诉判决权，和执政官及财务官的司法权以及百人会的上诉判决权一样，本意都是要遵守法律，可是叛国罪和扰乱治安罪等罪名被国家及其行政官员移用到了平民及其首脑的身上。这些罪名的范围很不确定，其概念在法律上也很难界定，所以司法人员对这些罪行的判定也难免武断。这时，由于阶级斗争连绵不断，对于所拥有权利的界定逐渐模糊，当双方法律上的首脑都拥有平行的司法权时，司法审判就越来越带有武断的性质了，而这一点影响最大的就是行政官员。到目前为止，按照罗马法，行政官员可免受任何司法审判，即便他辞职以后，需要对自己在任期间的行为负法律责任，但审判权掌握在他同僚手中，其实最终就是掌握在他们所在的社团手中。但是，这时在保民官的司法权里又出现了一种新的权力，它一方面能干预最高行政长官在任期内的行动，另一方面，唯有非贵族可以使用这种权力来对付贵族。由于这里的罪行及它应受的惩罚法律上都没有正式规定，所以这种权力就愈发难以驾驭。事实上，由于平民和贵族的司法权相互平行，公民们的财产、身体和生命都只能任由两派大会来随意处置了。

在民事审判权中，只有在侵犯平民自由的情况下（这一点对于平民非常重要），平民执法制度才会进行干预，才会剥夺执政官对审判员的提名权，此时所有的判决都要由"十人法官"做出，而十人法官就是为了这个目的才设置的。

立法权

伴随着这种平行的司法制度，平行的立法制度也接着产生。保民官拥有号召民众聚会及裁决案件的权力，没有这样的权力，就不会有以上平民团体的产生。并且保民官被授予此种权力的方式也是公开的，法律自动承认平民可以集会、判决案件，国家行政官员，即国家本身不得对此进行干涉。平民得到法律承认的先决条件就是：保民官有权让平民大会选举其继任人，并且其对刑事案件的裁判能得到平民大会的支持。这种权力后来也得到了《伊西里安法》的特别许可，这项法律规定：若有人打断保民官的讲话，或者试图驱散平民大会，则一定会受到严厉的惩罚。很显然，在这种情况下，保民官除了在选拔继任人及让大会认可自己判决等事情上进行表决外，他还可以在其他事情上进行投票表决，这种权利不得侵犯。事实上，这种"大众决议权"并不是严格有效的，相反，它们起初只相当于我们现代人集会的一些决定，但是，由于平民集会和公民大会有正式的区别，所以，至少平民们是坚决要求这些决议能立刻自动生效，比如，《伊西里安法》就是这样立刻生效的。保民官就是这样成了保护平民的一副盾牌，作为平民的领导人和管理者，他们在审理刑事案件时有无限的司法权，而这同时也增加了他们的权威，后来，他们甚至被称为"圣人"。有人胆敢对他或者他的下属图谋不轨，不仅被认为会招致上帝的惩罚，而且会被判处死刑。

保民官和执政官的关系

平民保民官来源于军事保民官，其名字也由此而来，但从本质上讲，他们的关系也仅此而已，相反，从权力上讲，平民保民官倒可以和执政官平起平坐。如前所言，执政官对保民官提起上诉以及保民官对执政官的否决权，正如执政官对执政官的上诉、执政官对执政官的否决权一样。这两种情况都同样适用一项法律原则：如两位职权相当的人意见相左，禁止权要优先于命令权。不仅如此，他们原来的人数（后来不久人数都有增加）以及为期一年的任期（保民官每年十月十日更替）都是保民官和执政官的共同点。此外，他们还都设有同僚制度，这样，这一职位的全部权力便同时置于两位执政官或保民官的手中，一旦同僚间发生冲突，不管他们票数如何，禁止权总是优于命令权。

由于这个原因，如有一位保民官禁止某事，不管其同僚如何反对，禁止权都得以生效。相反，如果一位保民官提起一项控诉，他的任一同僚都可以阻止。两位执政官和两位保民官都和其同僚共同享有全部的刑事司法权，不过前者要间接行使，后者是直接行使[4]，因为前者要通过下属的财务官来行使司法权，后者是和市政官一起行使司法权。

毫无疑问，执政官出自贵族，而保民官都出自平民。前者权限极大，而后者的权力则是无限，因为执政官也要服从于保民官的禁止权，要听从他们的判决，但保民官就不用听从执政官。可以说，保民官的职权是执政官职权的翻版，但二者有很大不同。从根本上说，执政官的权力是积极的，而保民官的权力是消极的。执政官是罗马人民的执政长官，而保民官则不是，因为前者是由全体公民选举的，后者则只是公民中的一个群体——平民选举的。与之相应，执政官出现在公众面前时，有其特有的服装，且侍从众多；保民官坐在普通的座位上，而不是"战车座位"，且没有下属随从，没有紫色镶边的战袍，官员所有的标志都没有。在元老院，保民官不仅没有主席职位，他们连一般的职位都没有。由此可见，在这个与众不同的制度中，绝对的禁令以严厉而生硬的方式去对抗绝对的命令，解决争端的方式就是法律承认并协调穷人和富人的矛盾。

保民官的政治价值

这样的制度打破了国家的团结，使全体长官都受制于一个行为无常且常常感情用事的权威机构，且在危急时刻，如果反对党的首领处于高位，就会使行政事务陷于僵局，并且所有的行政职位都拥有平行的刑事司法权，这就像是把司法权从法律范围移到了政治范围一样，这在将来不可避免会导致腐败，这样的制度有什么好处呢？即使保民官制度没有带来阶级间的政治平等，但它至少是平民们日后参与国家政务的一个有力武器，不过这并不是设置保民官制度的真正用意。

保民官制度并不是政治特权阶级的让步，而是从富有地主和资本家那里夺来的，是为了保证平民在法律上有平等的执政权，并提高他们在经济上的执政地位。这种目的没有，也不可能实现。执政官可能会阻止一件特别不公平的事情，可能会解决一个特别困难的难题，但问题的症结不在于公正的法律做出了不公正的事情，而是法律本身就是不公正的，保民官怎么能阻止法律的正常运行途径呢？即使他能做到，那对于改变不公平也收效甚微，除非能够根除平民贫困的根源——不合理的税收、不公平的借贷制度和强占公共用地。没有人敢采取任何措施，因为很明显，富有的平民也和贵族一样享有那些特权。所以，保民官这一特别的职位才得以设置，这对普通平民来讲显而易见是一种帮助，但他们不可能进行必要的经济改革。这并不是政治上的一种明智举措，相反，是富裕的贵族和无人领导的人民大众之间的一种无奈妥协。

有人认为，保民官制度使罗马避免了暴政，即便这是真的，也根本无关大局。一个国家的政体改变本身并不是坏事，相反，罗马的君主专制开始得太晚，在人民的精力和体力都被耗光之后才开始了君主专制，这倒是罗马人的不幸。可惜上面的结论本身并不正确，意大利国家一般都没有暴政，而希腊国家基本上都有，这一点足以说明。理由很简单，任何地方的暴政都是普遍参政的结果，而意大利人比希腊人把无地公民排除在公民大会之外的时间更长久。当罗马人偏离这一轨道时，君主专制就降临了，并且还和保民官制度结合在一起。保民官制度自有其作用，它给人们指出了反抗反对党的合法途径，避免了很多错误做法。这一点没人否认，但还有一点也同样明显，虽然它确实很有用，可是它经常被用于与其本意相违背的其他方面。允许反对党拥有否决权，并允许他们不顾后果地使用这种权力，这种权宜之计证明这个国家的政治已完全混乱，这种缓和矛盾的手段只能使社会弊端无限地拖延下去。

矛盾进一步恶化

既然内战已经迫在眉睫，它必然会沿着自己的路线发展。两党在其首脑领导下，直面对抗，如同备战一样。他们一派希望限制执政官权力，扩大保民官权限，另一派则希望完全消灭保民官制度。平民的武器是：反抗权威免受惩罚；拒绝为保护国家而应征入伍；侵犯平民权利或引起平民公愤的官员应受到罚款或其他惩罚。贵族们对付这些要求的方法则是使用暴力、与人民公敌勾结，偶尔也使用谋杀等手段。街道上不时有肉搏的情况发生，官员们身体的神圣性，双方都置之不顾。据说，有很多公民家庭都移民了，到邻国去寻找更加和平的生活环境，对此我们深信不疑。这个体制并不是人们选择的，但他们仍然尽力忍受；尽管战乱频仍，整个国家依然没有分裂，从这里我们可以看出人们强烈的爱国心理。

科里奥利事件

在这些阶级冲突中最著名的就是盖乌斯·马尔希乌斯的故事。盖乌斯是个勇敢的贵族，因为攻陷科里奥利而得其称号。罗马纪元263年即公元前491年，由于百人大会拒绝委任他执政官的职位，他非常愤怒。据说，他提议暂停出售国家粮仓的谷物，直到饥民们放弃保民官制度，也有版本说，他建议直接取消保民官制度，因此他受到保民官的检举，生命危在旦夕。据说他逃离了罗马城，但后来又率领沃尔西大军杀回来，在他即将替人民公敌征服祖先们建立的这座城市时，他母亲恳切的话语唤起了他的良知，于是他用第二次背叛弥补了第一次背叛，两次都同样冒着生命危险。这个故事有多少是真的很难判断，但是罗马的编年史作者天真地给这个故事罩上了一层爱国主义的光环，从这里我们可以看出，阶级间的这些冲突在道德上和政治上都非常可耻。罗马纪元294年即公元前460年，在一个来自萨宾的首领阿皮乌斯·赫尔多尼乌斯带领下，一群政治难民攻击卡庇托尔山的故事也具有同样的特色，他们号召奴隶们起来反抗，在一次剧烈的冲突中，由于图斯库隆人赶来援助，罗马公民团军队才征服了这群卡提林叛乱者。

这两个故事中狂热的愤怒代表了那个时期的特点，在一些家族虚妄的传说中我们无法体会其中的历史意义，比如权倾一时的法比安家族，在罗马纪元269年到275年间（即公元前485年到前479年间），两个执政官中总有一个出自这个家族，后来人民起兵反抗，法氏家族逃离罗马，然后在罗马纪元277年即公元前477年为克里梅拉人在伊特鲁里亚所灭。更加骇人听闻的是保民官格涅乌斯·格努西乌斯被刺杀的案子。格涅乌斯曾试图问罪两名执政官，罗马纪元281年即公元前473年，就在他准备提出弹劾的那天早上，他被人发现死于自己的床上，这次事件的直接结果就是罗马纪元283年即公元前471年《普布利乌斯法》的实施，这是罗马史上影响最深远的法律之一。

当时最重要的两种制度——平民部落大会的创立和平民会议决议与国家正式通过的法律处于平等地位（虽然是有条件的），都可以追溯到罗马纪元283年即公元前471年保民官沃乐罗·普布利乌斯的提议。迄今为止，平民都是按区开会进行表决，相应地，在这种相互分开的会议里，一方面，他们的决议只看票数，不论选民财富多少，另一方面，尽管他们可以和贵族们平起平坐（召开平民大会本身就说明了这一点），但贵族家族的门客总是在平民大会相互通气，这两种情况都给贵族们机会对平民大会施加影响，尤其会按照自己的意思去控制保民官的选举。不过后来，按区选举的施行消除了这两种不利情况。为了征兵，《塞尔维乌斯·图利乌斯法》把城市和乡村在内共分成了四个区[5]，可能在罗马纪元259年即公元前495年，罗马的整个版图被分成了二十个区，其中前四个涵盖了罗马城及其邻近地区，其他十六个区都在农村，以罗马最早氏族所居住的区域为基础进行划分[6]。后来，可能是因为《普布利乌斯法》，为使各区选举总数不平等，又增加了第二十一个区，即克鲁斯图美伦区，该区的名字来源于平民组织起来建立保民官制度的地方[7]，自此以后，平民大会不再按区，而是按照部落进行。

部落划分建立在拥有地产的基础上，选民们全都是地产拥有者，但他们地产多少都没有区别，因为他们都居住在大大小小的村子里。结果，这种按部落划分的大会，表面上看与按区划分的大会一样，但事实上却只是独立的中产阶级的大会。一方面，大部分被释奴和门客因为不拥有地产而被排除在外，另一方面，大地产拥有者也不像在百人大会里那样占有优势。这种"平民会议"还不如按区划分的平民大会更像是公民大会，因为它不仅像后者一样，把所有贵族排除在外，甚至连没有地产的平民也不能参加。这种民众大会势力强大，它所通过的法令，只要事先得到元老院全体元老的赞同，就会和百人大会通过的法令一样具有有效性。在《十二铜表法》颁布之前，这最后一项规定就具有和法律一样的效力，这一点确定无疑。不过这条法律是在普布利乌斯公民投票时产生的，还是先由现已失传的其他法律规定，然后使用于普布利乌斯公民投票，这一点无法肯定。同样，保民官的数目由两个增加到四个是由这部法律规定，还是之前就已经增加到了四个，这一点也一样无法确定。

斯普利乌斯·卡斯乌斯试图打破富人对经济的垄断，从而消除所有罪恶的根源，这一尝试比所有党派采取的措施都更加睿智。斯普利乌斯是个贵族，他的头衔和名望，同阶级中无人能够超越。在两次凯旋之后，在他第三次任职执政官期间，他向公民们提交了一项提议，建议丈量公共用地，并出租一部分，收益交归国库，另一部分则分配给需要的穷人。换句话说，他试图把公共用地从元老们手里夺过来，然后在公民的支持下，结束这种自私自利的占有制度。他可能认为，以他本人的荣誉以及该措施的公平和睿智，一定能打破元老们暴风雨一样的愤怒和他们本身的弱点，但是他错了：贵族们团结一致进行反抗，富有的平民也参与进来，平民们也不高兴，因为斯普利乌斯·卡斯乌斯希望，按照联盟法，同时也是公平起见，应分给拉丁国家一定的土地。卡斯乌斯的结局只有死亡。人们控诉他僭越王权可能有一定道理，因为他确实试图像国王一样保护平民不受自己阶级的侵害。他的法律也和他一起消失了，但是它的灵魂还一直萦绕在富人的头脑中，一次又一次地从坟墓里跳出来反对他们，直到它引起的冲突导致了共和国的灭亡。

十人政治

人们还尝试用更加常见也更加有效的方式为平民争取平等权利，并由此消除保民官制度。保民官盖乌斯·特伦提利乌斯·阿尔萨于罗马纪元292年即公元前462年提议任命一个五人委员会来准备一项法律，执政官将来应按照此项法律行使其司法权，但元老院拒绝批准此提议。此后十年间，阶级斗争更加激烈，外部战争和内部矛盾不断升级，在这种情况下，这项提议才算最终生效。平民们一次又一次地提名当时的保民官，而贵族们也同样顽强地阻止元老院对这项法律让步。人们甚至希望在其他方面让步以阻止这场斗争，最终，在罗马纪元297年即公元前457年，元老院批准保民官的数目由四个增加到十个，但这是否是一场胜利无人能料。第二年，通过《伊西里乌斯公民投票法》（这是平民誓死捍卫的一项权利），将仅有的庙宇和树林、无人居住的阿文廷山分配给贫穷的公民去建造房子，并可由后代继承。平民们接受了，但他们一直没有停止要求制定一项新法律。最终，在罗马纪元300年即公元前454年，双方达成了一致，元老院做出了大幅度的让步。

制定法律的准备开始了，作为一种特别措施，百人大会将挑出十个人来制定法律，同时还代替执政官充当最高行政长官，而且这些职位不仅贵族，甚至平民也可以当选。平民成为行政官员，这还是第一次，尽管这只是非常任的官职，但他们还是朝着政治平等的方向迈出了一大步，而且付出的代价也不算大。在十人政治期间，保民官制度和上诉权都停止了，而十人政府也仅仅是不能侵犯人民誓死捍卫的自由权。不过在此之前，罗马曾派使者去希腊学习梭伦法及其他法律，直到他们回来，十人团才被选为罗马纪元303年即公元前451年的长官。尽管他们有权选举平民，但是贵族的势力仍然十分强大，所以当选的就只有贵族。到了罗马纪元304年即公元前450年第二届选举时，才有几名平民当选，他们也是罗马国家第一批的非贵族行政长官。

用联系的眼光看一下这些措施，我们会发现，它们的用意无非就是用成文的法律代替保民官制度来限制执政官的权力。双方都要达成共识：事情不可能维持一成不变，因为这种长期的无政府状况，既危害了国家，也于任何人无益。凡是没有偏见的人都会发现：保民官对于行政的干预以及他们作为监察官的所作所为，对国家有着致命的危险。保民官给平民带来唯一真正的好处就是保护他们不受偏袒司法的危害，他就像是复审法官，可以限制官员的不公正行为。毫无疑问，当平民希望有一部成文法时，贵族们回答说，要是那样的话，保民官制度就没有必要了，所以在这一点上，双方都做出了让步。至于法规制定以后该怎么做，谁都没有做出明确说明，但是平民们确实放弃了保民官，这一点毋庸置疑。由于十人政治给他们带来了现在的局面，除非用非法手段，他们无法再恢复保民官制度。十人政府向平民承诺，他们的自由不会受到侵犯，这些自由可能是指不受保民官影响的权利，比如上诉权以及占有阿文廷山等。这样做的用意似乎在于，十人政府退休以后，应向人民建议重新选举执政官，而新执政官应当依据法律处理政务，而不是依据自己的偏好。

《十二铜表法》的产生

上面所说的计划若能实现，那将是个明智的计划，不过它是否能实现完全取决于双方在群情激愤的情况下，是否能接受这种和平的解决办法。罗马纪元303年即公元前451年的十人政府将他们制定的法律提交给人民，得到他们的许可后，就把法律刻在十块铜表上，然后又把铜表竖立在元老院前面市场上的讲坛旁。不过因为有必要对它进行补充，罗马纪元304年即公元前450年又选出了十人进行执政，他们又增加了两块铜表，由此，《十二铜表法》——第一部也是唯一的一部罗马法诞生了。它的产生来自两派之间的相互妥协，同时也因为这个原因，它的范围没有现行法律那么广泛，仅规定了一些次要问题，解决事情的方式和结果。即使在信贷制度中，也没有采取什么缓和措施，仅规定了一个很低的最高利率（10%），并威胁要对高利贷商人进行重罚，甚至超过盗窃罪。债务诉讼的严格程序，至少在主要方面依然没有改变。

可以想见，各阶层所享有的权利也很少有所改变，相反，公民中有产和无产阶级的区分更加明显，贵族和平民的婚姻无效，这些都在城市法中重新得到承认。同样，为了限制行政官员的胡作非为，保护公民的利益，法律明确规定，后制定的法律一定优先于先制定的，且不得制定对任何公民不利的法律。其中最引人注目的一条是，死刑案不得向部族大会提起上诉，但向百人大会提起上诉的特权却得到法律的保障。这种情况可以这样解释，刑事司法权已为平民及其首脑所掌握，他们可以保留对违法行为进行罚款的权力，但是保民官对死刑的审判权则一定要废除。这些措施的基本政治意义不在于它内容如何，而在于它规定，执政官的职能是依照法律规定，依照诉讼程序进行执政；在于法律的公开展示，这表明行政执法必须在公众的监督之下，而执政官必须公平、公正地执法。

十人政治的衰亡

十人政治的结果不明。据说,十人政府只需要公布最后两块铜表,就可以让位于正式的行政官员了,但他们一再拖延,借口说法律还没有完备,这样,他们一直拖延到任期结束仍然在位。这一点在下面的情况下很有可能:罗马法律规定,为修改宪法而委任的政府可以不受其任期的约束。据说,以瓦尔里和荷拉提为首的一些贵族温和派,试图在元老院迫使十人政府退位,但是十人政府的首脑阿皮乌斯·克劳狄亚斯(他起初是一个强硬的贵族,但现在转变成了一个煽动人心的政客和暴君)渐渐在元老院取得了优势,人们不得不屈服了。两支军队征兵的任务也成功完成,没有遭到反对,然后开始了对沃尔西人和萨宾人的战争。这时,曾参加过一百二十次战役,身上留有四十五处伤疤的罗马最英勇的一位勇士、前保民官卢西亚斯·斯克休西·登塔图斯被发现死于营地前面,被人卑鄙地暗杀了,据说杀手是受到了十人政府的煽动。愤怒的人们酝酿着一场革命。

此后,对于百夫队队长卢西亚斯·沃吉尼亚斯的女儿即前保民官卢西亚斯·艾希利亚斯的新娘的自由一案,阿皮乌斯进行了错误的审判。这次审判把可怜的姑娘从亲人身边夺走,目的是让她失去自由,并为法律所弃。为了使她免于侮辱,她父亲在公共集市上亲手把刀子插进了她的心脏。这一判决促进了革命爆发。人们被这件闻所未闻的事情震撼了,他们围在美丽姑娘的尸体周围,这时,十人政府派遣侍从带走她的父亲和新郎到法庭进行审判,要惩罚他们胆敢反抗自己的权威,而且他的审判又没有上诉的余地。此事真是忍无可忍了,姑娘的父亲和新郎在愤怒的人群的保护下,逃脱了暴君的侍从。正当元老院在罗马城踌躇不决之时,这两人以及目睹这惊人事件的其他许多人,来到了两军阵前,向军队报告了这件事情。

这件事让大家都睁开了眼睛,没有保民官制度的保护,法律就不安全。父辈所遭受的苦难,儿辈还会重复。于是,两支军队再次抛弃了他们的指挥,排列着整齐的队伍穿过城市,再次来到了圣山,在这里他们又一次选举了自己的保民官。这时,十人政府仍然拒绝放弃自己的权力,然后,军队及其保民官又开进了罗马城,驻扎在阿文廷山,终于,在这内战千钧一发之际,街上巷战随时发生之时,十人政府才放弃了他们不光彩地篡夺来的权力。执政官卢西亚斯·沃尔利亚斯和马库斯·赫拉提亚斯又进行第二次妥协,结果,平民保民官制度又重新确立。十人政府被弹劾,其中罪大恶极的两个人阿皮乌斯·克劳狄亚斯和斯普利亚斯·沃皮亚斯在狱中自杀,其他八人被流放,财产被充公。平民保民官马克斯·杜伊利亚斯温和谨慎,他及时利用自己的否决权,阻止司法机关对八人进一步追究。

以上故事是由罗马贵族记录的,但是即便撇开其他各种附属情况不提,产生《十二铜表法》的种种危机也不可能以这样浪漫传奇的方式结束,此外还有一些无法解释的政治问题。十人政治是继废除君主专制、建立保民官制度后,平民的第三次胜利,反对党对于十人政治及其首领阿皮乌斯·克劳狄亚斯的愤怒完全可以理解。通过这个制度,平民取得了掌管国家最高行政的权力，并颁布了一部法律，他们根本没有理由去反对这个新政府，没有理由用武力去恢复那个纯粹由贵族控制的执政官政权，这个结局只能是贵族党派所追求的。如果那个由贵族和平民共同组成的十人政府在任期结束后仍然希望维持其职位，首先起来反抗的当然应该是贵族，并且在当时那种情况下，贵族绝对不会忘记去限制平民的权利，尤其是废除保民官制度。如果贵族成功地把十人政府赶下台，可以想象，他们下台之后，平民一定会重新拿起武器去维护罗马纪元290年即公元前464年革命和最近一次革命的成果，而罗马纪元305年即公元前449年的《瓦尔里·荷拉提法》只能被认为是这次冲突的一种妥协。

《瓦尔里·荷拉提法》

这次妥协对于平民来说当然非常有利，他们对贵族的权力又一次进行了严格的限制，保民官制度也重新得到实行，从贵族那里争取来的法律也保留了下来，执政官也不得不依照法律行事。根据法律规定，各部落确实失去了他们夺来的对于死刑的裁判权，但是保民官又夺回了这种权力，因为他们找到了一种方法，可以同百人大会共同处理。此外，他们还保有不受限制的罚款权，并将判决提交部落大会——部落大会可以取消贵族反对者的公民资格。而且，执政官提议且百人大会批准，将来所有的行政长官包括独裁官，在他们上任时都应该允许人民拥有上诉权，任何人不按此条件推举执政官，都应该以死谢罪。在其他方面，独裁官都保留了之前的权力，尤其是其分内职责，保民官不能像对执政官那样，取消他的权力。

执政官的权力遭到进一步限制，公民于罗马纪元 307 年即公元前 447 年第一次推举出两名财务官管理军队财务。管理军队财务以及管理国家财务的财务官的推举权都在公民手中，执政官仅可以领导选举工作而没有推举人选的权力。所有的有产者都可以参加推举财务官的大会，包括平民及贵族，他们分区进行选举，这种安排是对农民的一种让步，他们对这种大会的掌控力量远大于他们对百人大会的掌控。影响更为深远的另一种让步就是允许保民官在元老院参与议事。允许保民官进入元老集会的大厅，好像有损于元老们的尊严，所以他们在门口放了一条长椅，保民官可以在那里观察事情的发展。同时，自从元老院从审议机构变身成为命令机构之后（此事发生在公民投票法实行之时，它对全体公民都有约束力[8]），保民官的否决权已经延伸到了元老院的所有决定。所以很自然地，元老们会做出让步，让保民官参与议事。

平民的投票权与元老院决议的有效性紧密相连。为了保证元老院的法令不被篡改或伪造，他们规定将来文件不仅应由贵族财务官掌管，将其藏于萨顿神庙，而且要由平民市政官来掌管，将其藏于克瑞斯神庙。结果，这场为了废除保民官权力而进行的斗争，却以再次明确规定他们的权力而告终。在当事人上诉时，他们不仅有权终止行政官员的行为，而且能根据情况取消任何国家机构的决定。除了法律明确规定之外，人们怀着对宗教一样的敬畏心理神圣宣誓，一定要保卫保民官的人身安全，并保证其执法不会受到干扰，人数也不会减少。自此以后，在罗马，没有任何人再试图去废除这种保民官制度。

注释

[1] 地产所有者通过这种方式取得的土地占有权在后期由盖乌斯·格拉古领导的土地改革中被废除，并且对他们在土地上所做的修整、改善、建筑，只给予了少量补偿，因此土地改革激起贵族元老院的集体愤怒，盖乌斯·格拉古也因此被杀。
[2] 这是罗马法的特征之一，罗马法律的制定本来是旨在保护公平。
[3] 这是由于同僚安排的原则，同僚们可以各司其职。
[4] 平民保民官制度是按照贵族执政官制度建立的，同样，平民市政官制度也是按照贵族财务官制度建立的。这点很明显，因为这两种官职都有权惩罚犯罪，并且都管理档案（二者的区别主要在于它们行动的意图，而不在于其权力大小）。克瑞斯神庙对于市政官的意义和萨顿神庙对于财务官的意义是一样的，而且它们的名字也来自前者。从这方面说，罗马纪元305年即公元前449年法律的颁布意义重大，这使得元老院的法令必须交付市政官审核，然而，众所周知，根据古老的——以及后来各阶级斗争平息下来之后——的通常做法，这些法令须交由财务官珍藏于萨顿神庙。
[5] 这里指的是交税区。
[6] 就是所谓的氏族村落。
[7] 即圣山。圣山起义之后，保民官制度得以建立，旨在保护平民的利益。
[8] 此事由法律明文规定。

第三章

阶级平等运动及贵族和平民的新联盟

从表面看,保民官运动的起因似乎是对社会状况的不满,而不是对政治状况的不满,有幸进入元老院的富裕平民和贵族一样反对这种运动,自有他们的原因,因为这种运动所反对的特权他们也同样可以享有。尽管他们在其他方面地位都很低微,但他们好像觉得,这时整个元老院的经济权利都遭到了冲击,这不是自己争取参与行政的最佳时机。为什么罗马共和国建立后的前五十年,没有发生任何争取政治平等的斗争,这就是其原因。

贵族和富有平民之间的这种联合绝不会长久。毫无疑问，有些富有平民家庭从一开始就对保民官运动抱有同情，部分是因为他们的阶级感情，部分是因为地位卑微的人之间有一种天然的联系，还有一部分是因为他们敏感地意识到，少数人对多数人让步是必不可免的，而且，一旦平民真的取得胜利，那么贵族的特权势必遭到削弱，平民贵族就会取得绝对的优势。如果形势进一步发展（看来这是避免不了的），如果平民贵族能够领导自己阶级的人民与贵族做斗争，他们可以利用保民官作为内战的合法工具，以消除社会不平等为借口发起内战，并以此来迫使贵族接受和平条约，然后以两党中间人的身份，为自己获取执政权。

十人政治消亡以后，各党派的地位就发生了这样的变化。平民保民官制度不可能废除，这一点很清楚，平民贵族们非常明智地抓住这一有力工具，给本阶级人民争取政治权利。

贵族平民通婚合法　行政职位对平民开放——拥有执政官权力的军事保民官

十人政治被摧毁之后不到四年，氏族贵族这个高贵等级的基本原则——贵族和平民通婚无效的原则——就被打破了，这一点充分说明贵族与联合起来的平民对峙时，他们是多么不堪一击。罗马纪元309年即公元前445年，《卡努莱公民投票法》规定，贵族和平民的婚姻应被视为罗马的合法婚姻，他们的子女应当继承父亲的等级身份。

同时，法律还规定，由百人大会选举军事保民官——军队在分组成罗马军团之前，共有六名军事保民官，行政官员也据此调整——代替执政官拥有执政权，其任期也和执政官相同[1]。这样做的直接原因是军事原因，由于战事频发，军队需要更多的将军进行指挥，而执政官制度没有规定那么多。但是这种变化对于阶级间的斗争却具有重要作用，可以这么说，这种军事目的只能算是一种借口，而不能是原因。按照以前的法律，每个服兵役的公民或者非公民都可能成为军官[2]，由于这个原因，最高行政权力在十人政治期间短暂地向平民开放以后，此时范围更加广泛，所有的自由公民都可以平等地争取这些权力。当然随之而来的问题就是，贵族们既然在此事上让步，放弃他们专有的最高行政职权，但他们仍然拒绝将此头衔让给平民，而是以这种奇怪的方式出让最高权力，他们能从中得到什么呢？[3]

首先，和这些最高职位相联系的有很多不同的荣誉，有个人获得的，也有世袭的，如凯旋典礼，法律规定它取决于你是否拥有过最高职位，未能就任此职位的人无权享有这种荣誉，而这种高官的后代也可以在家族里任意塑造这位祖先的肖像，并在合适的场合进行展览，而其他人就不允许这么做了。贵族统治阶级将实际权力在名誉权力之前出让给平民，尤其是世袭的名誉权力[4]，这一点解释起来很容易，但这么做是否正确就很难说了。所以，当他们无奈必须与平民共掌权力时，实际最高行政长官在形式上并不拥有宝座，他们只是普通的官员，彼此的差别纯粹是个人荣誉的差别。还有一件事比贵族拒绝让出荣誉权在政治上更为重要，平民之前一直不允许在元老院参与议事，现在都改变了，尤其是那些曾经担任执政官的，可以首先发表意见。到目前为止，贵族们允许平民拥有执政官之权，而不是出任执政官一职，这已经意义重大了。

贵族的反抗

尽管平民仍然遭到恼人的歧视，但贵族的特权，只要有政治价值的，都被新制度所取消。如果罗马贵族名副其实，他们一定会偃旗息鼓，放弃反抗，可惜没有。尽管当时不可能发生合理合法的斗争，但他们仍然会在一些小事上进行刁难、欺骗，耍些阴谋诡计，这些行为非常不光彩，政治上也很不明智，可从某种意义上说，还是卓有成效。不用说，斗争让平民从团结一致的罗马贵族那里争取到了难得的让步，但同时也让内战又延长了一个世纪，贵族们不顾法律规定，又将统治权控制在自己手里长达几十年之久。

贵族的阴谋诡计

贵族们进行反抗的花样层出不穷，充分证明了政治的卑劣性。他们没有一次性决定平民是否有权参加选举，只是对即将到来的选举做出了必要的让步，因此，到底是推举贵族执政官，还是来自平民阶级但拥有执政权的军事保民官，这种无谓的斗争每年都要发生一次。在贵族所使用的武器中，先让人劳累让人厌烦，然后一举击垮对方的方式，也算是颇有成效的。

行政职权的进一步分化——审查官

不仅如此，他们还把最高权力进行分化，让对方一一击破，以拖延这种不可避免的失败。调整财政预算，确定公民册、税册等事务本来都由执政官掌管，四年进行一次，却于罗马纪元319年即公元前435年委托给了两位审查官进行管理。他们由百人大会从贵族里推选出来，任期最长为十八个月，这个官职后来逐渐成为贵族的护身符，不仅仅因为它的经济影响力，而且因为它有权填补元老院和骑士团的空缺，并且在进行审查时，还可以把某个人从元老院、骑士团或者公民的名册中删除。不过，当时的审查职位还远没有现在审查一职所具有的那种重要性和崇高的道德感。

财务官

罗马纪元333年即公元前421年就财务官一职所做出的改变足以补偿贵族们在审查官方面的胜利。贵族和平民共同组成的部落大会允许平民竞选财务官，这是平民第一次获得财务官的竞选资格，也是第一次获得普通行政长官的竞选资格。他们的依据是至少这两名财务官是军官而不是民事官员，而且既然平民可以当选为军事保民官，当然他们也可以当选为财务官。从此以后，贵族和平民都同样拥有军事财务官及民事财务官的选举权和被选举权，所以两个党派一方认为这是个巨大的胜利，另一方则认为这是个惨重的失败，两者都有一定的道理。

反革命企图

尽管贵族阶级一再进行顽强抵抗，但他们还是节节败退。随着权力一点点减少，他们的愤怒一点点增加，毫无疑问，他们仍然试图破坏平民行使法律赋予的权利，但这种试图仅仅出于报复的渴望，而没有经过深思熟虑。据流传下来的史料记载（这当然不是很可靠），针对梅里乌斯的案子就是如此。斯普利乌斯·梅里乌斯是一个家境殷实的平民，在一次严重的灾害中（罗马纪元315年即公元前439年），他以低廉的价格向平民出售谷物，价格低廉得让贵族仓廪官盖乌斯·米努西乌斯感到羞愧和恼怒，于是后者指控他谋求王权。他有什么样的理由我们不得而知，但是一个甚至未曾做过保民官的人居然想到要谋求王权，这本身就让人不可思议。

然而，当权者竟然信以为真，而且，"国王"二字在罗马人民心中引起的感觉就跟"教皇"在英格兰人民心中的感觉一样。提图斯·昆克提乌斯·卡皮图里努斯当时已第六次出任执政官，他公然违反神圣的法律[5]，推举年已八十的卢修斯·辛辛拿图斯为独裁官。他要传唤梅里乌斯，可是梅里乌斯却无视他的命令，于是独裁官的马倌盖乌斯·赛维利乌斯·阿哈拉亲手杀死了他，甚至死者的房子也被拆除，谷仓里所有的粮食都分给了众人，那些发誓要为他报仇的人也都遭到了毒手，然而这桩谋杀案的主谋却没有受到惩罚。这是盲目轻信的民众的耻辱，而不是恶毒的贵族党派的耻辱。如果贵族党派真的希望以这种方式削弱平民的上诉权，那他们不仅违反了法律，而且白白送掉了很多人的性命。

贵族的阴谋

选举舞弊和祭祀阴谋是贵族们所使用的最有效的武器。这种风气非常流行，到了罗马纪元322年即公元前432年，甚至有必要实施一项特殊法律来制止这些花招，不过即使这样也于事无补。如果选民坚决抗拒他们的威胁利诱，主持选举的长官就会利用自己的权力进行干预，比如，他们会吸纳很多平民候选人，这样平民候选人的选票会因分散而减少，或者他们会把呼声很高的候选人从名单上剔除出去。如果这些花招都失败了，他们还可以求助于祭祀，看他们占卜或者进行其他宗教仪式时有没有不祥的征兆，当然，他们总能挑出这样或那样的毛病。民众根本就不考虑结果，对于祖先的明智先例也置之不顾，竟允许他们制定出这样的原则：那些祭司对于鸟类带来的征兆以及其他异常现象的看法，能够在法律上左右行政官员的决定，也就是说，任何国家大事，不管是庙宇祭祀还是行政执法，不管是法律还是选举，他们都有权以不合宗教仪式的理由进行取缔。

所以尽管在罗马纪元333年即公元前421年法律就规定平民有资格竞选财务官一职，并且此后的法律也对此加以承认，但是直到罗马纪元345年即公元前409年，第一位平民才当选了财务官。同样，拥有执政官权力的军事保民官一职也几乎被贵族独霸，直到罗马纪元359年即公元前395年。由此可见，法律废除贵族特权并非意味着平民贵族真的能和氏族贵族平起平坐。其中有很多原因：由于贵族们的抵死反抗，平民虽然很容易在群情激愤时取而代之，却很难在一年一度的选举中屡次挫败他们，不过最重要的原因还是平民上层和广大的农民之间有分歧。中产阶级的选票在公民大会中起着决定作用，但他们觉得自己的要求不仅贵族，就连平民都置之不顾，所以他们不愿意为了平民上层的利益而努力抗争。

农民阶层的苦难生活

这些政治斗争如火如荼地进行期间，社会问题暂时没人提及，或者没人投入很多精力。平民贵族终于达到自己的目的，获得保民官一职之后，公地问题和信贷制度改革问题仍然没人认真讨论，尽管当时国家新获得许多土地，而很多贫困或濒临破产的农民又急需土地。分配土地的例子确有发生，尤其是国家从战争中获得的土地，比如罗马纪元312年即公元前442年分配阿迪亚公地、罗马纪元336年即公元前418年分配拉比奇公地、罗马纪元361年即公元前393年分配维爱公地，但这几次分地更多是为了军事原因，而不是为了解决农民的疾苦，而且其数量也远远不够。

毫无疑问，有几位保民官确实试图重新实行《卡西乌斯法》，比如，斯普利乌斯·梅西利乌斯和斯普利乌斯·米提利乌斯曾于罗马纪元337年即公元前417年提议分配所有的公地，但由于当时党派的情况，他们遭到了自己同僚的反对，换句话说，遭到了平民贵族的反对。一些贵族也同样尝试解决民众的疾苦，但遭到了和斯普利乌斯·卡西乌斯同样的失败。马尔卡斯·曼利乌斯是一个和卡西乌斯一样的贵族，也和他一样英武善战、勇猛异常，在高卢人围攻时，他是卡庇托尔城堡的救星。据说，他曾为被压迫的民众争取利益，因为他们在战争中结下了深厚的情谊，并且对贵族领袖和著名将领马尔卡斯·卡米利乌斯怀着同样深刻的仇恨。当一个勇敢的军官就要被关进债务人监狱时，曼利乌斯出面为他调停，并用自己的钱赎出了他，同时他还出售自己的土地，并大声宣布说，只要他拥有一英尺宽的土地，这种不公正的现象就不会发生。他的这种做法足以让整个政府——平民和贵族都联合起来，抵制这个危险的革新分子。结果他被控叛国罪，因为他图谋恢复君主制。盲目的群众受到政府陈词滥调的煽动，对他处以死刑。他的英名没给他带来任何好处，只是在执行死刑时，执法人员把投票人聚集在一个看不到卡庇托尔城堡的地方——因为那个地方会让他们想起，他们今天就要交给刽子手的那个人，曾经怎样从危难关头拯救了他们的家园。

进行改革的尝试就这样被扼杀在萌芽状态，社会矛盾越来越明显：一方面，由于战争胜利，公地占有者的土地面积逐渐扩大；另一方面，尤其是受到维爱战争（罗马纪元348年到358年即公元前406年到前396年）和高卢人火烧罗马事件（罗马纪元364年即公元前390年）的影响，债务和贫困在农民阶层不断蔓延。在维爱战争期间，受战事影响，需要延长士兵的兵役，他们以往仅在夏季参战，但现在甚至整个冬天都不能脱掉战袍。农民们预料他们的经济会被拖垮，打算拒绝同意宣战，但元老院此时决定做出重大让步。以往军队开支由部落上交，如今都由国库支出，换句话说，由间接税收和公地收入来负担（罗马纪元348年即公元前406年）。只有国库空虚时，才会向公众征收兵饷，如果那样的话，那笔费用可以算是强迫借款，可由国家日后返还。这种安排既公平又很明智，但是它没有牢固的根基，没有把公地作为充实国库的来源，同时，除不断增加的兵役外，群众又要不断捐款，尽管国家规定这种捐款不是税收，而是借款，但它同样也会使家底薄弱的农民倾家荡产。

平民贵族和农民联合抵抗贵族阶级——《李锡尼乌斯－萨科斯提乌斯法》

在这种情况下，平民贵族发现，由于贵族的反对、农民的冷漠，他们根本无法取得平等的政治权利，而农民阶级又无力对抗团结一致的贵族，所以他们必须要互相妥协、互相支持。抱着这种想法，保民官盖乌斯·李锡尼乌斯和路西乌斯·萨科斯提乌斯向民众倡议实施以下措施：第一，废除拥有执政权的保民官；第二，规定至少有一名执政官应是平民；第三，三名祭司（即掌管神谕的长官）中应有一个职位向平民开放，而且他们的人员应增至十人；第四，关于公地，任何公民在公共牧场上饲养的牛都不得超过一百头，羊不得超过五百只，或者公共占地不得超过五百尤格拉（约三百英亩）；第五，地主需雇佣一部分自由劳动力进行田间劳动，其数量应与农场奴隶成一定比例；第六，应把债务的利息从本金中扣除，过期未还的款项应规定其偿还期限，以减轻债务人的负担。

　　这些规定的目的显而易见，它们意在剥夺贵族以及与之相连的贵族世袭权。不难想象，要做到这一点，只有用法律把贵族排除在第二执政官之外。这么做的结果就是，元老院的平民成员不能再处于低微的地位，不能再是沉默的旁观者，至少那些曾当过执政官的平民元老可以和贵族执政官一样在贵族元老面前发表自己的看法。不仅如此，这些规定还意在剥夺贵族对于祭司职位的占有权。出于明显的原因，拉丁民族古老的职位留给了那些旧公民，但最近兴起的、原属于异族宗教的第三大祭司团职位却开始对新公民开放。最后，这些法规还意在让下层平民也享有公民共有的用益权，以减轻债务人的负担，并给失业的劳工提供工作。这次运动的目的就是要人们承认这三项伟大的任务：废除特权，公民平等和社会改革。贵族们想方设法地进行反对，但一切都是徒劳。即使独裁官老英雄卡米卢斯也只能延缓而不能阻止它们的实施。如果可能，平民一定很乐意把这三项任务分开，只要债务减轻，公地解放，执政官和祭司的职务对他们有什么意义呢？平民贵族接受平民的提议，自有他们的用意，他们把这些要求综合在一份法律草案里，然后经过漫长的斗争——据说是十一年——元老院终于同意，这份草案才于罗马纪元387年即公元前367年获得通过。

政治上废除贵族阶级

随着第一位非贵族执政官的当选——当选者是此次改革的创始人，前保民官卢修斯·萨科斯提乌斯·拉特然努斯——氏族贵族就不仅在法律上而且在事实上也退出了罗马的政治制度。这些法律最终通过之后，氏族贵族曾经的先锋马库斯·福礼乌斯·卡米卢斯在卡皮托尔的山脚下、元老院之前经常聚会的地方，在一个突出的平台上建立了一个和睦圣殿。我们由此相信，他用这种方式承认，这场持续已久的斗争到此终于结束了。以宗教的方式把和睦的民族奉献于神的面前，是这位勇士和政治家最后所做的公事，这对于他光辉的一生也是一个光荣的结束。他这一点并没有错，氏族贵族中较有见识的人显然认为，这次他们彻底丧失了多年来独享的政治特权，并打算与平民贵族一起和平执政，但是，对于大多数贵族来说，他们那顽抗到底的精神还将依然存在。一个国家的上层人民总认为他们享有特权，只有法律符合他们的利益时，他们才会服从法律。罗马的贵族就是如此，他们公然违背法律规定，在罗马纪元 411 年即公元前 343 年推举了两位贵族执政官，但是作为对策，公民大会于次年正式决定，两个执政官应由非贵族来担任。贵族们明白其中威胁的意味，此后再也没敢觊觎过第二执政官一职，尽管他们从来没有放弃过这样的念头。

财务官、司法市政官——行政职位及祭司对平民完全开放

同样，在通过《李锡尼法》时，贵族阶级又给自己带来了沉重一击，因为他们试图通过在政治上修修补补的方式来给自己保留一些特权。由于只有贵族们才了解法律，所以当执政权必须对平民开放时，他们就把司法和行政分开，为此目的，他们又选举了一个特别的第三执政官，通称"大法官"。然后，市场监督权以及与之相连的司法治安权，还有节庆管理等权力，也都以同样的方式分配给了两个新近选举的市政官。为了把他们和平民市政官区分开来，又因为他们掌管有常设司法权，所以他们被称为"司法市政官"，但是司法市政官一职很快就对平民开放，后来竟由贵族和平民轮流执掌。不仅如此，独裁官一职也于罗马纪元 398 年即公元前 356 年对平民开放，司法官也在《李锡尼法》通过的前一年（罗马纪元 386 年即公元前 368 年）对平民开放，审查官于罗马纪元 403 年即公元前 351 年，大法官于罗马纪元 417 年即公元前 337 年分别对平民开放，同期（罗马纪元 415 年

即公元前339年），法律规定两名审查官之一应由非贵族担任，就像之前的执政官一职一样。在选举平民独裁官时（罗马纪元427年即公元前327年），一个贵族鸟卜师发现了一些缺乏经验的人所忽视的漏洞，同时贵族审查官直到罗马纪元474年即公元前280年才允许他的同僚在审查结束时奉献祭祀。这些事情其实都毫无意义，只是证明那些被剥夺特权的贵族心情恶劣而已。

对于平民参加元老院讨论一事，首席元老们没少抱怨，但都无济于事。后来，更有法律规定，能够发表意见的不再是贵族成员，而是那些曾经担任过三个最高职位的长官，他们依次是执政官、大法官和司法市政官，并且进行演说时他们不分阶级，就按照这个次序进行，而那些没担任过这些职务的元老们只能参加分组讨论。贵族元老们对于公民大会法令的否决权（不过这种权力他们确实很少行使）也被罗马纪元415年即公元前339年的《普布利乌斯法》以及直到罗马纪元五世纪中期才通过的《迈伊尼安法》依法收回，但是，在递交候选人名单或者法律草案时，如果他们有什么反对意见，必须要正式提出，这就等于他们事先表示同意。因此，作为一种正式权力，批准公民法令的权力就掌握在贵族手中直到共和国的后期。

可以想象，氏族们的宗教特权保留得更久一些，事实上，一些在政治上无足轻重的宗教特权根本没人干涉，比如只有贵族才能担任的三个最高僧侣、担任祭司长、参加舞蹈团等。另一方面，大祭司团和鸟卜官之职对于法院和公民大会的影响太大，这些职位不可能只处于贵族们的掌控之下。罗马纪元454年即公元前300年的《奥古尼亚法》也规定这些职位对平民开放，它把二者的人数都从六个增至九个，并且由贵族和平民平均分配其名额。

平民会议决议与法律享有平等地位

受到一次危险的、涉及范围广泛的暴动影响，独裁官霍腾西乌斯（分别于罗马纪元465年和468年即公元前289年和前286年在位）制定了一部法律，从而结束了这次长达两百年之久的冲突。这部法律规定：平民大会制定的法令和全民大会制定的法令完全处于平等地位，而之前法律规定它们的平等是有条件的。此后国内形势发生巨变，那些之前完全掌有投票权的公民，不再参与对于全体公民都有约束力的投票了。

战后的贵族精神

至此，罗马氏族与平民之间的斗争大体结束了。贵族们曾经享有的无数特权中，只有一个执政官职位和一个审查官职位保留了下来，而保民官、平民市政官、第二执政官和第二审查官的职务，都被法律剥夺了，而且他们都不允许参加平民投票（此时平民投票和全体公民投票在法律上享有平等的地位）。贵族们曾经进行了长期顽强的抵抗，但他们的特权却一个个被剥夺了，这对他们是一种惩罚。不过罗马贵族不会就此消失，因为他们还拥有贵族头衔。贵族的重要性和权力逐渐减小，而其贵族精神却更加纯粹和狭隘。罗马贵族的气概一直坚持了数百年之久，他们仍坚定地希望能把"执政官之位从肮脏的平民手里夺过来"，但最后终于不情愿地意识到这是不可能的，虽然如此，他们还是决不放弃那种粗鲁、令人生厌的高傲。

要想正确了解罗马纪元五、六世纪的罗马历史，我们决不能忽略这种令人生气的贵族派头，事实上，这种派头只能激怒自己、激怒他人，但是就这一点他们也发扬光大到了极致。《奥古尼亚法》通过几年后，就发生了一个这样的例子。一个贵族妇女嫁给了一个曾经就任国家最高执政人的平民，因此她被逐出了贵族妇女的圈子，并且不能参加贞节女神的庆典。因为这个原因，贵族和平民此后就各奉一个贞节女神。不用说，贵族的这种做法没有多大用处，并且有见识的贵族会尽量敬而远之，但是它给贵族和平民双方心里都留下了阴影。尽管平民反对氏族是出于政治和道德上的需要，但他们一再试图延长这种冲突——胜负已决后争夺后方的无谓争斗以及关于等级和地位的无休止的吵闹——这都引起了公众的厌烦，让罗马人民的生活受到不必要的打扰。

社会危机以及解决社会危机的尝试

平民两派于罗马纪元 387 年即公元前 367 年所达成的妥

协之一，即废除贵族阶级，在很多主要方面均已完成。那么接下来的问题就是，这种妥协所要达到的积极目标完成了多少？国家的新秩序是否真正解决了社会问题，实现了政治上的平等？这两个问题密切相连，因为，如果经济困境拖垮了中产阶级，把平民阶级分化成少数富人和广大苦难的无产阶级，那么这种状况会阻碍公民平等，从而在实际上导致共和国的灭亡。所以，中产阶级尤其是农民的保存和壮大，对每一个爱国的罗马政治家来说，都不仅是一个重要问题，而且是最重要的问题。不仅如此，平民最近新取得了管理政府的权力，而这主要归功于无产阶级这群饱受苦难、正期待别人帮助的人们，所以，只要借助政府措施能够解决农民的问题，平民们在政治上和道义上都有义务这么做。

《李锡尼土地法》

首先，我们考虑一下罗马纪元387年即公元前367年有关这个问题的法律解决了多少真正的问题。这项致力于保护自由劳工的法律禁止用奴隶进行大规模农业生产，至少要为自由劳工提供一部分农田工作，但不用说，仅仅制定这条法律不可能实现它的目标。在这个问题上，如果没有一种影响深远的方式去撼动社会组织的基础，仅有立法作用不大。另一方面，在公地问题上，立法者可能起到一定作用，但他们所做的还远远不够。公地的新安排允许人们把大批牛羊赶到公共牧场放牧，规定了人们占有未开辟成牧场的公地的最高限额，并承认富人对于公地产出占有大部分甚至大得不成比例的一部分，后来的法律规定，对于公地的使用权，虽然仍需缴纳什一税，但可随意撤销，这就等于承认了占田制的法律地位。其可疑的地方在于，新法律既没有以强硬而有效的方式在牧场收入和什一税方面对现有且明显不适用的条款进行补充，也没有对公地占有法令做出彻底修改，更没有设立一个专门的部门去实施新法律。

  对于现存的已占的公地的分配：其拥有者占有大部分，没有财产的平民占有一部分，二者都有完全产权；将来取消占地制；设立一个对于将来获得的土地有权立即进行分配的部门。很明显，以上三项都是形势所需，所以，如果这些综合措施没有人执行，其原因不可能是缺乏洞察力。我们不能不想起，这些新安排都是由平民贵族所制定的，换句话说，就是这个阶级中一部分对于公地使用享有特权的人制定的措施，其中最主要的人物，盖乌斯·李锡尼·斯托洛就是因为超过占地限额最先被罚的一个，所以我们不禁要问，立法者是否以崇高的责任感来完成自己的任务，还是相反，他们明知道关于公地的这些方法能造福平民，却故意不去作为呢？

  不过，《李锡尼法》确实让小农阶级和自由劳工受益很多，这一点不容置疑。不仅如此，还必须承认，在这部法律刚刚通过的时期，有关部门对于有关最高限额条例的监管还是比较严格的，并经常重金处罚那些放牧牛群过多或者占有公地超过限额的人。

税法、借贷法

这一时期，立法者在税收和借贷体系方面也做出了前所未有的努力，目的是要尽法律措施之所能，去弥补国家经济的不足之处。罗马纪元397年即公元前357年，法律规定出售释放奴隶要按其身价征收5%的赋税，这是罗马真正加在富人身上的第一项赋税，但其缺点是不愿让被释奴增加。同样，立法者也努力去弥补信贷体系的不足，《十二铜表法》中的高利贷法又得以重新实施[6]，并且更加严格，这样，利率也逐渐由一年10%（罗马纪元397年即公元前357年实施）降低到5%（罗马纪元407年即公元前347年实施），然后在罗马纪元412年即公元前342年，利息被彻底禁止。后面这条不明智的法律在形式上始终有效，但事实上是行不通的。此后通用的利率通常是月息1%，年息12%，这大概是那个时期法律允许的最高限额。以古代钱币的价值估算，大约相当于现代的5%或6%。因为谋取高利率所发生的诉讼必被驳回，可以允许通过司法诉讼追回贷款，不仅如此，臭名昭著的高利贷商经常被提起诉讼，并被部落大会宣判为重金罚款。更重要的是，《波埃特里安法》对债务诉讼程序进行了改革。一方面它允许债务人宣誓通过出让财产来获取自己的人身自由；另一方面，它取消了之前因借款未还而扣押抵债的条款，并规定除非有陪审团的判决，任何罗马公民都不得被带走为奴。

社会危机继续

很明显，以上措施可以在某些方面缓和社会危机，但它们不能根除现存的经济隐患，社会危机持续不断：罗马纪元402年即公元前352年，国家任命银行委员会去规范信贷体系的各种关系，并整顿国库的预付款项；罗马纪元407年即公元前347年，规定了分期付款事宜；最重要的是，罗马纪元467年即公元前287年爆发了影响范围广泛的动乱，很多人因为无法偿付贷款，他们列队奔赴贾尼科洛山，形势一度无法控制，后来由于外敌及时入侵，而且《霍腾西乌斯法》做出了让步[7]，国家才重新赢得了和平。对于这些阻止中产阶级陷于贫困的认真尝试，虽然它们没有取得多大效果，但如果要横加指责的话，那就不公平了。有人认为，使用局部且温和的手段去解决社会顽疾根本没有用处，因为它们只能解决部分问题，但这是一种荒唐的看法，卑鄙的人经常向单纯的人灌输，而且屡试不爽。

与此相反，我们可以追问，那些邪恶的煽风点火者是否早就了解此事，那些激烈又危险的措施又是否真正需要，比如，从本金中除掉利息。可惜我们无法从历史资料中了解真相，但是我们清晰地意识到不动产所有者这些中产阶级在经济上仍然处于非常危险的境地。掌权者也做出各种尝试，比如用禁令或者延期等方式来弥补这一点，不用说这一切都是徒劳。贵族统治阶级仍然无力控制自己的成员，因为每个人都在谋取自己的利益，所以他们无法使用解决中产阶级经济危机唯一有效的方式，那就是彻底废除公地占有制度，同时也无法阻止人们对政府的指责，批评政府把被压迫人民的痛苦变成自己的利益。

罗马疆域扩大对提高农民阶级地位的影响

由于罗马在政治上的成功，它对意大利的统治逐渐稳固，中产阶级从政府那里获得的权益比政府能够或愿意给予的更多。为了巩固自己的统治，罗马建立了无数大殖民地，其中大部分都建立于罗马纪元五世纪，这让罗马的农业无产阶级拥有了自己的农田，而人口外流也给留在国内的人减轻了负担。政府的间接收入和额外收入增加，罗马的经济也日渐繁荣，政府不必再以强制贷款的形式向农民征收捐税。以前的小产业都不能失而复得，而罗马经济整体的繁荣则把地主都变成了农民，因此，中产阶级的队伍逐渐壮大。有级别的贵族占有大部分国家新近获得的大块土地；大量的财富通过战争和贸易流入罗马，使利率降低；首都人口的增加也使拉丁姆地区的人受益匪浅；明智的融合政策使得之前附属于罗马的许多国家都并入了罗马本土，中产阶级由此得到壮大；最后，国家取得的光辉胜利及其伟大成果也使内讧趋于平息。如果说农民的痛苦并未减少，痛苦的根源也没有根除，但是不得不承认，在这个时期，罗马中产阶级所受的压迫与罗马纪元一世纪国王被驱逐之后相比要少得多。

公民平等

毫无疑问，罗马纪元387年即公元前367年的改革及其后来的不断发展，从某种程度上取得或者说恢复了公民平等。从前，公民基本上由贵族构成，所以二者的权利和义务几乎完全相同，现在这个扩大了的公民团体从法律上讲也没有什么大的区别。在一个社会里，年龄、智力、教养以及财富的差别会使人们逐渐分化成不同的阶层，同时这种分化又影响着你的公共生活，但是公民的精神和政府的政策共同作用，使得这些差别不那么明显。罗马的整体制度是要把所有人都训练成普通人，而不是把天才训练得更出色。罗马人文化的发展完全跟不上其国家实力的发展，执政当局对文化的态度是压制而不是促进。社会上有富人也有穷人，这一点无法避免，但是在罗马（就如在一个纯粹的农工社会一样），农民和雇工一样亲自扶犁，即便富人也恪守一条经济原则：他们生活节俭，家里不应拥有任何非生产性资本——除了盐罐和祭祀用品，当时罗马家庭都没有任何银器。还有一点也很重要，从维爱战争到皮洛士战争，本世纪罗马在外部取得了多次伟大胜利，我们发现，贵族阶级已经逐步让位于农民阶级，平民德西安之死受到平民和贵族的一致哀悼，即使出身高贵的法比安氏死亡也无非得到这样的对待；执政官一职并非自动落在最富的贵族身上，一个来自萨宾的穷人曼尼乌斯·库利乌斯照样能在战场上战胜皮洛士国王，并将他赶出意大利，但后来他还是一个真正的萨宾农民，亲手种出做面包的粮食。

新兴贵族

谈到罗马共和国这种明显的平等时,我们还不能忽视一点,这种平等很大程度上只是形式上的平等,从一开始,这个社会就孕育或产生了一个特色鲜明的贵族阶级。富裕且有影响力的非贵族家庭早已从平民阶级分化出来,和贵族阶级一起掌管元老院,其推行的政策与平民的要求完全不同甚至相反。《李锡尼法》弱化了贵族内部各等级之间的差别,取消了妨碍平民执政的壁垒,使之在法律上成为一个可以改变的障碍,可以逾越的壁垒,但事实上,它仍然是不可逾越的。这两种方式都给罗马统治阶级注入了新鲜血液,但是政府仍和以前一样是贵族的政府。从这方面讲,罗马共和国是个真正的农民共和国,拥有大部分财产的富人和贫困的村民从外表看并无大的差别,而且以平等的方式跟他们来往,但是贵族权势很大,一个没有产业的人在城市更容易成为市长,但在农村成为村长都很难。新法律规定,即便最穷的公民也有可能成为最高执政官,这是平民一个伟大而有价值的成就,但是一个下层人士一跃成为高官[8],这种例子十分罕见,不仅如此,这种事直到本时期末期,当反对派进行选举时才有可能。

新反对党

每一个贵族政府都有一个相应的反对党,各阶级形式上的平等改变了贵族，但是新的统治阶级不仅继承了旧贵族的衣钵，而且和他们相互交缠、紧密相连，与此同时，反对派也依然存在，而且在各方面都与以前遵循同样的路线。现在被当作下等人对待的并不是整个平民阶级，而是普通群众，同时新反对派一开始就是下层人民，尤其是资产较小的农民的代表，新贵族又和旧贵族相互勾结，所以新反对派起初的反对活动与反对旧贵族特权的活动就交织在一起了。这个时期罗马新反对党的著名领袖有曼尼乌斯·库利乌斯（他分别于罗马纪元464年即公元前290年、罗马纪元479年即公元前275年和罗马纪元480年即公元前274年担任执政官，并于罗马纪元481年即公元前273年担任审查官）和盖乌斯·法布里西乌斯（分别于罗马纪元471、476年和481年即公元前283、前278年和前273年担任执政官，并于罗马纪元479年即公元前275年担任审查官），这两人既没有高贵出身也没有很多财富，但他们都公然违抗贵族们不允许国家最高首脑连任的原则，连续三次经公民投票担任执政官，而且都担任过保民官、执政官和审查官，都坚决反对贵族特权，并领导小农阶级反对新统治阶级逐渐萌发的骄傲。未来两派的轮廓渐渐呈现，但面临共和国公共利益问题时，各党派还是暂时搁置自己的利益。贵族阿皮乌斯·克劳狄亚斯和农民曼尼乌斯·库利乌斯虽然在个人问题上针锋相对，但他们明智地相互协商并通过果敢行动击垮了皮洛士国王。盖乌斯·法布里西乌斯担任审查官时，曾因为普布利乌斯·康尼利乌斯·鲁夫努斯的贵族思想和贵族习惯而惩罚了他，但是这并没有阻止他支持鲁夫努斯第二次担任执政官，因为他有出色的领军才能。两派之间的鸿沟已经显现，但是对手们仍然跨越鸿沟相互握手。

上面我们说过，新公民和旧公民之间的战争结束，政府解决中产阶级困境的努力也相对成功，新贵族和新民主党派在社会平等的新形势下已经悄然形成。下面需要讨论的就是新政府在这种情况下采取的形式以及在政治上取消贵族以后，共和国三要素——公民、行政长官和元老院的地位问题。

公民团及其构成

公民大会的公民仍然是共和国的最高权威以及法定统治者，但是法律规定，除了由百人大会一劳永逸决定的事情，比如执政官和审查官的选举等，各区进行选举的有效性和百人大会选举的有效性是一样的。罗马纪元305年即公元前449年的《瓦尔里·荷拉提法》对于贵族平民大会做出了规定，罗马纪元415年即公元前339年的《普布利乌斯法》又做了补充[9]，罗马纪元467年即公元前287年的《霍腾西乌斯法》又颁布了关于平民各区大会的条例。我们早已发现：同样一群人，有权在两个大会进行投票。除了贵族不能参加平民在各区的选举之外，在平民的各区选举中，有权投票的人地位完全平等；而在百人大会里，投票权的效力却按投票人的财力分成不同的等级，因此，就这一点而言，这次改革确实是一次民主改革。还有一件事更加重要，到了这一时期末，有人第一次对最初以自有产业为基础的投票权产生了质疑。阿皮乌斯·克劳狄亚斯,罗马历史上最大胆的改革家,在罗马纪元442年即公元前312年就任审查官时,没有与元老院或人民商议就调整了户籍,使没有田产的人可以随意加入他心仪的部落,然后根据他的财力再编入相应的百人大会。

这种改革超越时代精神过多,很多人不能接受。阿皮乌斯的继任者之一、萨莫奈人的征服者、闻名遐迩的昆图斯·法比乌斯·鲁里安乌斯于罗马纪元450年即公元前304年继任审查官一职,他并未废弃上述改革,而是对其加以限制,结果公民大会的实际权力仍然掌握在拥有土地和财富的富人手里。他把没有田产的人集中在四个城市部落里,现在这四个部落位居末位而不是首位。另一方面,农村的部落在罗马纪元367年即公元前387年至罗马纪元513年即公元前241年间从十七个增至三十一个,这些本来就占优势的部落如今在选区上的重要性更是逐渐增加,按照法律,它们归全体自有产业农民所有。在百人大会里,自阿皮乌斯以来,自有产业农民和没有产业的人地位平等,同样法律也规定,自有产业农民在部落大会里占有优势,而在百人大会里,富人仍然起着决定性作用。鲁里安乌斯不仅战功显赫,他在和平时期的政策也明智而温和,因此他获得了"伟大"这个称号。

一方面,需服兵役的团体不断扩展,没有产业的公民也需服兵役;另一方面,又确保他们——尤其是曾做过奴隶或者没有一点田产的人——的影响受到一定限制,而这种限制,在一个奴隶制合法的国度里,又是必不可少的。不仅如此,他还规定,一种特殊的道德司法逐渐和财产调查、编造公民户籍联系在一起,这样,那些声名狼藉、品质败坏的人就会被清除出公民团体,从而保证公民在道德和政治上的纯洁。

公民的权力逐渐扩大

这个时期,公民大会的权力逐渐扩大,但是速度非常缓慢,公民选举的行政长官数目不断增加,就是一个例子。有一个尤其重要的事实是:从罗马纪元392年即公元前362年起,一个军团的军事保民官,从罗马纪元443年即公元前311年起,前四个军团中每个军团的四个保民官都不再由将军选拔,而是由公民选举。在这一时期,公民大会基本上不干涉行政。当然,他们依然保留有宣布战争的权力,这是合乎情理的,此外,在下列情形中,也依然拥有权力:与外国长期休战;和平结束之时;虽然没有正式宣战,但战争确实开始了。

在其他情况下,除非政府内部发生内讧,其中一个官员将此事提交大会解决,公民才会插手行政。比如,罗马纪元305年即公元前449年,贵族中温和党的领导人路西乌斯·瓦勒里乌斯和马库斯·霍拉提乌斯由于战功显赫,应受凯旋庆典,但遭到元老院反对;罗马纪元398年即公元前356年,第一任平民独裁官盖乌斯·马尔希乌斯·路提鲁斯也同样战功显赫,但元老院同样拒绝授予他凯旋庆典;罗马纪元459年即公元前295年,执政官们无法就他们各自的司法辖区达成一致,争吵不休;罗马纪元364年即公元前390年,一个大使不理政务,元老院决定将其放逐到高卢地区,一个有执政权的保民官就将此事提交公民大会去解决。元老院的法令被人民取消，这也是第一次，不过人民也因此付出了沉重的代价。有时候如果事情很难解决，政府就会提交人民进行抉择。比如，罗马纪元401年即公元前353年，人民已对凯雷人宣战，但战争尚未开始，凯雷人就开始求和；后来，元老院对于是否拒绝萨莫奈人求和的卑微请求感到犹豫，就将此事提交给人民解决。到了这一时期末，公民大会才开始大肆干预行政，尤其是对于宣战和结盟之事进行磋商，这可能是起源于罗马纪元467年即公元前287年的《霍腾西乌斯法》。

公民团的重要性下降

尽管公民大会的权力不断增大，他们对于国家事务的影响却渐渐减小，尤其是这个时期末。首先，罗马的疆域不断扩大，使其原有的公民大会失去了基础。作为自有资产农民的大会，原来聚会时人们会全部参加，而且即使不用讨论，也很清楚自己的要求，但是罗马的公民团现在已经不是一个社会团体了，而是一个国家。居住在一起的人们共同投票（至少在部落进行选举时），无疑给罗马公民大会带来一种内部凝聚力，而且会给选举带来活力和独立。但是在通常情况下，公民大会的构成及其决定都取决于其主持者或某件事，或者由住在都城的公民进行处理。因此，曾在共和国成立的前两个世纪里起着重要作用的公民大会，渐渐沦落成了主持选举的官员的工具，而且是一个很危险的工具。这一点很容易理解，因为被授权主持选举的官员很多，而大会的每一项决议都被认为是人民意志在法律上的终极表示。公民之前能够表达自己的愿望，能够自己采取行动；现在在罗马，没有任何人胆敢发起"蛊惑民心"的行动，虽然法律权利扩大，但与之前相比，仍然无足轻重。如果有这样"蛊惑民心"的精神存在，政府不会扩大公民权利，而是会撤销对于公民禁止谈论政治的限制。然而在这整个时期，古老的规定仍然不屈不挠地起着作用：只有行政官员才可以召集公民会议，而且他有权禁止人们讨论政治或者提议修改法律。当时，这个国家已经呈现出分崩离析的兆头，比如，原来的公民大会基本上持一种消极的态度，根本不愿干预政府行政，既不愿推动，也不愿干扰。

行政长官和执政官权力的分化和削弱

尽管削弱行政官员的权力并不是新旧公民斗争的主要目标，但它是这种斗争的最重要结果。阶级斗争开始时，换句话说，争取执政权力的斗争开始时，执政权力还是一个不可分割的整体，基本相当于王权，执政官也像是以前的国王，可以自由任命下属官员，但当这场斗争结束时，他最主要的职能如司法、街头治安、任命元老和骑士、审查、管理经济等都被分散给了各级官吏，这些官吏也和执政官一样由公民选举，他们和执政官更多是合作关系而不是上下级关系。执政官一职，原先是国家唯一的常任行政职位，但现在甚至不能算是最高职位了。在关于等级和名次的排位中，执政官确实在大法官、市政官和财务官之上，但他在审查官之下。除了监管经济这一最重要的任务外，审查官的职权还包括调整公民、骑士和元老的户籍，因此对于整个国家和所有公民，无论高贵还是卑贱，都施以一种武断的道德控制。

限制行政权力这一概念，就最初的罗马法律而言，与最高长官的概念是矛盾的，但现在却渐渐有了一定地位，它改变了人们对于权力不可分割的看法。常任同僚官吏的设置，尤其是财务官的设置，是朝着这个方向前进的第一步；《李锡尼法》将这一点完全付诸实施，它规定了三个最高行政长官的职能，前两个负责行政和指挥战争，第三个管理司法。然而改革并未就此止步。

尽管法律规定执政官在各方面都完全平等，但是从最早的时候起，他们就在实际上分管不同的职责。他们最初这么做是相互协调的结果，不能协调时，就抽签来决定，但渐渐地，国家其他职能部门开始干预这种实际分工。元老院每年决定他们的职责范围的事情非常普遍，尽管元老们不会直接给他们分配任务，但是会通过建议和请求的方式对执政官施加影响。在极端的情况下，元老院会制定法令并从公民大会那里获取批准，去解决职权分配的问题，政府本身却很少使用这种危险的手段。其次，执政官在缔结合约等重要事情上的权力也遭到剥夺，在这些事情上，他们必须向元老院求助，并按照元老们的指示行事。最后，在极端情况下，元老院可以随时终止执政官的任期，因为，按照惯例（这种做法法律没有明确规定，但实际却不违法），独裁官的产生完全取决于元老院的意见，而其人选的决定，尽管法律规定由人事执政官掌管，但通常情况下都掌握在元老院的手里。

独裁官职权的限制

独裁官拥有统治权的时间比执政官要长一些。尽管作为一种特殊的行政职位，它从一开始就有其独特的功能，不过从法律上讲，它的特殊性还远远不及执政官，但渐渐地，它也受到罗马法律生活中出现的有关具体权力和职责的新思想的影响。罗马纪元391年即公元前363年，仅仅为了进行一次宗教庆典，出于宗教原因的考虑而任命了第一个专任的独裁官，但是很显然，那个独裁官本人，按照当时的法律，完全无视对他权力的这种限制，将军事权掌握在宗教手中。从罗马纪元403年即公元前351年开始，此后选举的、权力遭到同样限制的行政长官就没有重复这样的反抗，相反，独裁官们都认为他们必须受到自己权力范围的约束。

对于官职连任及复任的限制

最后，行政职位又受到更加严格的限制：罗马纪元412年即公元前342年颁布了针对普通官员连任的禁令，同时还规定，在通常情况下，同一个人要担任同一职务需间隔十年，还有法律规定（罗马纪元489年即公元前265年），同一人不允许连任两次国家的最高职位——审查官。此时的政府还相当强大，不必担心它所任用的人，或者因为这个规定就不去任用那些最有能力的人。那些勇敢的军官们经常会忽视这些规定[10]，这种事情时有发生，比如昆图斯·法比乌斯·鲁里安努斯，他在二十八年间就担任过五次执政官，还有马库斯·瓦勒里乌斯·可尔乌斯（罗马纪元384年到483年即公元前370年到前271年），就任过六次执政官，第一次是二十三岁，最后一次是七十二岁。他曾是三代罗马人的保护神，令敌人闻风丧胆，直到一百岁才进入坟墓。

作为政府工具的人民保民官

罗马的行政长官就这样彻底而明确地从绝对君主转变成了处处受限的大使和管理者，同时，一向与官员为敌的人民保民官也在经历相似的转变，不过他们的转变更多是内在的转变，而不是外在的。保民官对于国家有双重意义，从一开始，他们的目的就是通过多少带有革命性的手段去反对官员们的蛮横暴力，从而保护弱小者，后来他们的作用是消除法律上的不平等以及贵族的特权，后面的这个目标已经实现。保民官制度最初的目的更多是一种民主理想，在政治上难以实现，不仅如此，掌握着保民官的平民贵族和氏族贵族一样，对它抱着仇视的态度；同样，它对于新制度和对于旧的贵族执政官制度一样，完全不适合。这种新制度来自各阶级之间的妥协，如果可能的话，比它脱胎而来的那个社会制度带有更明显的贵族特色，但是，他们并没有废除保民官制度，而是更想把它从反抗自己的武器转变成政府的工具。这些保民官之前完全没有执政权，他们既不是官员，也不是元老院成员，但现在他们彻底演变成了统治阶级的一部分。

在司法权上，他们从一开始就与执政官享有平等的地位，在阶级冲突早期，他们就争取到了和执政官一样的立法权，现在他们也和执政官一样，也获得了——我们不知道具体什么时间，但很可能在各阶级最终获得平等时或者之后——与实际掌权派，元老院相互抗衡的地位。之前，他们出席元老院会议时都坐在门口的板凳上，而现在他们也和其他的长官一样，在元老院取得平等地位，且可以参加元老们的讨论。如果说他们还没有投票权，那是因为罗马国家法有一条原则：从事行政工作的官员不得在大会上提供意见。按照这条原则，罗马所有的行政人员在任期内只能出席会议，而没有投票权。

罗马对保民官做出的让步不止如此，他们还取得了最高行政长官所独有的特权，在一般长官中只有执政官和大法官享有此权，那就是召集元老院进行议事，并促使他们批准某条法令[11]。当政府从氏族贵族手里转向联合贵族之手时，平民贵族首领在元老院就享有和贵族平等的地位，这也是无奈之举。保民官原来只是完全没有行政权的反对党，现在却演变成了——尤其在城市政务方面——第二个最高执政机构，同时也成了政府（也可以说是元老院）最常用、最有效的工具之一，用于管理公民尤其是限制官员的行为。就其最初的特征而言，保民官被彻底消化了，政治上被消灭了，但这也是势在必行。罗马贵族的缺点虽然清晰可见，他们要想拥有特权也必须要废除保民官，但是大家都能看到，政府里有一个部门，它不但毫无目的，而且只能虚伪地承诺去解决无产阶级的疾苦，但同时它又确实具有坚决的革命性，且拥有一种无政府主义特权，可以阻止长官甚至国家本身去滥施权威，政府拥有这样一个部门是无法持续下去的。

然而，对于理想的坚定信念是民主政治力量和无能的基础，它在罗马人的心目中渐渐和平民保民官紧密联系在一起。我们不需要回想起可拉·里恩兹的例子就能发现：虽然保民官并没有给人民带来实质的好处，但是要废除它必然会给国家带来可怕的灾难。所以，出于一种政治上的审慎，以一种不引人瞩目的方式，把保民官制度变得毫无用处，这使各方面都达到了协调。这个原先很有革命性的职位，目前在这个贵族共和国仅仅是徒有虚名，这种虚名眼下是一种矛盾的存在，但将来，它在革命党派的手中，却是一种相当危险的武器。在目前，甚至将来很长时间内，贵族仍然权势倾天，完全把保民官控制在手掌之中，所以，保民官全体反对元老院之事根本不会发生，偶有某个保民官挺身反抗，政府对付他们也易如反掌，而且通常是保民官内部就能解决这个问题。

元老院及其构成

在各阶级获得平等权利以后，元老院是共和国的实际掌管者，并且几乎没有遭到什么反抗。元老院的构成经历了很大变化，旧的氏族代表制取消以后，主要长官的特权也受到很多限制，元首终身制也遭到废除。

元老院摆脱长官控制的第二个步骤就是：调整元老名册的权力由最高长官手中转移到了其下属部门，也就是说，从执政官手中转移到了审查官手中[12]。当然，不管在当时还是以后，掌管名册的官员都有权把身有污点的元老从名册中清除出去，从而把他们逐出元老院。他们这种权力即使不是第一次规定，至少规定得更加明确[13]。这样就给特殊的道德审判奠定了基础，而审查官的崇高名誉也大部分由此而来。对元老的那种批判——尤其是两个审查官意见必须一致时——毫无疑问能把有损元老院名誉或者具有异端思想的人逐出元老院，但绝不能让元老院本身听从行政长官的命令。

行政长官根据自己意思去调整元老院的权力也受到了《奥古尼亚法》的严格限制，此法颁布于这个时代中期，可能在《李锡尼法》之后。此法规定：任何担任过市政官、大法官或者执政官的人都可以获得在元老院的一席之位和投票权，并且下一任审查官应正式将这些人列入元老名册，只有在其缺点足以开除一个时任元老的情况下，才能将他排除在名单之外。曾担任过这些长官的人数远远不足以补充元老院的三百个名额，如果名额不足，又不可能把他裁减掉，尤其是因为元老名单其实也是陪审团的名单。审查官的推举权常常留有很大的空间，但是那些非因担任以上官职而有资格，而是由审查官推举的元老——他们通常曾经担任过低级官职，或者英勇过人，或者在战场上杀过敌人，或者曾挽救过公民性命——他们可以参加选举，但无权参与议事[14]。根据《奥古尼亚法》，元老院的主体，即掌管政府和行政的那些人，其提拔不再依赖于某个官员的个人意志,而是依赖于人民的间接选举。因此,罗马共和国虽然最终并未达到现代国家制度即人民代议制,但是它朝着这个方向不断前进,而那群不能参加讨论的元老可以有自己的意见,并且有权发表自己的意见,但是在投票时却沉默不语。这群人在统治团体内部非常有必要,也很难得。

元老院的权力

元老院的权力在形式上几乎没有改变。元老院小心避免对宪法做出不受欢迎的改变,或者明目张胆地违反宪法,从而给反对党或野心家留下把柄。虽然它没有提倡,但元老院允许国家权力向着民主方向不断扩大。不过虽然公民获得了形式上的权力,实际的权力却在元老院手中,它对于立法和官员选举,甚至国家行政都有决定性的影响。

元老院对立法的影响

每部新法律的实施都必须经过元老院的预先审议,没有官员敢于不征求元老院意见或者在元老院反对的情况下就向人民提交建议。如果他胆敢这么做,元老院有很多方法——如通过官员的仲裁权力或者祭祀的取消权力——把这种苗头掐死在萌芽状态,或者之后再取消这可恶的提议。在极端情况下，作为最高行政机构，它既有执行也有拒绝执行人民法令的权力。在人民的默许下，元老院进一步主张，在情况紧急时，可以不受法律约束，但其条件是必须得到人民批准。这个条件起初不甚重要，后来完全成为一种形式，最后，他们甚至不愿麻烦地再提起这条需要人民批准的法令。

元老院对于选举的影响

到目前为止，官员选举主要取决于行政官员，在政治上非常重要，但现在它们都转到了元老院手里。这样，元老院就有权选任独裁官，这我们以前提到过。不用说，元老院须对人民表示更大的尊重，它不能剥夺人民选举公共官职的权利，但是，元老们很小心，决不让这样选举的官员握有具体的权力，尤其是战争迫近时的最高指挥权，这一点我们前面也讲到过。不仅如此，一部分由于新的职权观念，一部分由于元老们拥有不受法律约束的权力，所以官员任命的大部分权力都落入元老院手中。我们还讲到过，元老院对于执政官权力范围的划分上，影响特别大。特免权最重要的一点是，官员任期可以不受法律约束，这一点和国家基本法正好相反，根据罗马国家法，这种权力不可能在都城内部有效，但在别的地方，至少下面的事件还是有效的：任期延长的执政官或大法官在其任期期满以后，仍然继续任职，被称为"代理执政官"或者"代理大法官"。当然，这种任期延长的重要权力——基本上与任命权相同——依法都属于人民所有，刚开始确实由人民来行使这种权力，但是从罗马纪元447年即公元前307年起，仅有元老院的法令，军队司令官的任期就可以延长。最后，不仅如此，贵族利用特权和技巧对选举施加的影响，经常会让政府选出满意的候选人，虽然不是每次都如此。

元老院政府

最后，关于执政、战争、和平、结盟、建立殖民地、分配土地、大兴土木等，可以说，一切具有长远性和重要性的问题，尤其是整个经济制度，都完全取决于元老院。每年向官员颁发命令，规定他们的职责，限制他们所掌管的军队或金钱，并规定有重要事件时，要向元老院请教。除非预先由元老院批准，国库管理者不得向任何非元老的长官或个人付款。然而，对于日常事务的处理以及司法和军事管理方面，作为最高统治机构的元老院并不干预。罗马贵族在政治上非常老练，很有见识，决不会试图把统治国家变成监管官吏，或者把一个工具变成一台机器。

很明显，元老院的这个新政府在保留原有形式的同时，也致力于彻底改革这个旧国家。公民大会的自由活动遭到限制，近乎绝迹，官员们沦落为元老院的管家及执行委员。一个专管献计献策的机构竟然取代这两个宪法授权的权力机构，并且变成了国家的中央政府，虽然他们的态度相当恭敬，但这无疑就是改革，就是篡夺。然而，站在历史的法庭面前，如果有能力的人能够执政的话，那么这次改革或篡权有其一定的道理，即使最严厉的批评家也不得不承认，这个团体及时认识到自己的使命，并且光荣地完成了自己的任务。他们掌权并不完全依靠高贵的出身，基本上还应该是这个国家自由选择的结果。

每隔四年，他们都会由德高望重的人进行一次严格的道德审核；他们终身任职，不受任期或者人民意见的限制；自从各阶级取得平等以后，他们始终保持团结一致；具有政治才能和治国本领的人都被吸收到了元老院；处理经济问题、决定对外政策，他们拥有绝对的权力；他们完全掌管着行政权，因为执政官任期很短，而保民官的干预权也在阶级斗争结束后被元老院掌握。由此可见，由于其始终如一和政治远见，其团结一致和爱国精神，其对权力的控制和不屈的勇气，罗马元老院不愧为国家最高贵的机构，也是空前绝后最睿智的政治机构，即便当时也被称为"国王大会"，他们了解如何将专制主义的奋发精神与共和主义的献身精神结合在一起。从来没有一个国家像全盛时期的罗马一样，在对外关系中表现得那么坚定、那么有尊严。

毋庸讳言，在内部治理方面，元老院的代表、拥有钱财和土地的贵族，在处理涉及自己利益的问题时难免会有私心，这时，这个团体的睿智和活力就会对国家有害。然而，在阶级冲突严重时国家曾制定了一个伟大原则：法律规定罗马公民享有平等的权利和义务，作为其结果，政治生涯也对每个人开放（换句话说，每个人都可以进入元老院），同时，军队在国外不断取得胜利，政治上也相当成功，国家得以保持和谐稳定，阶级差别也不太明显，不像以前平民和贵族的斗争那样充满了仇恨和恶意。此外，由于对外政治相对成功，在此后的一百多年里，富人有充足的财富来源，他们根本没有必要去压榨中产阶级。就这样，在元老院的领导下，罗马人能够长期拥有一个睿智的政府，并得以快乐幸福地生活，而且这个时期比一般民族所能享有的都要长久。

注释

[1] 认为法律上的所有权力都属于贵族，而平民保民官只掌握军事权力，这样的观点只会引起各种各样的找不到答案的问题，比如，一旦选举活动失败（这在法律上是完全可能的），权力就落在了平民保民官身上，不仅如此，这种观点与罗马法律基本原则相互冲突，因为统治权，也就是说，以国家名义对公民进行管理的权力，是不可分割，也无法进行限制的。在罗马，有实行公民法的行省，也有实行军事法的行省，但在实行军事法的行省里，上诉权及其他一些公民法的原则都不适用，而且，一些行政长官，比如地方总督，只有在实行军事法的行省才能行使权力，但从严格意义上说，任何长官都不能仅拥有司法权，也不可能有长官仅拥有军事权。地方总督在本省里，就像执政官一样，既是军队统帅，又是最高军官，不仅有权审判非公民和兵士，而且还有权审判公民及其他人。即便执政官依照惯例对官员们进行分权，但这种分权也只是习惯上的做法，而不具有法律效力。大法官确实是实际上的最高法官，但他还可以召开百人大会，在某种情况下，甚至可以指挥军队。城市总督主要掌有最高行政权和最高指挥权，但在和平时期，也可以充作法官。即便在这些情况下，最高长官的权力不可分割，也是一项需要严格遵守的原则。所以，军事和司法长官根本不在乎当时罗马人还不习惯的陌生观念，他们拥有绝对的权力，也就是说，不仅拥有平民保民官的权力，而且拥有贵族执政官的权力。正如贝克所说的那样（《手册》，第二卷，第2137页），由于同样的原因，在

后来一段时期，大法官确实成为了贵族的代表，与执政官平起平坐；而平民保民官实际上也不过问司法上的事情，所以，平民保民官为执政官和大法官在后来司法方面的分权铺平了道路。

[2]　这是塞尔维乌斯军事组织的政治效应的一部分。

[3]　出于宗教偏见，贵族们的军事防御完全依赖于非公民，这就让人们对罗马宗教的基本特征产生误解，并拿现代对宗教和国家的区别来分析古代的事情。对于正统的罗马人来说，将非公民纳入公民的宗教仪式是一种罪过，但是即便最严格的正统派也从不怀疑，根据国家法律规定，将非公民纳入公民团体，就意味着宗教上的完全平等。一旦他们在合适的时候授予平民贵族地位，我们就不会再怀疑他们的正直诚实，良心上的顾虑全都排除在外了。不过这可能只是贵族的借口，他们在废除君主专制时错过了宗教平等的最佳时刻，要弥补这种过错实非易事。

[4]　高官家庭与其他贵族家庭的区别是否具有重大的政治意义，我们既不能证实也无法否认，因为这个时期，是否确实有很多贵族家庭并非高官，我们无从得知。

[5]　这里指的是《瓦尔里·荷拉提法》。

[6]　这是《十二铜表法》中很重要的一条规定。

[7]　这里指的是《霍腾西乌斯法》中的等价定理及公民会议决议。

[8]　有关这一时期执政官生活贫困的说法，在后期的道德说教书籍里可能起到了很大的作用，但其主要还是一种误解，一方面是因为当时节俭的风气（即便在经济繁荣时期也是如此），另一方面还是因为一种古老的习俗，用收集硬币得来的款项埋葬国家的元老功臣（这并不意味着葬礼非常寒酸）。这种方法同时也解释了人们为什么习惯用词源学来猜测罗马人的姓氏，这给罗马历史带来了很多荒唐的说法，也让人们更加相信这种说法。

[9]　这里补充的就是等价定理及公民会议决议。

[10]　不论是谁，只要把罗马纪元412年即公元前342年前后的执政官纪年表对比一下就会发现，上述关于执政官重新选举的法律确实存在，因为在罗马纪元412年之前，再次就职，尤其是离职三四年后重新就职的现象非常普遍，但罗马纪元412年之后，两次任期间隔十年或者更多就比较普遍了。当然，也有执政官频繁更替的时期，尤其是罗马纪元434年至443年间即公元前320年至前311年的战争时期。另一方面，不允许官员兼职的原则也得到严格执行。三个高级职位（执政官、财务官和市政官）中两个或三个由同一人兼任的例子还没有发现，但是兼任其他职位的例子，比如市政官同时兼任骑兵将领，或者财务官与审查官合二为一，或者财务官同时也是独裁官，或者执政官兼任独

裁官等例子经常发生。
- [11] 因此送往元老院的信函要由执政官、市政官、平民保民官和元老院同时签收。
- [12] 这是由审查制度规定的。
- [13] 有关骑兵和公民的这种特权及其他权利可能没有正式在法律上赋予审查官，但实际上他们常常拥有这种权利。公民权利是由国家赋予的，而不是审查官，但是审查官在核查投票的人数时，如果没有把此人列入投票人的行列或者把他列入了下等人的行列，他也不会失去自己的公民权利，但是他就不能行使自己作为公民的特权了，或者只能在下等人的会议上行使，直到下次审查。元老院也是如此，审查官在审查时被漏掉的人，只要该次审核仍然有效，此人就不能再加入元老院，除非在任行政长官不承认审核表的有效性，坚持要恢复以前的审核表。很明显，在这方面重要的不是审查官的法律权力，而是掌权者如何通过审查表来利用官员。所以，这种特权的重要性渐渐提高就很容易理解了，同样，由于贵族们空前团结，这些审查官实际上逐渐掌握了司法权，而且得到了公民的承认。毫无疑问，公民投票法的颁布起到了重要的作用，该法规定，审查官应"把各阶级最优秀的人才纳入元老院"。
- [14] 这代表着行政官职及教士职位对平民彻底开放。

第四章

伊特鲁里亚势力的衰落和凯尔特人

伊特鲁里亚和迦太基人的海上霸权

在前面的章节,我们已经介绍了罗马共和国在最初的二百年间罗马政体的发展概况。现在,让我们回到共和之初,来探寻罗马和意大利境外的历史。当罗马王政时代最后一任国王塔克文氏王族被放逐时,伊特鲁里亚人的势力正处于巅峰。和迦太基人来往甚密的伊特鲁里亚人对第勒尼安海拥有无可争议的霸权。虽然马西利亚经过不断的抗争维持了自我独立，但是伊特鲁里亚人控制了临海的坎帕尼亚和沃尔西地区，并通过战争征服了科西嘉岛上的阿拉利亚。在撒丁岛，迦太基将领马戈的儿子于罗马纪元 260 年即公元前 494 年完全征服了这座岛屿，为他们的家族和城邦奠定了强大的基础。在西西里岛，当希腊殖民地陷入内部纷争时，腓尼基人仍然控制着西西里岛的西部地区，并未遇到强有力的反抗活动。伊特鲁里亚人的船只在亚得里亚海也拥有着强大的统治力，甚至在更靠近东部的海域，他们的海盗也让人心惊胆战。

伊特鲁里亚人征服拉丁姆

在陆地上，伊特鲁里亚的势力范围也在逐渐扩大，而夺取拉丁姆成了伊特鲁里亚的重中之重。因为这个拉丁地区将依附于伊特鲁里亚的沃尔西与它分隔开来，让它无法和坎帕尼亚联系起来。长久以来，强大的罗马就像一个坚固的堡垒守护着拉丁姆，成功地将伊特鲁里亚抵御在台伯河防线之外。现在，当塔克文氏王族被放逐后，罗马陷入混乱之中，国势衰弱，伊特鲁里亚同盟趁此良机，在克鲁西乌姆国王拉尔斯·波尔谢那的率领下重新发起更为猛烈的攻击。这一次他们没有像往常一样遇到罗马人顽强的抵抗。罗马投降后，被迫和波尔谢那缔结和约（订于罗马纪元 247 年即公元前 507 年），不仅将它所控制的台伯河右岸的领土全部割让给毗邻的伊特鲁里亚城邦，还放弃了它对台伯河的独占权，而且将战备武器全部交给获胜者，同时承诺以后只用铁制造犁头。就此看来，好像不久的将来，整个意大利都将臣服于伊特鲁里亚人的统治之下。

伊特鲁里亚撤离拉丁姆地区 伊特鲁里亚和迦太基海上霸权的没落 萨拉米斯海战和希梅拉战役的胜利及影响

伊特鲁里亚人和迦太基人的联合出征让意大利人和希腊人感受到了威胁。于是,在家族亲缘关系和共同困境的缘由下,意大利人和希腊人走到了一起,扭转了战局。在罗马落败后,伊特鲁里亚人的军队进入拉丁姆地区,他们胜利的步伐在阿里齐亚城停止了。因为在罗马纪元248年即公元前506年,库迈人及时出手援助了阿里齐亚人。我们不知道这场战役的最终结果如何,尤其是罗马人当时是否撕毁了曾经缔结的丧权辱国和约。唯一非常确定的是,自此以后,伊特鲁里亚人再也未能保住他们在台伯河左岸的领土。

不久之后,希腊民族遭到了来自东西方蛮族的入侵,陷入范围更广泛、更具决定性的战事之中。当时正值波斯战争期间,由于推罗人听命于波斯大帝,这让迦太基人也追随波斯的政策,据传,迦太基人和波斯大帝薛西斯一世[1]甚至因此而结盟。伊特鲁里亚人和迦太基人便站在了相同的阵线上。这样庞大的政治联合,让亚细亚军团进攻希腊和腓尼基军团进攻西西里岛的战事同时发生,企图把希腊所代表的自由和文明从地球上彻底铲除。不过胜利终归属于希腊人民。公元前480年的萨拉米斯海战[2]拯救了希腊,也让希腊报仇雪恨。

据说就在同一天，叙拉古的国王格隆和阿克拉加斯的国王特隆所统率的希腊军队，也在希梅拉大败马戈之子、迦太基将领哈米尔卡所率领的大军，从而结束战争。当时西西里岛西部的腓尼基人无意再征服整个西西里岛，便又退回到原来的防御策略上。为了这次战役，格隆的妻子黛玛雷塔和其他叙拉古贵族妇女纷纷拿出自己的首饰铸造钱币，现在仍然保存着一些较大的银币。人们一直怀着感恩的心纪念这位高贵而勇敢的叙拉古国王格隆，古希腊的抒情诗人西摩尼德斯吟唱着有关他的赞美诗。

这场让迦太基人蒙羞的战败直接导致它的盟友伊特鲁里亚人海上霸权的没落。罗马纪元272年即公元前482年，利基翁和赞克勒[3]的僭主阿那克西拉斯通过长驻舰队封锁了西西里海峡，打击伊特鲁里亚人的私掠船。不久之后在罗马纪元280年即公元前474年，库迈人和叙拉古僭主希罗在库迈附近取得了对第勒尼安舰队的决定性胜利，本想伸出援手的迦太基人也无能为力。希腊诗人品达[4]在其作品《德尔斐纪年》的开篇歌颂了这次胜利。希罗送往奥林匹亚一顶伊特鲁里亚人的头盔被保存下来，上面刻有铭文："戴诺米尼斯之子希罗和叙拉古人献给宙斯，来自库迈的第勒尼安战利品。"

他林敦人和叙拉古人的海上霸权　叙拉古的狄奥尼修斯

大约在罗马纪元243年即公元前511年，罗马放逐塔克文氏王族时，锡巴里斯的亚该亚人开始没落。此后，叙拉古通过对迦太基人和伊特鲁里亚人的伟大胜利成为西西里岛上希腊城邦的领袖。与此同时，他林敦的多利安人一跃成为意大利的希腊人中最为卓越的民族。罗马纪元280年即公元前474年，雅皮吉人击败了他林敦人，这是迄今为止希腊军队所遭受的最惨痛的失败。就像波斯人入侵希腊一样，这次战役让他林敦彻底发挥出所有的民族能量发展成一个具有活力的民主国家。自此以后，迦太基人和伊特鲁里亚人再也未能称霸意大利海域。他林敦人统治了亚得里亚海和爱奥尼亚海，马西利亚人和叙拉古人统治了第勒尼安海。尤其是在第勒尼安海，伊特鲁里亚人的海盗活动范围越来越受到限制。

在库迈取胜后，叙拉古僭主希罗占领了埃纳里亚岛（伊斯基亚岛），从而阻断了坎帕尼亚人和北部伊特鲁里亚人的来往。大约在罗马纪元302年即公元前452年，为了彻底铲除伊特鲁里亚人的海盗活动，叙拉古派遣了一支特别的远征军，洗劫了科西嘉岛和伊特鲁里亚人的海岸，并占领了埃塔利亚岛（厄尔巴岛）。虽然没有完全消灭伊特鲁里亚人和迦太基人的海盗活动（例如，直到罗马纪元五世纪初，在安提乌姆还是有劫掠商船的活动），但是，强大的叙拉古已经形成了一道坚固的屏障来抵御伊特鲁里亚人和腓尼基人的联盟。在伯罗奔尼撒战争（罗马纪元339—341年即公元前415—前413年）期间，雅典出动三艘五十支桨的战船远征叙拉古，同时得到雅典商业上的老友伊特鲁里亚人的支持，所以，确实在有一段时间里，叙拉古的势力看起来好像将要被摧毁。不过众所周知的是，无论在西方还是东方，胜利都属于多利安人。雅典海军远征失败后，叙拉古毫无争议地成为希腊第一海上霸权国，西西里岛上希腊城邦的领袖，并且想要统治整个西西里岛和下意大利，控制意大利两侧的海域。

在另一方面，当迦太基人看见自己在西西里岛上的统治岌岌可危时，被迫发动攻势压制叙拉古人的势力，以缩小叙拉古人在整个西西里岛的势力范围作为其政策目标。此处，我们不再叙述西西里岛上那些中等国家势力的衰弱和迦太基人势力的增强，这些都是战事的直接后果，我们仅仅关注一下他们对伊特鲁里亚的影响。叙拉古新的统治者狄奥尼修斯（罗马纪元348—387年即公元前406—前367年在位）攻击伊特鲁里亚，使其遭受严重破坏。尤其是在意大利东部海域，这位诡计多端的僭主确立了新的殖民势力，并第一次将希腊的海上霸权延伸至更为北部的水域。大约在罗马纪元367年即公元前387年，狄奥尼修斯占领了伊利里亚沿岸的利索斯港和伊萨岛，意大利沿岸的安科纳港口、努马纳港口和阿特里亚港口。在这片远离西西里岛的地区，现在还保留有叙拉古统治的遗迹，不仅有一条"菲利斯托斯沟渠"，而且还让意大利东部海域改名换姓。毫无疑问，这条修建在波河河口的沟渠，是为了纪念知名历史学家也是狄奥尼修斯的好友菲利斯托斯，他曾于罗马纪元368年即公元前386年起被放逐，并在阿特里亚居住多年。意大利东部海域早前曾称为"爱奥尼亚海湾"，从那时起改称为"亚得里亚海"，并一直沿用至今，可能就与这一时期的事件有关[5]。狄奥尼修斯并不满足于攻击伊特鲁里亚人在东部海域的财产和商贸活动，罗马纪元369年即公元前385年，他向伊特鲁里亚人的核心地区皮尔吉发起猛烈攻击，进行疯狂的掠夺，其中包括富有的凯雷港口。自此，伊特鲁里亚人再未恢复往日雄风。狄奥尼修斯去世后，叙拉古陷入内乱之中，这让迦太基人的活动范围失去了约束，他们的舰队重新夺回第勒尼安海，自此以后，他们就一直保持着对这片海域的优势地位。这种情形不仅让希腊人也让伊特鲁里亚人感到无法忍受，所以在罗马纪元444年即公元前310年，当叙拉古僭主阿加托克利斯准备向迦太基开战时，就连伊特鲁里亚人也派遣了十八艘战船参与战斗。当时，伊特鲁里亚人可能仍然占据着科西嘉岛，对它有所担忧。亚里士多德时期（罗马纪元370—432年即公元前384—前322年）还存在的伊特鲁里亚和腓尼基联盟就此瓦解，从此伊特鲁里亚人再未恢复其海上实力。

罗马人和伊特鲁里亚人的维爱战争

正当伊特鲁里亚人在海上遭到来自西西里岛的希腊人攻击时，他们在陆上也遭到了来自各方最沉重的打击。若不是这种情形，我们很难解释清楚为什么伊特鲁里亚人的制海权会迅速地土崩瓦解。根据罗马编年史的记载，大约在萨拉米斯海战、希梅拉战役和库迈战役期间，罗马和伊特鲁里亚的重镇维爱之间也爆发了一场旷日持久的恶战（罗马纪元271—280年即公元前483—前474年）。在战争期间，罗马曾遭受惨痛的失败。尤其是至今还流传着法比氏族在这次战役中所发生的惨案。法比氏族由于内乱，自愿被放逐，离开首都去边疆抵御伊特鲁里亚人的进攻。在克列梅拉小河，法比氏族遭到伏击，所有持有武器的人都被杀死，无一幸免。第一次维爱战争以双方签订了四百个月的停战协定而宣告结束，不过这对罗马人倒是有利的，至少可以让它借此机会恢复到王政时期。伊特鲁里亚人放弃了拉丁城镇费登尼和他们所取得的台伯河右岸的土地。我们无法确知这场罗马和伊特鲁里亚之间的战争，同希腊人与波斯人、西西里岛与迦太基之间的战争有多大的直接关系，但是，无论罗马人是否是萨拉米斯海战以及希梅拉战役中胜利者的盟友，至少其中的利害关系与战争结果是一致的。

萨莫奈人和伊特鲁里亚人在坎帕尼亚大战

萨莫奈人也和拉丁人一样向伊特鲁里亚人发起进攻。库迈战争后，伊特鲁里亚人的殖民地坎帕尼亚和母国的联系几乎被彻底切断，让它再也无法独自抵御山野部族萨贝利人的攻击。罗马纪元330年即公元前424年，坎帕尼亚的首府城市卡普亚被攻陷，萨莫奈人很快就将该地的伊特鲁里亚人消灭或驱逐。当然，由于萨莫奈人的入侵，坎帕尼亚地区的希腊人也遭到严重的打击，他们被孤立，实力受到削弱：罗马纪元334年即公元前420年，萨贝利人占领了库迈，但是，在叙拉古的援助下，希腊人还是控制着拿波里地区，此时，伊特鲁里亚人的名字却从坎帕尼亚消失了，成为历史，只剩下零星几个伊特鲁里亚人的部落在此地苟延残喘。

不过，几乎就在同一时间，意大利北部地区发生了更为重要的事件。一个新的民族正在敲击着阿尔卑斯山脉的大门，这就是凯尔特人，首先受到冲击的是伊特鲁里亚人。

凯尔特人又称加拉提亚人或高卢人，他们与有着共同族源的意大利人、日耳曼人和希腊人有着截然不同的禀赋。他们具有各种坚毅的品质，而且更为出色，但却欠缺更深层的道德和政治素养，这是人类发展的根基。西塞罗[6]说，自由自在的凯尔特人认为亲自耕种是种不光彩的事情。他们更喜欢游牧生活，即使在肥沃的波河平原，还是主要以养猪为生，以牲畜为食，日夜与畜群生活于橡树林中。凯尔特人不像意大利人和日耳曼人那样依恋故土，但另一方面，他们却喜欢群居于城镇和村庄。显然，这一特征在凯尔特人来到意大利之前就已经很明显了。他们的政治体制并不完善。作为民族关系纽带的民族统一性不仅薄弱——事实上所有民族在形成之初都是如此，而且各个部落之间缺乏一致性和强有力的控制，缺乏诚挚的公德心和团结一致的目标。他们只适合于军事组织，用纪律约束来避免个体出现躲避烦琐事务的行为。凯尔特人历史学家蒂埃里说："凯尔特人的显著特征就是他们是所有民族中最为勇敢的民族，在各个方面都给人留下性格坦率但易冲动的印象，头脑聪明但又缺乏定力，不能坚持到底。不喜欢遵守纪律和秩序，却喜欢自吹自擂，永远也无法与人和睦相处——这些都是无限虚荣的结果。"老加图[7]用更为简洁的语言描述了凯尔特人，表达了近乎同样的意思："凯尔特人主要投身于两件事情——作战和才智。"他们是好的士兵却是糟糕的公民。无怪乎凯尔特人的历史是可以撼动所有的国家，却未能建立一个国家。于是，我们随处都能看见他们准备要去周游，或者换句话说是行军。他们喜欢动产胜过不动产，喜欢黄金胜过其他任何东西。他们把参军当成是一种有组织的抢劫，甚至是当成一种赚钱的行当。不管怎样，甚至连罗马的历史学家塞勒斯特也承认他们的成功：凯尔特人在军事竞赛中，把奖品从罗马人手中夺走。他们是古代真正的雇佣兵，正如文字和绘画所描述的：他们身材魁梧却不健硕，头发凌乱且胡子很长——这与修剪头发且剃掉上唇胡须的希腊人和罗马人形成鲜明对比；他们身穿多重颜色的绣衣，作战时会将衣服脱掉；他们的脖子上戴着粗大的黄金项圈，不戴头盔也没有任何投掷型武器，但却配备着巨大的盾牌，还有长剑、匕首和长矛——全部用黄金装饰，因为他们并不善于制作铁器。一切都被他们拿来炫耀自己，甚至经常把伤口弄大点，为了用一个更大的伤疤来炫耀自己。他们通常徒步作战，但某些部落是骑马作战，在这种情况下，每个自由民后面还会跟着两个骑马的侍从。凯尔特人在早期就开始使用战车，其实在远古时期，利比亚人和希腊人就有使用过战车。

凯尔特人各种不同的特征让我们想起了中世纪的骑士，尤其是与希腊人和罗马人无关的一对一决斗的习俗。在战争中，他们习惯于先用语言或手势侮辱敌人，然后和对方进行一对一的决斗。在和平时期，他们也会身穿华丽的盔甲，彼此拼个你死我活。随后，当然还会大摆一次庆功宴。这样，无论是收编于本族还是外族军队麾下，他们都过着漂泊不安的戎马生涯。从爱尔兰和西班牙到小亚细亚都散布着凯尔特人，他们不断征战，立下英雄般的丰功伟绩，但是，他们所有的伟业都像春雪般消融，没有在任何地方建立起一个强国，没有发展出一种属于本民族独有的文化。

凯尔特人的迁徙　凯尔特人在意大利北部攻击伊特鲁里亚人

这便是古人对这个民族的描述，而它的发源地就只能靠推测了。凯尔特人和希腊人、意大利人、日耳曼人发源于同一个地区[8]，毫无疑问也像他们一样从东部摇篮迁移到欧洲。在很早的时候，他们就抵达了欧洲西部海域，并在如今的法国建立起自己的大本营，向北来到不列颠群岛定居，向南翻越比利牛斯山，与伊比利亚人争夺伊比利亚半岛。这是凯尔特人所进行的第一次伟大迁徙，越过阿尔卑斯山后，他们向西行进，开始分成更小的群体向相反的方向移动。这次迁徙让凯尔特人越过阿尔卑斯山脉和巴尔干山脉，甚至渡过博斯普鲁斯海峡。几个世纪以来，他们成为了整个文明古国的心腹大患，直到恺撒的胜利和奥古斯都建设边防才将他们的势力永远铲除。

关于高卢民族迁徙的传说故事，我们主要从李维的记载中得知其日后的逆行活动[9]。当时，高卢联盟和恺撒时代一样，他们是以比图里吉人的部落（布尔日附近）为首，在首领安比加图时期，他派遣自己的两个外甥分别率领两路人马进行迁移。其中一个外甥塞哥维苏渡过莱茵河，朝黑森林方向前进，另一个外甥贝洛维苏则翻过格雷晏阿尔卑斯山脉，进入波河河谷。前一个分支在多瑙河中游地区建立了高卢殖民地，后一个分支在近代的伦巴第地区建立了最古老的凯尔特人殖民地，贝洛维苏率领的因苏布雷人以梅迪奥拉努姆为其首府（即米兰）。不久，另一路人马塞罗马尼人随之而来，定居于布雷西亚和维罗纳一带。自此以后，凯尔特人源不断地越过阿尔卑斯山脉涌入这片美丽的平原。凯尔特人的部落不断地驱逐着利古里亚人，把伊特鲁里亚人的土地一块一块地夺走，直到整个波河左岸的区域全部落入他们手中。在波河平原定居下来的凯尔特人与新来的部落（罗马纪元358年即公元前396年），一起联手征服了富有的伊特鲁里亚人的城邦美尔彭（据推测位于米兰一带）。随后，他们跨过波河，来到右岸，向翁布里亚人和伊特鲁里亚人所建的居住地压进。其中的主要参与者是博伊人，据说他们翻越了大圣伯纳山口，由另一条路线进入意大利，在近代的罗马涅地区定居下来。他们将伊特鲁里亚人的古城菲尔辛那更名为博洛尼亚，并定为首府。最后到来的是塞农人，也是最后一支翻越阿尔卑斯山脉的较大的凯尔特人部落，他们沿着亚得里亚海岸，在自里米尼至安科纳一带的地区建立了居住地。不过，零散的凯尔特人部落肯定朝着翁布里亚的方向迁徙到了更远的地方，抵达了伊特鲁里亚人的边境。因为，在位于台伯河上游的托迪地区甚至发现了刻有凯尔特语的石碑。伊特鲁里亚的北部和东部疆域变得越来越小，大约在罗马纪元四世纪中期，伊特鲁里亚人发现他们实际上被限制在日后仍沿用他们名称的范围内。

罗马人攻打伊特鲁里亚

可以说，伊特鲁里亚人几乎同时遭到了来自不同民族——叙拉古人、拉丁人、萨莫奈人，特别是凯尔特人——的攻击，让这个曾在拉丁区、坎帕尼亚区和意大利两侧海域突然发展壮大起来的民族迅速地土崩瓦解。就在因苏布雷人和塞诺马尼人在波河流域定居时，伊特鲁里亚人失去了他们的海上霸权和坎帕尼亚；大概就在同一时期，罗马市民也首次向伊特鲁里亚人摆出进攻的态势。因为就在几年前，罗马人曾遭到克鲁西乌姆国王波尔谢那的极端侮辱，几乎沦为奴隶。根据罗马纪元 280 年即公元前 474 年罗马人与维爱人签订的停战协议，罗马收回失地，双方恢复到王政时期的状态。罗马纪元 309 年即公元前 445 年，停战协议期满，双方战事再起，主要是在两国边境地区产生的摩擦和劫掠，对双方均未产生严重的影响。对于罗马人而言，伊特鲁里亚人依然过于强大，无法正式对其宣战。后来，费德奈人背叛了罗马，驱逐罗马守卫，杀害罗马使节，并归顺于维爱国王托隆纽斯，从而引起了更大规模的战争，结果是罗马人最终获益。在这场战争中，维爱国王托隆纽斯死在罗马执政官奥卢斯·科尔内利乌斯·科苏斯手下，费德奈被攻陷。罗马纪元 326 年即公元前 428 年，罗马和维爱缔结了为期两百个月的新的停战协议。在这次停战协议期间，伊特鲁里亚人的处境越发困难，凯尔特人的军队开始朝着从未涉足过的波河右岸的定居点靠近。罗马纪元 346 年即公元前 408 年，停战协议期满，罗马人决定对伊特鲁里亚人发动征服战争：这一次的战争不只是要击败维爱，更要将它摧毁。

征服维爱

关于罗马人向维爱人、卡佩纳人和法利希人开战的历史大多不足为信,据说罗马人围困维爱城长达十年之久,就像特洛伊战争[10]一样。罗马的传说和诗歌当然有理由将这一事件书写在自己的名下,因为这场战役所花费的财力和物力都是史无前例的。这是第一次,罗马军队除了夏季甚至连冬季也要作战,长年驻扎在战场上直到达成目标。这是第一次,罗马城邦用国库征兵。这也是第一次,罗马军队跨过传统拉丁区的北部边界,企图征服一个外族。虽然战事激烈,但战局清晰。罗马人得到了拉丁人和赫尔尼基人的支持,因为对于他们来说,推翻这个让人畏惧的邻居所得到的满足和好处并不亚于罗马人。反观另一方,维爱人却遭到了同族人的抛弃,只有邻近的城邦卡佩纳和法勒里随塔昆尼人一起派兵援助。伊特鲁里亚人的北部城邦此时正遭到来自凯尔特人的攻击,单凭这一点就足以说明他们为什么会对维爱城坐视不理。毫无疑问的是,其他伊特鲁里亚人之所以迟迟按兵不动,主要还是因为伊特鲁里亚联盟出现了内讧,尤其是想要保持或恢复王政的维爱城遭到了其他由贵族当权的城邦的反对。如果伊特鲁里亚人能够或者愿意参战,罗马联军是很难完成这个庞大的任务——征服这座强大的城市的,因为当时攻城战术还很落后。被同族抛弃的维爱孤立无援,在英勇抵抗数年后于罗马纪元358年即公元前396年投降。具有英雄气概的马库斯·弗里乌斯·卡米卢斯为他的罗马同胞打通了一条辉煌而又艰险的向外征服之路。这次伟大的胜利让罗马人欢呼雀跃,一直回响在罗马的习俗之中,包括"出售维爱人"的节日活动。活动中会将假的战利品进行拍卖,其中一个拍品让整个活动兴奋不已。这是个很不幸的瘸腿老头,他身穿紫衣,佩戴金饰,这便是"维爱国王"。维爱城被毁,土地沦为永恒的荒芜。法勒里和卡佩纳也迅速求和。当维爱城垂死挣扎时,作为伊特鲁里亚联盟中实力强大的沃尔西犹豫不决,按兵不动,等到维爱沦陷后,他才拿起武器抵抗罗马。不过几年之后,沃尔西尼也于罗马纪元363年即公元前391年同意讲和。在同一天,伊特鲁里亚人的两座壁垒城市美尔彭和维爱分别向凯尔特人和罗马人投降。这可能只是一个让人悲伤的传说,但无论如何也蕴含着深层次的历史真相。伊特鲁里亚人在北面和南面遭到了双重攻击,两座位于边疆的要塞城市双双沦陷,成为了伟大的伊特鲁里亚人走向没落的开端。

凯尔特人攻打罗马　阿里亚战役攻占罗马

凯尔特人和罗马人曾经联手让伊特鲁里亚人陷入生存困境,然而转眼间两者便要相互残杀,恢复实力的罗马将要被践踏在野蛮外族的脚下。罗马人的妄自尊大和目光短浅,让事态的发展事与愿违。

美尔彭沦陷后,凯尔特大军很快就涌入意大利北部地区,不仅抵达了波河右岸的城市和亚得里亚海沿岸，还来到了伊特鲁里亚人所控制的亚平宁山脉的南麓。几年之后，伊特鲁里亚人的核心城市克鲁西乌姆（今丘西，位于托斯卡纳和教皇国交界处）于罗马纪元363年即公元前391年遭到凯尔特的塞农人围攻，伊特鲁里亚人已经饱受屈辱，于是这座深陷困境的伊特鲁里亚城市向维爱城的毁灭者求助。或者，明智的做法就是罗马人即刻同意出兵，削弱高卢人的势力，让伊特鲁里亚人受他们保护，依附于罗马。这种干预的目标过于高瞻远瞩，超过了罗马当时的政策视野，它会迫使罗马人在伊特鲁里亚的北部边境陷入恶战，除了完全不干预外别无他法。罗马人拒绝派遣援军，却愚蠢地派使节前往。更傻的是，这些使节对高卢人出言不逊，调解失败后，他们以为与蛮族打交道可以免于国际法的处罚。在一次小规模的战斗中，他们加入了克鲁西乌姆人的军队，作战时，其中一位使节刺中了一个高卢军官，导致其坠马身亡。在这种情况下，蛮族还是保持了克制和审慎。他们首先派人前往罗马城邦，要求把触犯国际法的罪犯交出来，元老院本来已经准备履行这个合理的请求，但是，民众对于同胞的同情超过了对外族的公正：据记载，罗马纪元364年即公元前390年即罗马编年史中生死攸关的一年，民众甚至推选这些捍卫祖国的勇士为保民官。随后，高卢军的首领布伦努斯撤除了对克鲁西乌姆的围困，整个凯尔特大军大概七万人，转而攻击罗马。

　　对于高卢人而言，远征到一个未知的地区再平常不过，他们在迁徙时就是携带着武器行进，不断地进行掩护或撤退也并非难事。显然没有一个罗马人会预料到他们将如此突然地陷入危机之中，面对一场强大的入侵。直到高卢人已经朝罗马进军，罗马才派出一支军队渡过台伯河，阻止他们前进的道路。罗马纪元364年即公元前390年7月18日，在距离城门不足十二英里的地方，两军在阿里亚河汇入台伯河的地方相遇了，一场战役由此开始。甚至是此时，参战的罗马军还是一副目中无人、有勇无谋的态势，并派出一位毫无经验的统帅来领导大军。他们不是去打仗而是去打强盗，卡米卢斯因为意见不合已经不再参与国家事务。他们去对付的只是些蛮族，何须扎营，何须确保退路？这些蛮族有着视死如归的勇气，奇怪的作战方式让人望而生畏。凯尔特人手持利剑猛烈地冲击着罗马军的方阵，一下子就将其打乱。罗马军被彻底打败，殿后的罗马人很多都在渡河的时候丧命，其他则逃到邻近的维爱城。胜利的凯尔特人横于残兵败将和首都之间。罗马城被遗弃给敌军，罗马人留下的少部分兵力或是逃回来的士兵都不足以守卫城垣。三天后，城门打开，战争的胜利者开进了罗马。如果他们一开始就进入罗马，不仅罗马城保不住，就连罗马国也会被毁灭，但是短暂的休憩让罗马人有机会将神圣的物品带走或掩埋，更为重要的是让他们可以占领一处避难所，并准备好生存所需的给养。无法参战的人员一律不允许进入避难所，因为没有足够的食物。大多数无助的人们都逃散到邻近城邦，但很多尤其是有名望的老人不愿在国破家亡的时候苟活于世，便在家中等待死于蛮族的刀剑之下。敌人进入罗马城，见人就杀，见财产就抢，最后在卡皮托山罗马守军的眼皮底下，一把火将整座城烧毁。

　　凯尔特人不了解围困的战术，而且避难所建在陡峭的岩石上，想要封锁它是件沉闷而且困难的事情，因为庞大军队的生存只能靠粮秣征收员，而邻近拉丁城邦的市民，尤其是阿尔代亚人，常常凭借勇猛之力成功袭击粮秣征收员。在这种环境之下，凯尔特人还是用无限的毅力在岩石下坚守了七个月。一个黑夜里，英勇的马库斯·曼利乌斯被朱庇特神庙[11]里神圣的鹅叫声惊醒，才让罗马守军逃过一劫，而他们的给养品已经开始匮乏。当凯尔特人得知维内蒂人已经入侵塞农人地盘，即将到达波河流域，便受到罗马人的诱惑，同意接受赎金而撤兵。高卢人轻蔑地放下他们的剑，换来更加沉甸甸的黄金，事实正是如此。强硬的蛮族取得了胜利，但他们却将胜利卖掉了，所以也就失去了胜利。

胜利的凯尔特人一无所获

这场灾难性的败仗导致大火烧城，还有七月十八日阿里亚河的战役、埋藏神圣物品的地点和被击退后避难所的地点，所有这些空前绝后事件的细节都是由那时的记忆而引发的后人想象。我们几乎没有意识到，自那只比哨兵还要警觉的闻名世界的鹅算起，已经过去了两千年。虽然罗马颁布了一条法令，规定日后遇到凯尔特人入侵，没有人享有免除兵役的法律特权；虽然纪年自罗马城被攻陷时算起；虽然这次事件回荡在整个文明世界，甚至载入古希腊的年鉴——但是阿里亚战役及其战果很难在硕果累累的历史事件中排上名次。因为它完全没有改变彼此间的政治关系。当高卢人带着黄金离开时，当逃亡者返回家园时，一些胆小谨慎的政客提议市民们应该迁往维爱，而这被卡米卢斯用一次激情澎湃的演讲驳回。有人杜撰说英雄卡米卢斯替罗马把黄金又重新追讨回来，而这只是个传说。于是，房屋在废墟之上匆忙而又杂乱无章地修建起来，狭窄而又弯曲的罗马街道就是源于此时，罗马重新在原来的指挥地建立起来。事实上，这件事可能还有一些实质意义，就是它不只是在此时减少了罗马和伊特鲁里亚之间的敌意，更重要的是让拉丁姆和罗马更紧密团结在一起。高卢人和罗马人之间的冲突不像罗马和伊特鲁里亚或者罗马和萨莫奈之间的冲突，后者是两个政治权力之间的碰撞，它们相互影响，相互作用，而前者堪比一场自然灾难，灾难过后，没有被毁灭的有机体立刻恢复平衡。此后，高卢人常常返回拉丁姆，如罗马纪元387年即公元前367年，卡米卢斯在阿尔巴击败了他们——这是老英雄的最后一次胜仗。卡米卢斯曾六次担任具有执政官权力的军事统帅，五次担任独裁官，四次前往朱庇特神庙举行凯旋式大典。

罗马纪元393年即公元前361年，独裁官提图斯·昆克提乌斯·佩努斯驻扎在离城八公里远的阿涅内桥与高卢军对垒，但还未交战，高卢大军便朝坎帕尼亚行进了；罗马纪元394年即公元前360年，高卢人从坎帕尼亚返回时，与独裁官昆图斯·塞维琉·阿哈拉在科林门前交战；罗马纪元396年即公元前358年，独裁官盖乌斯·苏尔皮西乌·佩提库斯给高卢军以沉重的打击；罗马纪元404年即公元前350年，高卢人甚至于冬季在阿尔巴山安营扎寨，并与希腊海盗一起在沿海进行掠夺，在次年才由名将之子路奇乌斯·弗里乌斯·卡米卢斯将他们驱逐，当时就连身处雅典的亚里士多德（罗马纪元 370—432 年即公元前 384—前 322 年）也听闻此事。这些掠夺式的远征可能让人害怕和厌恶，但顶多只是偶然的不幸而非重大的政治事件。它们最重要的结果是，让罗马人自己以及外国人越来越将罗马视为意大利文明抵御可怕蛮族进攻的堡垒，这种看法对于罗马日后成为世界帝国有着更深远的影响。

罗马进一步征服伊特鲁里亚　伊特鲁里亚南部罗马化

伊特鲁里亚人曾利用凯尔特人进攻罗马之际攻击维爱，因为兵力不足而一无所获；蛮族还没来得及离开，拉丁姆的重兵就突袭伊特鲁里亚人，且兵力并不少于从前。伊特鲁里亚人再一次战败后，伊特鲁里亚的整个南部地区远至基米尼山丘都落入罗马人手中。罗马纪元 367 年即公元前 387 年，罗马人在维爱、卡佩纳和法勒里形成了四个新的部落，并建立苏特隆要塞（罗马纪元 371 年即公元前 383 年）和尼培特要塞（罗马纪元 381 年即公元前 373 年）来驻守北部边界。罗马殖民者很快就进入这片富饶的地区，并将其罗马化。大概在罗马纪元 396 年即公元前 358 年，离它最近的伊特鲁里亚城邦塔昆尼、凯雷和法勒里意图叛乱，反抗罗马入侵。在第一次战役中，所有罗马的囚犯总共三百零七人在塔昆尼的市场被屠杀，从此事可以看出伊特鲁里亚人心中深深的愤怒，但是却无济于事。罗马纪元 403 年即公元前 351 年签订的和约中，离罗马人最近的凯雷遭到了最为严重的惩罚，被迫将一半的土地割让给罗马，剩余的地方退出伊特鲁里亚联盟，依附于罗马，最初这主要存在于个别拉丁城邦。让这些较为疏远的异族城邦享有其他拉丁城镇所拥有的地方自主权，似乎不大合适。凯雷人拥有和罗马人一样的公民权，只是没有选举和被选举权，但被剥夺了自治权，所以关于司法和税收的地方法官由罗马人担任，罗马的执政官代表在此地实施管理——这是国家法律中首次出现的隶属于罗马的形式。通过这种形式，一个至今独立的国家变成一个属国继续存在，但是被剥夺了一切自身行动权。法勒里即使在伊特鲁里亚人的统治之下仍然保持着其原始的拉丁民族性，不久之后于罗马纪元411年即公元前343年脱离伊特鲁里亚联盟，与罗马结成永久同盟。自此，整个伊特鲁里亚的南部地区都以各种形式服从于罗马的管制。至于塔昆尼或者还有伊特鲁里亚的北部地区，罗马人认为用一个长达四百个月的和平协议（罗马纪元403年即公元前351年）来约束他们足矣。

平定意大利北部地区

在意大利北部，迁徙而来的民族也在不断的冲突和战争中，在更明确的范围内永远驻足下来。凯尔特人越过阿尔卑斯山的迁徙活动停止了，部分是因为伊特鲁里亚人对本国的严防死守和强大罗马人的激烈抵抗，部分是因为在阿尔卑斯山北面所发生的不为人知的变化。现在，凯尔特人逐渐统治了阿尔卑斯山脉和亚平宁山脉之间的地区，远至南部阿布鲁齐山，尤其控制着平原和肥沃的牧草，但是由于他们的定居方式松散而又不固定，所以他们并未在新获得的土地上落地生根，也没有将其占为己有。阿尔卑斯山脉的情况如何，还有定居下来的凯尔特人与早先来到这里的伊特鲁里亚人或其他民族的融合程度，由于我们对后来亚平宁山脉人群的民族性的信息了解有限，所以无法查明。只知道如今格劳宾登和蒂罗尔的里提亚人可能是伊特鲁里亚人。翁布里亚人占据着亚平宁山谷，语言不同的维内蒂人占据着波河河谷的东北部。利古里亚人的部落仍然扎根在西部山区，远至南部的比萨和阿雷佐，将凯尔特人的地区与伊特鲁里亚隔开。凯尔特人仅仅居住在中间的平坦地带：因苏布雷人和塞诺马尼人住在波河北岸，博伊人住在南岸，塞农人住在亚得里亚海沿岸，从阿里米努姆到安科纳，即所谓的"高卢土地"，较小的部落就不提了。不过即使在这里，伊特鲁里亚的定居点至少还存在一部分，就像在波斯人统治下的以弗所和米利都仍有希腊人。至少，孤立的曼图亚易守难攻，甚至在帝国时期也是伊特鲁里亚人的城市；波河上的阿特里亚——曾发现很多花瓶，看起来也具有伊特鲁里亚的特色；西拉克斯写于罗马纪元418年即公元前336年描述海岸的书中，称阿特里亚和斯庇那地区为伊特鲁里亚人的地盘。而且，只有这样才能解释为什么伊特鲁里亚海盗直到罗马纪元五世纪时，仍然让亚得里亚海久久不得安宁，为什么不只是叙拉古的狄奥尼修斯在亚得里亚海沿岸设立殖民地，甚至连雅典也在大约罗马纪元429年即公元前325年决定在亚得里亚海设立殖民地，保护船员免受第勒尼安海盗的侵掠——这是最近在一本引人关注的文献中提到的。

这些地方或多或少还是保留了伊特鲁里亚的特色，这只是它们早前盛世留下的落日余晖。伊特鲁里亚人不能再从这些地方获得收益，不过个人仍然可以在这里和平地经商或在海战中获利。另一方面，后来我们在凯尔特人和亚平宁人群中所看见的文明的萌芽，可能就是来自这些半自由的伊特鲁里亚人。用所谓的西拉克斯的话说，伦巴底平原的凯尔特部落放弃他们的戎马生涯，永远地定居下来，部分原因正是受此影响。此外，伦巴底的凯尔特人，实际上还有远至今天蒂里亚的阿尔卑斯山的人群，他们的手艺、艺术和字母都是来自伊特鲁里亚这个媒介。

伊特鲁里亚的和约与衰落

伊特鲁里亚人在失去了坎帕尼亚、整个亚平宁山脉北部和基米尼森林南部地区后，被限制在非常狭小的疆域内，权力和抱负从此一去不复返。这个民族外部的衰落和内部的腐败之间存在着密切的联系，毫无疑问早就埋下了衰落的种子。当时希腊的作者详细描述了伊特鲁里亚人骄奢无度的生活：罗马纪元五世纪时，下意大利的诗人歌颂着第勒尼安的美酒，同时代的历史学家蒂迈欧和泰奥彭波斯描写了伊特鲁里亚人的荒淫和盛宴，这些毫不逊色于拜占庭或法国的堕落。这些细节可能未经证实，但至少有一点证据确凿，就是罗马末期和古代末期的恶疾——让人厌恶的娱乐方式角斗，最初是在伊特鲁里亚人中流行起来的。无论如何，总的说来这个民族毫无疑问非常堕落。

这种情况甚至蔓延到政治领域。就我们所掌握的少量信息而言，我们发现和同时期的罗马一样，他们也是贵族当道，但是更加严苛和恶毒。大概在维爱城被围困时，所有伊特鲁里亚的城市都废除了王政，有几个城市出现了贵族政府，伊特鲁里亚联盟松散的纽带对它们毫无约束力。这个纽带很少能将所有伊特鲁里亚的城市联合起来，甚至是保家卫国。沃尔西人只是名义上的霸主，与罗马对拉丁民族的领导权比起来相去甚远。伊特鲁里亚的旧市民针对一切公职和一切公权进行了反对专权的斗争——这种斗争是反对专有统治和反对贵族垄断僧职（主要是出现在伊特鲁里亚），这些公职和公权甚至将罗马国灭亡，必将让伊特鲁里亚的政治腐败、经济崩溃、道德沦亡。外部战役的失败让伊特鲁里亚在一定程度上，无法以外族为代价来满足被压迫着的无产阶级的要求，无法开辟其他道路来一展抱负。巨大的财富尤其是土地，集中在少数贵族手中，而民众贫困；社会革命非但没有解除反而加深了危机；都是因为中央权力的无能，最后遭难的贵族只有向罗马人求救——如罗马纪元453年即公元前301年的阿勒提姆和罗马纪元488年即公元前266年的沃尔西尼。罗马人平息了动乱，但同时也铲除了剩余的独立城邦。从维爱和梅尔彭失守时开始，这个民族的力量就遭到了破坏。有那么一两次，伊特鲁里亚人仍然企图脱离罗马统治，可这是受到了另外一个意大利民族萨莫奈人的刺激。

注释

[1] 薛西斯一世（约公元前519—前465年），是波斯帝国的国王（公元前485—前465年在位）。——译者注

[2] 希波战争中双方舰队在萨拉米斯海湾进行的一次决定性战斗。公元前480年，波斯国王薛西斯一世率一百个民族组成的三十万大军、战舰一千二百零七艘，渡过赫勒斯滂海峡，分水陆两路远征希腊。希腊联军只有陆军十一万，战舰四百艘，且被封在萨拉米斯海湾内。希腊舰队成两线队形突然发起攻击，发挥其船小灵活、在狭窄海湾运转自如的优势，以接舷战和撞击战反复突击波斯舰队。经过一天激战，波斯舰队遭到重创，被迫撤退。萨拉米斯海战奠定了雅典海上帝国的基础，强大无比的波斯帝国却从此走向衰落。——译者注

[3] 西西里岛城市墨西拿的古名。——译者注

[4] 品达（约公元前518—前438年），古希腊抒情诗人。他被后世的学者认为是九大抒情诗人之首。他的作品藏于亚历山大图书馆，被汇编成册。——译者注

[5] 赫克特斯还有希罗多德只知道亚得里亚为波河三角洲及冲刷其岸边的海。从广义上来说，亚得里亚海的名称首次出现于罗马纪元418年即公元前336年号称《西拉克斯》的书。

[6] 西塞罗（公元前106—前43年），古罗马著名政治家、演说家、雄辩家、法学家和哲学家，从事过律师工作，后进入政界。开始时期倾向平民派，以后成为贵族派。公元前63年当选为执政官，在后三头同盟成立后被三头之一的政敌马克·安东尼（公元前82—前30年）派人杀害于福尔米亚。——译者注

[7] 马库斯·波尔基乌斯·加图通称为老加图或监察官加图，以与其曾孙小加图区别。他是罗马共和国时期的政治家、国务活动家、演说家，公元前195年任执政官。他也是罗马历史上第一个重要的拉丁语散文作家。——译者注

[8] 近来，语言学专家主张，凯尔特人和意大利人之间的亲缘关系甚至比意大利人和希腊人的亲缘关系更近。换句话说，他们就是一棵大树的分枝，首先，从西欧和南欧的印度-日耳曼族中先分出希腊人与意大利-凯尔特人，后者经过相当长的一段时间又分出意大利人和凯尔特人。从地理的观点来看，这个假设也有可取之处，或许与现存的历史吻合，因为迄今希腊、意大利两个民族的文明被认为很可能也是希腊凯尔特

意大利文明。我们对于凯尔特文化的最早阶段一无所知,不过,语言的研究还未达到足够的进步,不宜把它的结果插入各民族的原始历史之中。

[9] 李维和查士丁都叙述了这个传说,恺撒也曾考虑此事。但是,贝洛维苏的迁徙与马西利亚的建立有关,因此将贝洛维苏迁徙的时间定为罗马纪元二世纪中叶,毫无疑问这并不是本民族的传说,因为那类传说当然没有确切的年代,而是后世编年史的研究,所以不足为信。在很早的时候,可能就有个别的入侵和迁徙,但是凯尔特人涌入意大利不可能发生在伊特鲁里亚势力衰落以前,即不早于罗马纪元三世纪后半叶。

[10] 是以争夺世上最漂亮的女人海伦为起因,以阿伽门农及阿喀琉斯为首的希腊军队进攻以帕里斯及赫克托尔为首的特洛伊军队的十年攻城战。——译者注

[11] 位于罗马的卡庇托尔山,是古罗马最伟大的宗教庙宇。——译者注

第五章

罗马征服拉丁和坎帕尼亚

罗马对拉丁姆霸权的动摇和重建

罗马以霸权的形式建立了对拉丁姆地区的统治权,这是王政时期的伟大成就。显然,当罗马政体发生改变时,必然会极大地影响罗马和拉丁姆国家的关系以及拉丁姆城邦各自内部的组织结构。从史料看来也确实如此。各种生动的传说也证实罗马国内的革命引起了罗马和拉丁同盟之间关系的变动。据传罗马纪元255或258年即公元前499或前496年,罗马独裁官或执政官奥卢斯·普斯图密乌斯得到了狄俄斯库里的帮助，打败了拉丁人，取得了雷吉路斯湖战役的胜利。罗马纪元261年即公元前493年，斯普利乌斯·卡西乌斯第二次执政时，更明确地恢复了罗马和拉丁姆之间永久的同盟关系。然而，这些传说故事并没有提及一个重要信息，即新的罗马共和国和拉丁同盟之间的法律关系；关于这种关系，我们从其来源所获得的信息并没有年月，所以只能依照近似的可能性把它插在这里。

罗马和拉丁姆之间最初的平等权利

霸权的本性意味着它只不过是通过形势的内在力量逐渐地将霸权转变为统治权。毫无例外，罗马对拉丁姆城邦的霸权也是要进行统治。罗马作为一方，拉丁姆同盟作为另一方，彼此间的关系是基于权利实质上的平等，但至少在战争事务和处理掳获物上，罗马对同盟其他城邦事实上是享有霸权的。按照同盟最初的章程，罗马和拉丁同盟的各个城邦多半都保有对外作战和缔结条约的权利——保有完全的政治自决权。当他们联合作战时，罗马和拉丁城邦可能将提供相同的兵力，通常各方提供一支八千四百人的军队[1]。但是，最高指挥官由罗马统帅担任，然后由他任命参谋官，所以也是由他选择军事保民官。如果获胜，战利品中的动产和征服的领土由罗马和同盟国共享。当决定在征服的领土上建立要塞时，驻兵和居民部分来自罗马，部分来自同盟中的殖民国，但是新建成的城区以一个独立的同盟国身份加入拉丁同盟，并在拉丁会议中拥有一个席位和一个投票权。

平等权利遭到损害　关于战争和条款　关于军队的指挥　关于战利品

在罗马共和国时期,这些规定肯定变得越来越不利于同盟国,却进一步加强了罗马的霸权,可能这种改变在王政时期就已经存在了。毫无疑问,首先被废除的就是同盟国对外作战和缔结条约的权利[2],这些权利彻底归于罗马。早期,拉丁军队里的参谋官无疑是由拉丁人担任,后来这一职务即使不是全部,至少也主要是由罗马公民担任[3]。不过另一方面和从前一样,要求整个拉丁同盟所提供的兵力不超过罗马所提供的兵力;罗马的最高指挥官也无权拆散拉丁军队,各城邦所派遣的军队作为一个独立的军队分支,由各城邦所任命的官员领导。在形式上,仍然维持着拉丁同盟平等分享战利品中的动产和被征服的土地的权利,然而在实际中,大量的战争果实无疑都归处于领导地位的罗马所有,甚至在早期时就是如此。就连在建设同盟要塞或称之为拉丁殖民地时,规定大多数殖民者都是罗马人,有时可能还是全部。虽然这种迁移让罗马市民变成同盟国的成员,但新建设的小镇多半对它们真正的母国有着绝对的忠诚,这对同盟国来说是危险的。

私权利

相反，同盟国的市民迁移到同盟中的其他城市，由同盟条款所保障的权利不会受到限制。尤其是所获土地和动产、通商和交易、婚姻和遗嘱、迁移的无限自由都具有完全的平等权利；所以同盟国中拥有市民权的人，不仅可以依法在任何地方定居，而且无论在哪里定居下来，他都能共享权利，除担任公职外，拥有所有的私权利和政治权利及义务，至少在特里布斯会议[4]中拥有受限制的投票权。

在罗马共和国初期，罗马和拉丁同盟之间的关系很可能就是如此。不过，我们无法确定哪些属于早期条款，哪些属于罗马纪元261年即公元前493年同盟国的修正条款。较为肯定的是，有几个拉丁同盟中的城邦模仿罗马的执政官体制进行了改革，我们可以把这视作一次创新并对此进行介绍。虽然各城邦很可能已经独自废除了王权，但是因为罗马每年新上任的最高官吏的称呼和拉丁同盟相同，并且广泛应用独特的同僚制原则，这表明二者之间显然存在着一些外部联系。罗马国王塔克文氏王族被放逐后的某个时候，拉丁同盟肯定依照罗马的执政官体制进行了彻底改革。拉丁城邦依照领导者罗马所进行的改革可能只是发生于后期，但是，有一种推测还是具有内在的可能性，即罗马贵族在本国废除了终身制的王政后，建议拉丁同盟中的成员国也进行类似的体制改革。虽然改革遭到了强烈的反抗并且危及拉丁同盟自身的稳固，但最后这种贵族统治的体制还是被介绍到所有的拉丁姆地区。在改革中所遇到的反抗，一方面来自被放逐的塔克文氏王族，另一方面来自其他拉丁姆城邦的王室宗族和其拥趸。就在此时，强大的伊特鲁里亚人发展壮大，维爱人又不断来犯，还有远征而来的克鲁西乌姆国王波尔谢那，这些都极大地确保了拉丁国家继续依附于昔日成立的同盟，换句话说就是继续听命于罗马的霸权。毫无疑问，拉丁国家因此才勉强同意进行政体改革，甚至很多拉丁国家已经进行了多方面的准备，乃至对罗马继续扩大霸权也没有异议。

罗马和拉丁姆向东面和南面扩张

罗马这个长久团结的国家不仅能够维持实力，还能向周边地区扩张势力范围。我们已经提过伊特鲁里亚人对拉丁姆地区的霸权统治为期不长，很快就恢复到王政时期的关系，但是在罗马国王被逐后一百多年，罗马在边境地区才实现真正的扩张。

萨宾人占据了从翁布里亚的边境直到阿涅内河之间的意大利中部山丘地带。在罗马历史初期，罗马人深入到拉丁姆地区进行打仗和征服活动，所以，萨宾人虽然紧邻罗马，但二者之间鲜有接触。甚至从编年史的记载中，我们也可以清楚地看见，萨宾人对于其东面和南面的相邻民族拼死抵抗罗马人很少施以援手；更为重要的是我们在这里并未发现罗马用来控制属地的要塞，而这类要塞尤其是在沃尔西平原为数众多。或者，二者之间没有出现敌对状态与萨宾部落此刻正大量涌入下意大利有关。他们被提弗努斯河[5]与沃图努斯河的美景所吸引而来此定居，很少介入台伯河南岸的军事冲突。

埃魁人和沃尔西人的代价　罗马和赫尔尼基结盟

埃魁人定居于罗马东面，直至图拉诺和萨尔托河谷，以及福齐诺湖[6]的北缘与萨宾人和马尔塞人的领土接壤，他们对罗马人的反抗更为激烈也更为持久。[7]沃尔西人定居于阿迭亚周围的鲁图尔人南面，向南延伸至拉丁地区的科拉，拥有利里斯河的沿岸和邻近岛屿以及利里斯河流经的全部内陆地区。我们不打算再叙述罗马与这两个民族之间连年不断的纷争——这些与罗马史有关的纷争，最无关紧要的侵袭都是场重大的战役，完全不用理会历史的关联性，我们只用说明永恒的战果就足够了。我们可以清楚地知道，罗马和拉丁同盟的明确目标就是将埃魁人和沃尔西人分开，控制他们之间的交通要道。此外，在位于阿尔巴山南麓和沃尔西山及彭丁沼地之间的区域，拉丁人和沃尔西人有了初次接触，他们甚至混居于此。[8]在这片区域，拉丁人迈出了向外开辟疆域的第一步，并首次在外族土地上建立同盟要塞——他们称其为拉丁殖民地，即在阿尔巴山下的平原上有维利特雷城（据称大概建于罗马纪元260年即公元前494年），在彭丁低地上有苏萨城，在埃魁人和沃尔西人领土交界处的山区有诺尔巴（据称大概建于罗马纪元262年即公元前492年）和塞尼亚（据称于罗马纪元259年即公元前495年加固）。罗马纪元268年即公元前486年，赫尔尼基人加入罗马和拉丁同盟，将沃尔西人彻底孤立，并为同盟提供了一道屏障，能够防御居住在南面和东面的萨贝利部落，从而更好地完成目标。因此，我们很容易理解，为什么赫尔尼基这个弱小的民族在决策和战利品的分配上，能够与罗马和拉丁完全平等。自此以后，较为弱小的埃魁人更不足为惧，只要偶尔派兵进行劫掠就足矣。而与拉丁姆接壤，沿海岸线居住于南面平原的鲁图尔人也早已被罗马征服。早在罗马纪元312年即公元前442年，鲁图利人的城镇阿迭亚就已经成为一个拉丁殖民地。沃尔西人的抗争则更为重要。除上述之外，值得一提的是罗马人对沃尔西人所取得的第一次著名胜利，是在罗马纪元361年即公元前393年建立了西尔策依。只要罗马不能控制安提乌姆和泰拉奇纳[9]城镇，西尔策依城就只能经由海路和拉丁姆地区来往。罗马人常常想要占领安提乌姆，曾于罗马纪元287年即公元前467年取得短暂成功，但是在罗马纪元295年即公元前459年，这座城市又恢复了自由。直到高卢人火烧罗马后，经过长达十三年的激烈战争（罗马纪元365—377年，即公元前389—前377年），罗马人才在安提乌姆和彭丁地区取得了决定性的胜利。距离安提乌姆不远的萨特里孔，在罗马纪元369年即公元前385年，成为拉丁殖民地，大概在不久之后安提乌姆和泰拉奇纳也成为拉丁殖民地。罗马纪元372年即公元前382年建成塞提亚要塞保卫彭丁地区，罗马纪元371年即公元前383年和随后几年，将这片地区划分为耕地和市区。后来，沃尔西人仍有起来叛乱，不过不再与罗马作战。

罗马和拉丁同盟陷入危机

罗马人、拉丁人和赫尔尼基人的同盟在对抗伊特鲁里亚人、埃魁人、沃尔西人和鲁图尔人的战事中，越是取得决定性的胜利，同盟也就越发不和。一部分原因是罗马的霸权不断增强，我们已经说过这是时势所需，但这却让拉丁姆不堪重负；还有一部分尤为重要的原因就是，作为领导者，罗马行事不公，引人厌恶。类似事件尤为明显的是，罗马纪元308年即公元前446年在阿迭亚，罗马对阿里齐人和鲁图尔人之间的争端做出可耻的仲裁。对于两个城邦之间一块有争议的边境地带，仲裁者罗马竟将其据为己有。这个判决在阿迭亚内部引起了争吵，民众想要加入沃尔西人的阵营，而贵族则拥护罗马统治。罗马更是以内乱为由，派遣罗马殖民者进入这座富足的城市，并于罗马纪元312年即公元前442年将反对罗马者的土地分给他们。导致同盟内部出现分裂的主要原因还是共同敌人已被征服，于是当他们认为不再需要对方时，彼此间的容忍和信赖就消失了。促成拉丁人和赫尔尼基人公开背叛罗马的原因，部分是由于凯尔特人占领罗马，暂时削弱了罗马的势力，部分是由于彭丁地区最终被占领和瓜分，于是，以前的盟友很快便在战场上兵刃相见。很多拉丁人都自愿加入到安提乌姆人最后的殊死搏斗中：现在最著名的拉丁城市拉努维乌姆（罗马纪元371年即公元前383年）、普雷内斯特（罗马纪元372—374年即公元前382—前380年）、图斯库隆（罗马纪元373年即公元前381年）、提布尔（罗马纪元394年即公元前360年），甚至由罗马—拉丁同盟在沃尔西领土上修建的几座要塞，诸如维利特雷和西尔策依，全都得靠武力来镇压。提布尔人甚至和再次来犯的高卢部落共同对付罗马人，然而，这些叛乱都是各自为政，没有协同作战，罗马不费吹灰之力就将它们各个击破。

罗马纪元373年即公元前381年，图斯库隆甚至被迫放弃其政治独立性，成为一个依附于罗马的城邦，获得没有选举权的罗马公民资格，所以这个城镇仍能保留自己的城垣，还具有有限的自治权，包括拥有自己的地方法官和公民大会，但是作为罗马公民，他们不具有选举权和被选举权。这是第一次作为一个独立国的全体市民并入罗马共和国的例子。

同盟条约的更新

罗马与赫尔尼基人之间的战争更为激烈（罗马纪元392—396年即公元前362—前358年）。罗马第一位来自平民阶层的执政官卢修斯·格努基乌斯担任战争总指挥，在战争中身亡，但是这一次也是罗马人获胜。罗马纪元396年即公元前358年，罗马、拉丁和赫尔尼基同盟重新签订条约，结束危机。这些条约的详细内容无从得知，显然，罗马可能以更为苛刻的条款再次在同盟中掌握霸权。就在同一年，罗马在彭丁地区设立了两个新的部族居住点，这充分显示出罗马的实力发展得更为强大。

拉丁同盟的缔结

罗马纪元370年即公元前384年，罗马和拉丁姆之间缔结拉丁同盟[10]，虽然我们无法确定，这一事件是我们刚才所介绍的拉丁反对罗马而举行叛乱的结果还是原因，但显然与这次危机有关。迄今为止，按照法律规定，每个由罗马和拉丁姆建立的自治市均可成为有资格参加同盟节日和同盟会议的市镇，虽然每个城市在与其他城市混合后，便从同盟中除名，在政治上被废除。不过，同时按照拉丁人的惯例，同盟成员的数量自固定以来一直维持为三十个，所以拥有投票权的加入城市永远不会超过或少于三十个，一些较晚加入的成员，或无足轻重或犯过罪行，都被取消资格，没有投票权。这样，大概在罗马纪元370年即公元前384年，同盟成立，情况如下：拉丁古城中除一些情况不明或地址不详的外，仍然具有自治权和投票权的有位于台伯河和阿涅内河之间的诺门图姆，阿涅内河与阿尔巴山之间的提布尔、伽比、斯卡普提、拉比奇[11]、佩丹和普雷内斯特，阿尔巴山的科比奥、图斯库隆、博维兰、阿里齐亚、科里奥利和拉努维乌姆，沃尔西山区的科拉，最后是沿海的劳伦图姆平原；再加上罗马和拉丁同盟建立的殖民地有以前鲁图尔人地区阿迭亚以及沃尔西人的萨特里孔、维利特雷、诺尔巴、塞尼阿、塞提亚和西尔策依；此外还有其他十七座名字不确定的城市，可以参加拉丁节日但没有投票权。据此，拉丁同盟中有四十七个城镇，三十个拥有投票权，自此再未改变。随后建立的拉丁城市如苏特隆、尼培特、安提乌姆、泰拉奇纳[12]、卡勒都不能加入同盟，以后被剥夺自治权的拉丁公社如图斯库隆和拉努维乌姆也不从名单中删除。

确定拉丁姆的疆界

拉丁同盟的缔结与拉丁姆在地理上的定居范围有关。只要拉丁同盟继续扩充，拉丁姆的疆界范围就会随着新建立的同盟城市而不断扩展；但是因为后来的拉丁殖民地并不参加阿尔巴庆典，所以，在地理范畴上，不将它们视为拉丁姆的一部分。因此，我们认为阿迭亚和西尔策依肯定属于拉丁姆，而苏特隆和泰拉奇纳则不属于。

后期拉丁城市的彼此隔离，比如私权利

不仅罗马纪元 370 年即公元前 384 年以后获得拉丁权利的地区被排除于同盟之外，而且它们相互之间被隔离。虽然，每个拉丁城市都能和罗马进行互惠通商，或者还能通婚，但是它们之间却不允许。例如，苏特隆的市民在罗马可以拥有一块完全所有权的土地，但在普雷内斯特却不行；他可以和一个罗马人合法生子，却不能娶一个提布尔妇女为妻。

防止特殊同盟

到目前为止,拉丁同盟内的成员都有着相当大的活动自由。例如,六个老的拉丁城市阿里齐亚、图斯库隆、提布尔、拉努维乌姆、科拉和劳伦图姆,还有两个新的拉丁城市阿迭亚和苏萨波美提亚,都可以共同供奉阿里齐亚的狄安娜女神。这会给罗马的霸权带来危险,所以在日后的同盟中,我们再也没有找到类似的例子,这绝非偶然。

拉丁市政体的改革　警察制度

我们同样还能把这一时期归为拉丁市政体进行深度改革,完全被罗马的政体所同化。如果后来的两位平民市政官(负责监督当地的市场、道路和执法)与两位执政官都是拉丁行政官的必需要素,那么城市警官制度显然出现在同一时间,并受到了所有同盟的领导者罗马的鼓励,这一制度肯定不可能出现在罗马贵族市政官设立之前(出现于罗马纪元 387 年即公元前 367 年),也可能正是产生于同一时期。毫无疑问,这是一系列维护贵族利益而剥夺同盟组织机构的自由和改革的措施之一。

罗马人的统治　拉丁人的愤怒　罗马人和萨莫奈人之间的冲突

在攻陷维爱并征服彭丁地区之后，罗马明显感到自己有能力勒紧霸权统治的缰绳，将整个拉丁城市降为从属的地位，事实上就是让它们完全受制于罗马。罗马纪元406年即公元前348年，迦太基人和罗马达成通商条款，约定他们不得伤害隶属于罗马的拉丁人，即沿海城镇阿迭亚、安提乌姆、西尔策依和泰拉奇纳；然而，任何拉丁城镇如果脱离罗马同盟，腓尼基人便可攻打它们，但是征服后不得毁灭它，而要将其交给罗马。这清晰地显示了罗马怎样将受其保护的城镇束缚起来，以及一个城镇如果胆敢脱离保护国，它将由此付出多大牺牲或冒多大的风险。

即使现在，虽然赫尔尼基人不能分得三分之一的战利品，但拉丁同盟仍然可以，无疑还剩下些以前所拥有的平等权利，显然，拉丁同盟所失去的已经足够重要，这可以解释为何此时他们对罗马人心怀仇恨。各地掀起反罗马的浪潮。不仅很多拉丁人只要看见有军队攻打罗马，他们便自愿投入其麾下，听其领导攻打罗马城邦；而且在罗马纪元405年即公元前349年，拉丁同盟甚至拒绝给罗马派兵。显然，整个拉丁同盟不久就将重新掀起一场反罗马的起义；不过就在此时，一个足以对抗整个拉丁民族的意大利民族与罗马的冲突已经迫在眉睫。起初，在征服了北方的沃尔西人后，罗马人在南方也未遇敌手，大军一路畅通无阻，行进到利里斯河。早在罗马纪元397年即公元前357年的时候，罗马人就已经战胜了普里维那特人，在罗马纪元409年即公元前345年攻占了利里斯河上游的索拉。于是，罗马军队抵达了萨莫奈人的边界；在罗马纪元400年即公元前354年，这两个意大利民族中最为强大勇敢的民族曾缔结友好协议，这显然象征着争夺意大利霸权的战役即将出现——这场战役与拉丁民族的危机交织在一起。

征服意大利南部的萨莫奈人

毫无疑问，当罗马国王塔克文氏王族被放逐时，萨莫奈民族已经占据并控制了阿普利亚平原和坎帕尼亚平原间的山地相当长的一段时间。他们一方面受到陶尼亚人的阻挠——此时阿尔皮城正值繁荣富强的时期，另一方面受到希腊人和伊特鲁里亚人的阻挠，所以到目前为止一直没有得到进一步的发展。但是，到了罗马纪元三世纪末，伊特鲁里亚开始没落，罗马纪元四世纪时，希腊殖民地出现衰落，这为萨莫奈民族向西面和南面发展提供了空间。萨莫奈人的大军陆续抵达意大利南部海域，甚至继续跨海前行。他们首先出现在毗邻海湾的平原地区，这里自罗马纪元五世纪初就与坎帕尼亚人联系在一起；伊特鲁里亚人受到压制，罗马纪元330年即公元前424年前，他们失去了卡普亚城，希腊人也被限制在较为狭小的区域，罗马纪元334年即公元前420年，他们失去了库迈城。大概就在同时，或者更早的时候，卢卡尼亚人出现在大希腊地区：罗马纪元四世纪初，他们卷入和特里那人及图里人的冲突中；罗马纪元364年即公元前390年之前，他们已经在希腊劳斯定居了相当长的一段时间。大概就在这一时期，卢卡尼亚人的步兵达三万人，骑兵达四千人。直到罗马纪元四世纪末，才首次提到出现了布鲁蒂伊[13]的单独结盟，他们脱离卢卡尼亚，与其他萨贝利族不同，不是作为殖民地而脱离，而是因为反目成仇，开始与其他外族搅和在一起。下意大利的希腊人试图反抗蛮族的入侵：罗马纪元361年即公元前393年，阿哈伊亚同盟重新成立并决定，任何同盟城邦遭到卢卡尼亚人的攻击时，所有城邦都将出兵援助，否则军队指挥者将被处死。即使是大希腊联合起来也无济于事，因为叙拉古的统治者老狄奥尼修斯和意大利人联合起来对付自己的同胞。当狄奥尼修斯从大希腊舰队的手中夺取了意大利海域的霸权时，希腊城邦陆续被意大利人所占领或毁灭。让人难以置信，在很短的一段时间里，一系列繁荣的城市不是被毁坏就是变成了废墟。只有少数几个希腊人居住地，例如拿波里，才勉为其难地生存了下来，成功地保住了自己的民族，而这也只是依靠条约而非武力做到的。只有他林敦依然强大，保持着完全的独立性。它之所以能守住自己的地盘，都是由于他林敦位置偏远，而且与梅萨皮亚人一直冲突不断，让它常年处于备战状态。不过，即使是这座城市还是得为了生存与卢卡尼亚人连年作战，被迫向它的母国希腊寻求盟友和雇佣兵。

大约在维爱和彭丁平原落入罗马人手中时，除了零散的几个希腊殖民地和阿普利亚－梅萨皮亚沿岸，萨莫奈部落已经占领了全部的下意大利地区。大概写于罗马纪元418年即公元前336年的《希腊航海记》中，提到会"五种语言"的萨莫奈人——"他们两面临海，在第勒尼安海这边北有坎帕尼亚人，南有卢卡尼亚人"，此处也像通常一样将布雷提人包括在卢卡尼亚人中。卢卡尼亚人已经获得了自第勒尼安海的帕埃斯图姆到爱奥尼亚海的图里的沿海地区。事实上，如果有人要把拉丁人和萨莫奈人这两个伟大的意大利民族进行比较，那么在他们未有接触之前，后者比前者抵达的地域更宽广，成就更辉煌。从本质看来，他们征服的特点各不相同：拉丁姆地区以罗马为城邦中心，领导拉丁民族向四面八方缓慢扩张，领土相对较为狭小，但是每走一步都很扎实，部分建成防御型的城镇，具有属地同盟国的权利，部分被征服的土地被罗马化。萨莫奈人则不然，他们没有一个领导性的城邦，所以没有对外征服的政策。对罗马而言，征服维爱和彭丁地区让它的势力得到了真正的壮大，而对萨莫奈而言，坎帕尼亚城市的兴起以及和卢卡尼亚和布雷提同盟的形成，非但没有壮大反而削弱了萨莫奈的势力，因为每个部落一旦找到和建立新的定居点后便各自为政。

萨莫奈人和希腊人的关系

萨莫奈部落占据了辽阔的区域，然而他们却无意将其彻底归为己有。较大的希腊城市如他林敦、图里、克罗顿、梅塔彭图姆、赫拉克利亚、利基翁和拿波里，虽然势力被削弱，常常还要依附于他人，但是仍然存在；甚至原野和小镇也容许希腊人居住，所以正如游记所记载和钱币所显示的那样，即使在萨莫奈统治之下，希腊城市仍然保留着，例如库迈、波赛陶尼亚、劳斯和希波尼昂。于是，出现了混合居民，尤其是说两种语言的布雷提人，不仅有希腊语还有萨莫奈语，甚至还保留着古代土著人的语言。在卢卡尼亚和坎帕尼亚同样也存在这种人口的混合，只是范围更小。

坎帕尼亚地区的希腊文化

此外，萨莫奈民族无法抵抗希腊文化可怕的魅力，尤其是在坎帕尼亚地区，拿波里人很早就和来到这里的移民友好往来，就连这里的天空也能教化蛮族。诺拉、努凯里亚和替隆虽然是纯粹的萨莫奈人，但也采用了希腊的礼仪和希腊式的政体。事实上，随着环境的不断变化，当地的城市体制不可能固定不变。坎帕尼亚地区的萨莫奈城市开始铸造钱币，有些刻有希腊文；卡普亚依靠着商业和农业的发展，成为意大利面积第二、财富和奢华程度位居第一的城市。据古人记载，这座城市极其腐化堕落，超过其他所有的意大利城市，尤其体现在盛行于卡普亚城的雇佣兵招募和角斗运动。没有哪里的征兵官员会像这座文明堕落的大都会，遇到如此多的人前来应征入伍。虽然面对咄咄逼人的萨莫奈人的进攻，卡普亚不知道如何拯救自己，但是好勇斗狠的坎帕尼亚年轻人蜂拥而来，聚集在自发挑选的雇佣兵队长麾下，尤其是出征西西里岛。这些士兵组织是如何深深地影响了意大利的命运，我们将在后面介绍。角斗运动和雇佣兵一样，构成了坎帕尼亚人生活的典型特征，角斗即使不是源于卡普亚，至少也是在这里日臻完善。成对的角斗士甚至出现在宴会中，他们的数量与宴请宾客的级别相对应。毫无疑问，这座萨莫奈人最重要的城市如此堕落，必将对整个民族产生致命的影响。虽然坎帕尼亚的贵族知道如何将狭义的勇猛、高尚的精神文化与深深的道德沦丧结合起来，但是对于他们的民族来说，他们永远也不可能成为拉丁人中的罗马贵族。和坎帕尼亚一样，卢卡尼亚和布雷提也受到了希腊人的影响，虽然影响力有限。从各地的墓葬中所发现的物品，可以看出希腊艺术在蛮族的奢华葬品中很受欢迎。目前，我们从墓穴中发现了用黄金和琥珀制成的华丽装饰品以及精美的彩陶制品，由此可以推测出他们已经普遍抛弃了祖先的古代礼仪。卢卡尼亚人和布鲁蒂伊人抛弃了他们从北方所带来的本民族古老的文字，而改用希腊文；而坎帕尼亚民族的字母，可能还有语言，都是在希腊样式的影响下而发展得更为清晰和优美。我们甚至发现了希腊哲学的蛛丝马迹。

萨莫奈联盟

只有萨莫奈人的本土依然没有受到这些新事物的影响，这些革新可能更为优美自然，但却让原本就已松散的民族纽带变得更为松散。由于受到希腊习俗的影响，萨莫奈民族内部出现了严重的分裂。粗野的山地部落不断地侵入坎帕尼亚，骚扰腐化堕落的早期定居者。坎帕尼亚人中那些开化的"亲希腊派"在面对山地部落的入侵时，就像希腊人一样变得惊慌失措。罗马是一个紧密团结的国家，拥有支配整个拉丁姆的实力。它的臣民可能有所埋怨，但都唯命是从。萨莫奈民族则分散于各地，处于分裂状态，正因为在萨莫奈乌姆本族还保持着先辈的礼仪和勇猛，所以他们与其他萨莫奈部落和城镇水火不容。

卡普亚向罗马投降　罗马和萨莫奈的条款　拉丁人和坎帕尼亚人反对罗马的叛乱　罗马人的胜利　拉丁同盟的瓦解　沃尔西被殖民地化

事实上，正是平原萨莫奈人与山地萨莫奈人之间的不和，才让罗马人渡过了利里斯河。罗马纪元411年即公元前343年，替隆的西地西尼人和卡普亚的坎帕尼亚人纷纷向罗马人求援，以抵御本族同胞，因为这些蜂拥而来的同胞再次劫掠他们的领土，威胁将此地据为己有。当结盟的意愿被罗马拒绝后，坎帕尼亚的使者提出，他们的城邦愿意服从于罗马的最高权威，这让罗马人无法抵制诱惑。罗马便派使者前去通知萨莫奈人这个新的属地，让他们尊重友邦的领土主权。我们无法获知此事发展的进一步详情[14]，只知道无论是在一场战役之后，还是没有发生战争，总之罗马和萨莫奈乌姆之间达成了一项协议，约定卡普亚由罗马人处置，替隆和利里斯河上游的沃尔西由萨莫奈人控制。萨莫奈人之所以会同意这个协议，来自他林敦人的努力，因为此刻他们正想要摆脱邻居萨贝利人。不过，罗马人也希望尽快和萨莫奈人达成协议，因为和拉丁姆南部接壤的地区即将归罗马人所有，这让拉丁人中酝酿已久的动乱变成公然叛乱。所有原来的拉丁城邦除了劳兰顿，都拿起武器反对罗马，甚至包括已经成为罗马自由民的图斯库隆人，然而建在拉丁姆边界的殖民地只有古老的沃尔西城邦维利特雷、安提乌姆和泰拉奇纳追随他们一起叛乱。刚刚才自愿听命于罗马的卡普亚人，虽然遭到了想要遵守和罗马人协议的贵族派的反对，还是立即抓住了这个摆脱罗马统治的初次机会，和拉丁同盟联合行动。不过仍然保持独立的沃尔西城邦例如富恩迪、福尔梅和赫尔尼基则同坎帕尼亚的贵族一样，没有参加这次叛乱。罗马人陷入危机之中：罗马军团已经渡过利里斯河，占领坎帕尼亚，但是拉丁地区和沃尔西的叛乱让他们和本国的联系被切断，唯有胜利才能拯救他们。罗马纪元414年即公元前340年，一场决定性的战役在特里法农（位于明图纳、苏萨和西努埃撒之间）附近爆发。执政官提图斯·曼利乌斯·托尔夸图斯取得了对拉丁和坎帕尼亚联军的完胜。随后的两年时间里，个别城镇仍然存在反抗活动，但都投降或被攻陷，整个国家被彻底征服。

　　这次胜利造成罗马同盟的瓦解。这个独立的政治同盟成了一个仅仅为庆祝宗教节日而存在的协会。同盟以前所规定的权利如征兵的最大数量和战利品的分配，都随着同盟的瓦解而消失。假如未来再次成立同盟，最好是以罗马和几个同盟城邦之间结成永久同盟的方式来取代罗马和拉丁同盟之间签订协议的方式。这次协议的基础是承认老拉丁地区的地位，不过除了劳兰顿还有提布尔和普雷内斯特，它们被迫将领土割让给罗马。拉丁姆之外的城邦，只要没有参战也获得了同样的拉丁权利。罗马纪元370年即公元前384年以后建成的地区，就已经确立了城邦之间彼此隔离的原则，随后在整个拉丁民族推广。在其他方面，一些地方仍然保留着原有的特权和自治权。其他参与叛乱的老拉丁城邦和殖民地全都丧失独立性，以各种形式加入罗马。两个重要的沿海城镇安提乌姆（罗马纪元416年即公元前338年）和泰拉奇纳（罗马纪元425年即公元前329年），均依照奥斯提亚的模式，被罗马享有充分权利的市民所占领并享有受严格限制的独立地位，而此前仍然拥有土地的市民被剥夺了大量的土地，以利于罗马殖民者管理，同样也加入拥有充分权利的市民。拉努维乌姆、阿里齐亚和佩丹按照图斯库隆的模式成为罗马的市民团体。[15] 维利特雷的城墙被拆除，元老院被驱逐到罗马的伊特鲁里亚，这座城镇可能被建成一个拥有凯雷城的权利的城邦。所获得的土地——如维利特雷元老院成员的地产——都被分给罗马：罗马纪元422年即公元前332年新成立的两个部落就与这次特殊的分地事件有关。罗马人深刻感觉到所取得的重大战果，这种情绪有两件事证明：在古罗马广场[16]为罗马纪元416年即公元前338年取得胜利的独裁官盖乌斯·梅尼乌斯修建功绩柱以及将安提乌姆战船上没有用处的船首取下用来装饰广场上的讲坛。

沃尔西和坎帕尼亚彻底投降

同样，罗马在沃尔西南部和坎帕尼亚地区建立并巩固了自己的统治。富恩迪、福尔梅、卡普亚、库迈和一些较小的城镇成了依附于罗马的公社，且享有自治权。为了保住重镇卡普亚，罗马人巧妙地增大了贵族和平民间的裂痕，并以罗马人的利益修改了公社章程，每年向坎帕尼亚派遣罗马官员管理这座城镇。几年之后，罗马人以同样的方式对待沃尔西人的普里佛农，这里的市民得到了富恩迪的英雄人物维特鲁维·瓦库斯的支持，进行了这个地区为争夺自由的最后一次荣誉之战。罗马纪元425年即公元前329年，这场战役以该城被攻占，收押于罗马监狱的瓦库斯被执行死刑而结束。为了在这些地区增加罗马人口的数量，他们将战争所获得的普里佛农和法勒尼地区的土地划分成很多块，然后分给罗马市民。几年后（罗马纪元436年即公元前318年），他们得以在这些地方也建立起两个新的部落。在殖民地建成了两座拥有拉丁权利的要塞，最终让新获得的土地有了保障。这两处要塞是位于坎帕尼亚平原中部的卡勒斯（建于罗马纪元420年即公元前334年），用以留意替隆和卡普亚的动向，还有一处是控制利里斯河渡口的弗雷加莱（建于罗马纪元426年即公元前328年）。这两个殖民地都异常稳固，虽然卡勒斯的设立遇到了西迪奇尼人的阻挠，而弗雷加莱也遇到了萨莫奈人的阻挠，但很快就繁荣昌盛起来。罗马人还派兵驻守梭拉，这里按照条约本该属于萨莫奈人，所以萨莫奈人对此提出合理的异议，但无济于事。罗马坚定不移地按自己的目标行事，用一种超越战场上的深谋远虑的策略,将所获得的土地包围起来,从政治和军事上织了张不会被冲破的网。

萨莫奈人的懈怠

萨莫奈人自然无法眼睁睁地看着罗马人步步逼近,他们可能加以阻挠,然而萨莫奈人忽视了一点:想要阻止罗马的征服,他们仍然需时日才能拥有足够的力量。他们好像确实依照和罗马的条约占领并重兵驻守替隆,因为早些时候,这座城市曾向卡普亚和罗马求助抗击萨莫奈乌姆,在战争后期,这里显然成了萨莫奈人在西部的防御屏障。他们在利里斯河上游扩张的过程中,一边征服一边破坏,但却没有在此地永远定居下来。他们破坏了沃尔西人的城镇弗雷加莱——我们曾提过他们的行为反而有助于罗马人在此地建立殖民地,受到惊扰的其他两座沃尔西人的城镇法布拉特里亚(即切卡诺)和卢卡(地址不详),便效法卡普亚,于罗马纪元424年即公元前330年依附于罗马人。萨莫奈联盟等罗马人征服了坎帕尼亚后,才和罗马正式交锋;他们之所以如此,部分是因为当时萨莫奈人还与意大利的希腊人有矛盾,但主要还是因为萨莫奈联盟的懈怠和散漫。

注释

[1] 两军最初的相等在李维和狄奥尼修斯的作品中都有说明，但做了最为清晰记载的是波利比奥斯。

[2] 狄奥尼修斯明确说明，罗马和拉丁日后签订的同盟条约中禁止拉丁部落私自征兵和单独派往战地。

[3] 拉丁参谋官指参将十二名，后来随着古老的方阵队改编为军团和侧翼队，分别由六个人指挥同盟军队的一个侧翼队，正如罗马军队的十二个军团司令官，分别由六人指挥两个军团。

[4] 古罗马一种按地域部落组成的会议。最早只由平民参加，即平民会议。——译者注

[5] 意大利中部莫利塞地区的比费诺河。——译者注

[6] 曾是意大利第三大湖泊，1877年干涸。——译者注

[7] 埃魁人的国土不仅包括提布尔上方的阿涅内河谷和日后的拉丁殖民地卡西奥利（在图拉诺上方）和阿尔巴（在福齐诺畔），还包括日后的埃魁库尔人的自治城市，埃魁库尔人只不过是埃魁人的残余。埃魁人在被罗马人征服及大部分领土被指定为罗马人的或拉丁人的殖民地以后，仍保留其自治的独立地位。

[8] 显然，维利特雷位于平原，原属沃尔西人，也就是拉丁人的殖民地；而另一方面，科拉则位于沃尔西山上，原属拉丁人。

[9] 这两个拉丁殖民地均未出现在罗马纪年372年即公元前382年的卡西安名录上，但它们出现在罗马纪元406年即公元前348年的迦太基条约上；在此期间，这些城镇均成为拉丁殖民地。

[10] 我们唯一掌握的拉丁同盟城市名单是狄奥尼修斯所列出的，他列了二十九个拉丁同盟城市：阿迭亚、阿里齐、博维兰、布本图姆（地址不详）、科尔尼、卡文坦（地址不详）、基尔克英斯、科里奥兰、科尔宾特、卡班、福提奈（地址不详）、加宾、劳兰顿、拉努维乌姆、拉维尼姆、拉比齐、诺门图姆、诺尔巴、普雷内斯特、佩丹、奎克图隆（地址不详）、萨特卡尼、斯卡普提、塞提、提布尔、图斯库鲁姆、泰伦尼（地址不详）、托勒里尼（地址不详）和维利尼。偶尔提及有参加权的民社，如阿迭亚、劳伦图姆、拉努维乌姆、博维利、加宾、拉比齐等。

[11] 李维确实记载说拉比奇于罗马纪元336年即公元前418年成为殖民地，但是且不说狄奥多罗斯没有提及此事，拉比奇既不可能是一个市民殖

民地，因为它不在沿海，而且此后似仍享有自治地位；也不可能是一个拉丁的市民殖民地，因为还从未有过在拉丁姆原址建立拉丁殖民地的先例。

[12] 与赫尔尼基结盟。

[13] 这个名字本身很古；事实上，这是当今卡拉布里亚区的居民中最古老的土著名。

[14] 在李维、狄奥尼修斯和阿庇安的书中，关于第一次萨莫奈－拉丁战役的描述是所有罗马编年史中最为失实的。大意如下：罗马纪元411年即公元前343年，罗马的两位执政官进军坎帕尼亚以后，执政官马库斯·瓦勒里·乌斯在高鲁斯山，经过一场激战胜了萨莫奈人；他的同僚奥卢斯·科尼利厄斯·科苏斯在差点被敌人歼灭的情况下，幸得司令官普布利乌斯·德基乌斯率兵救援，才幸免于难，随后又取得了一次胜仗。具有决定性的第三战，由两位执政官合力与敌人在苏埃苏拉附近的考迪斯关隘的入口处交战。萨莫奈人完败，战场上共拾得他们的盾牌四万个。他们被迫签订和约，规定卡普亚仍归罗马，而将替隆留给萨莫奈人。各地纷纷给以祝贺，甚至包括迦太基。拉丁人曾拒绝派兵，好像要举兵对抗罗马，现在却不进攻罗马，转而攻打佩利尼人。同时罗马驻守坎帕尼亚的戍兵谋反，罗马人先对付他们（罗马纪元412年即公元前342年），然后再攻打普里佛农（罗马纪元413年即公元前341年）和对安提乌姆人用兵。可是现在双方的地位突然发生了奇怪的变化。拉丁人曾要求取得罗马公民资格和担任执政官之职，均无结果；西迪奇人曾要求归服罗马，罗马不许，萨莫奈人来攻，他们又不知如何自救；坎帕尼亚人已经厌倦了罗马的统治，于是拉丁人联合西迪奇人和坎帕尼亚人，一起攻打罗马。只有拉丁姆的劳伦顿人和坎帕尼亚的骑士阶级附和罗马人，罗马人自己也有佩利尼人和萨莫奈人的援助。拉丁大军攻打萨莫奈乌姆，罗马和萨莫奈军队先行至福齐诺湖，由此越过拉丁姆，而后进入坎帕尼亚平原，与拉丁人和坎帕尼亚人的联军决战于维苏斯。罗马执政官提图斯·曼利乌斯·培略苏斯之子不听军令，擅自出战，违背军纪，执政官处决其儿子，恢复军纪。他的同僚普布利乌斯·德基乌斯·穆斯舍身献祭，平息神怒。罗马出征了最后一批预备军，终于得胜，但是，又经执政官曼利乌斯与拉丁人和坎帕尼亚人于特利法农的另一战，战事才告结束；拉丁姆和卡普亚臣服于罗马，以其领土的一部分充当惩罚。这记载里充满了种种不可能的事，精明的读者应该可以发现。

[15] 罗马拉丁同盟内的危机。

[16] 古罗马时代的城市中心，其中还残留了些许的古罗马时期的重要建筑

的废墟。屹立在此地的建筑物有提图斯凯旋门、奥古斯都凯旋门、塞维鲁凯旋门、恺撒神庙、灶神庙、维纳斯和罗马神庙。此处是古罗马政治、宗教、商业、娱乐等建筑的聚集地，又可以被称为"古罗马废墟"。
——译者注

第六章

意大利抗击罗马

他林敦与萨贝利之战

当罗马人在利里斯和沃图努斯河畔打得不可开交时,半岛东南边各种冲突也在悄然酝酿。当时富足的他林敦商业共和国受到卢卡尼亚和梅萨皮亚人的威胁日渐严重,境况危险。本国虽富有却兵力衰弱,所以他们只能用这些财富从母国祈得雇佣军的支持。拥有强军的斯巴达国王阿希达穆斯前来援助,罗马纪元416年即公元前338年,在腓力战胜喀罗尼亚之日,他也殒命于卢卡尼亚人之手。虽然在信奉天道的希腊人看来，他的死不过是十九年前他率众劫掠了德尔斐圣地的报应。随后一位更强的领导者接手了他之前的战果，这个人就是米洛斯国（摩洛斯王族）的亚历山大，说起来他还是亚历山大大帝[1]的舅父。他率领的军队除了阿希达穆斯的旧部，还有来自希腊各城邦的先遣部队——他林敦和梅塔彭图姆部队伍；发现自己像希腊城邦一样遭到了来自萨贝利亚部的威胁的波迪库尔人（在鲁比附近，即今鲁沃）队伍；最后亚历山大加上一些被流放的卢卡尼亚残兵小队。可见，联盟内部并不太平。了解到这一点，亚历山大占据了进军优势。康森提亚（今科森扎），这里似乎一直被作为大希腊[2]萨贝利联盟的大本营，现在也落入了亚历山大之手，萨莫奈派来援兵也不过徒然。他不仅在帕埃斯图姆战胜联军，还收服了西蓬图姆附近的陶尼亚人和东南半岛的梅萨皮亚人。此时，他的势力范围已囊括两海，并且还计划与罗马军队联盟攻克萨莫奈人国境。这一切捷报却完全超出了他林敦的计划，使得他们心中警铃大作，冲突在他林敦和这个雇佣军头子之间爆发。亚历山大可是一心想像他在东方的侄儿一样，在西方也建立一个希腊帝国的。起初，他占先机拿下了他林敦人手下的赫拉克利亚，还修复了图里城。似乎当时还号召了一些意大利的希腊人，在他的保护下一起反抗他林敦，与此同时，他还试图与萨贝利部休战，和平共处。他的宏图大计在堕落消沉的希腊人中反响寥寥，之前的卢卡尼亚追随者也被迫疏远他，最后亚历山大在潘多西亚被卢卡尼亚移民杀死（罗马纪元422年即公元前332年）[3]。亚历山大死后，一切又回到了原样。希腊城邦再一次发现了自身孤立无援的境况，又不得不通过优惠条约或丰厚钱财寻求庇护,甚至借助外来部落的援助。比如罗马纪元430年即公元前324年,克罗托在叙拉古的帮助下击退了布雷提人。当时萨莫奈部再次得势,但是却对希腊各城置之不理,只盯上了坎帕尼亚和拉丁姆两块肥肉。

短短时间内,这两个地方却发生着惊人的变化。沃尔西人的最后抵抗被打败,拉丁联盟瓦解四散,坎帕尼亚地区——这片半岛上最富饶的土地毫无疑问地被罗马人占为己有,这个意大利第二大城市就这样成为了罗马属国。当希腊人还在和萨莫奈人交战不休时,罗马在半岛上几乎处于无对手可撼动的强国地位,四周没什么威胁,周围的地区反而有被它占领的危险。说起来这些地区要是不各自为政,而是团结一致对抗罗马,也许可以在包围他们的封锁链扣紧之前挣出一条活路。要让这些为数众多,或曾经互为仇敌,或相互陌生的民族和国家联盟一致对外,其中必定需要有明见、勇气或奉献精神才能凝结达成,然而这些终究没有出现,或者是它们被找到时已太晚了。

意大利联盟反抗罗马

在伊特鲁里亚人的衰落和希腊共和国的削弱后,萨莫奈联盟毫无疑义地在意大利成为了仅次于罗马的最强势力,与之相应地,它受到的来自罗马的入侵威胁是最迫切的。

所以也是宿命,在这一场意大利人为自由、为民族发起反抗罗马的战争中，萨莫奈联盟自然承担起了这一重任，站到了抗争的最前线。这场对抗中，来自萨贝利各部落的支援大多都是可以指望上的，像韦思提尼人、弗伦塔尼人、马鲁奇尼人，还有一些更小的部落。虽然他们的住所闭塞，但是对于来自同族一致抵御外敌、捍卫家园的号召一定是消息灵通的。更强有力的援助则是来自大希腊地区的坎帕尼亚希腊人、卢卡尼亚人和布雷提人；不过，他林敦当局执政者成天偷闲躲静，疏忽职守，又和西西里各项事务有所牵扯；卢卡尼亚联盟内政也是纷扰不断，最重要的是，意大利希腊人和压迫他们的卢卡尼亚人梁子可是结了好几百年，双方敌意颇深，所以要想他们联手共助萨莫奈部肯定也是没有可能的；作为长期与罗马和平共处的近邻萨宾人和马尔塞人，从他们那儿估计也不过是得到些微同情或中立的态度；还有萨莫奈的世仇阿普利亚人，他们可是罗马天然的盟友。另一方面来说，如果萨莫奈能首战告捷，位于遥远北方的伊特鲁里亚人也会参战，甚至连拉丁姆、沃尔西和赫尔尼奇地区也可能加入。萨莫奈不愧是意大利的埃托利亚人，民族勇猛的生气在他们身上丝毫未损，就这样他们还是主要靠着自身的力量在一场实力悬殊的奋战中坚持，让那些还在权衡局面或集结兵力的民族自惭形秽。一切只待萨莫奈一场胜仗就能点燃全面的战场，让罗马周围烽烟四起。历史必须对这个高尚的民族写下公平的评判，承认他们对自己责任的清楚和实践的勇猛。

萨莫奈与罗马之战爆发　坎帕尼亚的和解

　　早在几年前罗马与萨莫奈就多有不和，由于罗马人不断在利里斯河上肆意侵略，罗马纪元426年即公元前328年还嚣张地建立了弗勒盖莱城，不过这也还没引爆冲突，这场战争的导火索其实是被坎帕尼亚的希腊人点燃的。当库迈和卡普亚归降于罗马后，现有的版图提醒了他们下一步作战地——希腊城市尼阿波利斯，这个掌管着海湾内众多希腊岛屿，又是唯一还没归于罗马麾下的重镇，向它进军太自然了。他林敦人和萨莫奈人得知他们的这一计划，准备先行出击；然而他林敦人的出击，与其说是因为距离太远鞭长莫及，不如说是因为他们太懒而没能实行，使得只有萨莫奈人强军派出，入驻了尼阿波利斯。那是罗马纪元427年即公元前327年，罗马人当即开始了对尼阿波利斯暗指萨莫奈的围攻。交战一段时间后，城内的坎帕尼亚希腊人对商业被扰和外兵入户不胜其烦；罗马人开始不遗余力用分别缔约的手段，就像曾经尽力使多数二等国和三等国不去参加那些或订立或待加强的联盟那样，利诱他们停战。所以当希腊人点头同意协商，罗马人便马上急切地向他们提出最有利的条款：权利平等、免服兵役、联盟对外永久和平。基于以上几条，尼阿波利斯得以摆脱战事的困扰，在罗马纪元428年即公元前326年签订了停战条约。

　　战争伊始，沃图努斯以南的萨莫奈城市，如诺拉、努凯里亚、赫库兰尼姆和庞贝都是萨莫奈联盟中一员，可是由于他们早早暴露自己立场，又远离主战场，罗马人便用阴谋诡计，利用人性贪欲来吸引城市中的上层前来归附,并以卡普亚缔约先例加以说服。于是在尼阿波利斯陷落后不久,这些城市或宣告拥护罗马,或宣告中立。

罗马人与卢卡尼亚人联盟

在卢卡尼亚的罗马人取得了更重大的胜利。卢卡尼亚人凭对萨莫奈人本能的偏爱与他们结盟,但是他们又并不想停止对于这个联盟中的他林敦的劫掠行为,毕竟卢卡尼亚的统治阶层可不愿放弃这只到手的肥羊,以至于罗马竟能趁机与卢卡尼亚结成联盟。这个结盟可是意义重大,它使他林敦人忙着应付卢卡尼亚而无法脱身,罗马则得以倾全力去进攻萨莫奈。

萨莫奈之战——考迪昂夹谷大捷

罗马纪元428年即公元前326年,除了东部几个山区派兵援助,萨莫奈基本在四面无援的境况下开始了战争。最初,战火始于萨莫奈本土坎帕尼亚边境的几个小城镇,如鲁夫赖(在维纳弗鲁姆与替隆之间)和阿利费,当时都被罗马占领。次年,罗马军长驱直入萨莫奈内部,战火四起,掳掠不只延至韦斯提尼境内,甚至大军还轻易占领了阿普利亚,一座对他们不设防的城邦。罗马军一路所向披靡,长驱直入,而此时，萨莫奈人已人心涣散，经过内部国民大会讨论后决定向罗马求和。他们送还俘虏，甚至以交出他们最勇敢的主战派将领为代价去争取宽大处理，即便他们最终送去的是已经自行了断的布鲁图卢·帕皮乌斯将军的尸体，这样谦卑的乞求却并没有得到罗马人民大会的垂怜（罗马纪元432年即公元前322年），至此，绝望的萨莫奈民族只能在他们的新统帅加维乌斯·蓬提乌斯率领下誓死抵抗了。第二年，即罗马纪元433年即公元前321年，罗马两个执政官斯普里乌斯·波斯图米乌斯和提图·维图里乌斯率军扎营于喀拉提亚，他们得到消息说，萨莫奈人已将阿普利亚的军事重镇卢凯里亚紧密包围，该城已在危急之中。许多从卢凯里亚逃出的俘虏也证实了消息的确切，于是罗马军仓促拔营。如果他们要及时赶到，穿过敌境是唯一快捷之道。这条路以后也作为阿庇亚大道[4]的延续，罗马人自卡普亚筑一条路经过这里的贝内文托至阿普利亚。这条路如今还是在阿帕雅和蒙特沙奇奥（即考迪昂）两地之间，行过其间需经过一片低湿的草地，四面高山环绕丛林茂密，出入口皆是涧底夹谷，其余再无路可通。当时萨莫奈人就在这里设下伏兵。罗马人进入山谷没有遭遇抵抗，发现出口已被严防死守，想领军撤退，又见入口也一样阻塞，而且四面山坡上都是萨莫奈人的队伍。罗马军自知中计但为时已晚，萨莫奈人从未意在卢凯里亚，而是恭候在这个要命的考迪昂隘口将他们一网打尽。他们仍然战斗，可是在此的挣扎毫无意义，突围无望，罗马军队无法动弹，战败不言而喻，遂罗马将军请降。萨莫奈将军除了在不放归罗马俘虏或将他们全部屠杀之间别无选择，不过是个荒谬的说法；他们最妥善的办法莫过于接受罗马请降的条件，然后将敌军的主要兵力以及它的两个统帅全都俘虏起来。这样，通往坎帕尼亚和拉丁姆地区的道路便可畅通无阻了，按当时的形势，沃尔西人和赫尔尼基人，以及大多数拉丁人必将热烈欢迎他们，而罗马必将因此陷入严重危险。可是加维乌斯·蓬提乌斯将军没有这样做，他天真地以为不缔结军事协定，仅用一个公平的和约就能使全部争执立刻告终。也许他太像去年遇害的盟友布鲁图卢·帕皮乌斯那样，太渴望和平。萨莫奈所定的条约相当温和，只是要求罗马必须拆除违约建筑在卡莱斯和弗勒盖莱城的堡垒，并重新与萨莫奈订立平等盟约。罗马统帅自然同意这些条件，并从精锐的骑兵队中选送六百人为人质，以保证践行诺言，双方统帅和所有参谋将校也都立誓守约，所以萨莫奈人就这样不加伤害就放走了罗马军队。不过对于罗马军来说，虽身体上他们毫无损伤，心理上却备受侮辱。萨莫奈军得意忘形，被胜利冲昏了头脑，他们让罗马军放下武器，并从轭门[5]下面一一走过。这在当时是对其极大的侮辱。回国后，罗马元老院不顾他们将领的立誓和人质的安危，对协定概不认账，只是交出了缔结协定的将领，认为这是他们个人应负的战约责任。

罗马律师和祭司的诡辩是否合法，罗马元老院的法令是否违法，这些在公正的历史面前不过无关痛痒；然而不管从人情还是政治的眼光来看，这事都不能说罗马人处置欠妥。按照罗马的正式国家法，统兵将军是否有在未经市民批准的情况下缔结条约的权力有待商量，按照宪法的精神与实际施行，有一条十分明确的原则，即凡国家协定，只要不是纯军事性质，在罗马都当属于元老院的决策，而一个将军如果不是奉元老院和公民之命擅自缔结和约就是侵权越职了。萨莫奈将军让罗马将领在保全军队和僭越职权间选择，错更大；罗马将军没有魄力完全拒绝这种要求，错在后且责任更小，所以罗马元老院驳回这种协定不过是理所应当，一个大国如非境况危急逼不得已，是绝对不会交出他的任何所有之物；一切有让步的条约不过是被迫承认，而非出于道义。如果每一民族都能认清这一点，那么考迪昂条约显然是一个不幸的将军出于道义而被迫缔结的条约。然而，当人民饱受侮辱，伤痛犹在，且民族骨气尚存，面对这种条约，是否会选择去遵守呢？

罗马人的胜利

萨莫奈热心和平的人们天真地认为会因考迪昂条约而得以休养生息，而现实却是战争屡发，每一方都遗恨错失良机。眼看誓约被破坏，军誉受侮辱，战友遭遗弃，双方的怒火高涨。大概是萨莫奈人太宽宏大量，不愿向已经遭遇不幸的人泄愤，他们并没有接受投降的罗马军官，或者是因为他们并不想承认罗马人的托词——协约仅能约束立约的人，然而并不包括罗马政府；所以，他们不接受罗马交出的军官，甚至饶恕了这些本应被处死的人质，转而即刻用兵对抗罗马。

罗马纪元434年即公元前320年，萨莫奈人趁罗马军队尚未整编之际突袭拿下了卢凯里亚和弗勒盖莱两城。萨特里坎人一时倒向支持萨莫奈人，可见如果罗马人当时没有错失良机，应当也有萨莫奈人这样的成就了。罗马并非国衰兵弱，不过一时疲软，他们满怀愤慨和雪耻之心大力征集兵马粮草，并且任命了骁勇善战的将领路奇乌·帕皮里乌·库尔索统率新军出征，兵分两路进攻。其一取道萨比纳和亚得里亚海沿岸兵临卢凯里亚城下，另一直接进军萨莫奈本土与他们交战，两军最终在卢凯里亚城下成功会合。罗马军士气高涨，一心想要救出城内关押的骑士[6]，因此更加激烈地攻城。此间阿普利亚人，尤其是阿尔潘人在粮草方面为罗马军提供了巨大的帮助。最终萨莫奈人不敌罗马军，罗马纪元435年即公元前319年卢凯里亚向罗马投降。统帅帕皮里乌一战得胜享受着双重的胜利果实，一则救出了因于城内的罗马同袍们，二则罗马人在考迪昂所受的轭下之辱在此被他如数奉还给了萨莫奈人。

接下来几年（罗马纪元435—437年即公元前319—前317年）战事仍在继续，不过多发在萨莫奈附近各处，而非本土。首当其冲的是在阿普利亚和弗伦塔尼境内的萨莫奈人的盟友，他们被罗马讨伐，战败后阿普利亚的替隆人和卡努西人与罗马订立了新条约，萨特里坎再次沦为罗马属地，并因之前的背叛而承受重罚。战事转到坎帕尼亚地区，罗马纪元438年即公元前316年，罗马军攻占了萨莫奈边境上的城镇萨提古拉。可是幸运之神并没有一直站在罗马人这面。同年，萨莫奈人拉拢努凯里亚人为盟友，不久后又有了诺兰人的加入；罗马纪元439年即公元前315年，在利里斯河上游，梭拉人开始驱逐罗马驻兵；欧松人正准备揭竿而起，威胁着重镇卡莱斯；甚至在卡普亚，反罗马派也在蠢蠢欲动。罗马纪元440年即公元前314年，一支萨莫奈军队进入了坎帕尼亚驻扎的卡普亚城下，本来是为了前来支持拥护本民族的爱国派，占得先机，然而罗马人立刻发动了对梭拉城的袭击，打败了萨莫奈援兵，成功占领该地。就这样，欧松人的反叛还未来得及真正爆发，就被罗马人以雷霆万钧之势残酷镇压，同时还任命了一个特别独裁官负责对卡普亚的萨莫奈派提出诉讼和判决，以至于当时那些英勇的反叛者们宁愿选择自裁也不愿死于罗马人之手。罗马纪元440年即公元前314年，卡普亚的萨莫奈援军遭遇溃败不得不从坎帕尼亚撤退，罗马军紧跟其后，翻越了马泰塞山，于同年冬天在萨莫奈首府波维阿农安营扎寨。诺拉被盟友舍弃，罗马人深谋远虑，趁此用与尼阿波利斯缔结条约相似的优厚条件，使诺拉永远脱离萨莫奈联盟。考迪昂战败，弗勒盖莱便落入了反罗马派之手，成为了他们在利里斯河的主要屏障，然而罗马纪元441年即公元前313年，这里在被萨莫奈人掌控八年之后，最终还是被罗马人攻占。其中有两百公民都是民族派的重要领袖，他们被押往罗马，在罗马广场[7]被公开处决，以此警示威胁各处萨莫奈民族志士。

阿普利亚和坎帕尼亚新要塞

阿普利亚和坎帕尼亚就这样落入罗马人之手。为确保征战下的领土能够长治久安，罗马人在罗马纪元440—442年即公元前314—前312年间新建了几座防御要塞：阿普利亚的卢卡利亚因地理位置偏僻而暴露，罗马人派驻了半个军团前往；蓬提埃（即蓬扎群岛）作保卫坎帕尼亚水域用；处于坎帕尼亚和萨莫奈交界处的萨提古拉，被作为抵御萨莫奈人的防线；最后是因特拉姆纳（在卡西诺山附近）和苏埃撒奥隆卡两处堡垒被建在了从罗马至卡普亚的大道上。此外，罗马又派兵戍守凯阿提亚、梭拉和其他军事重地。由罗马至卡普亚的行军大道以及为穿过彭丁沼泽地所必需的堤防，都是监察官[8]亚庇乌斯·克劳狄乌斯命人建造的，有了这条大道，坎帕尼亚的防卫可以说是固若金汤。罗马人的势力日益壮大，他们想要征服意大利的决心在一年又一年愈发紧密的堡垒和交错的道路中全然显露。萨莫奈人已被罗马人两面夹困，就像诺尔巴和塞尼阿的堡垒把沃尔西人与埃魁人分隔一样，罗马到卢凯里亚一线也将意大利南北两部割出了一条口子；曾经罗马仰仗赫尔尼基人，而今来依靠阿潘尼人。意大利人不难明白与萨莫奈唇亡齿寒的关系，这个骁勇的山岳民族就这样开始了与罗马长达十五年的对战，纵然敌强我弱，孤军奋战。

他林敦调停战局

萨莫奈的天然盟友一直非他林敦莫属；可是危急关头它与意大利两大民族的前程却被掌控在了希腊民族之手，至此衰亡的阴影笼罩在两个民族上空。他林敦原为老多利安式的严格贵族政体[9]，自从转变为完全民主政治以后，由于城内居民以水手、渔夫和工匠居多，一时城里的生活变得非常活泼而有生气。在这里人们财富有余，却精神匮乏，他们沉溺于欢声扰攘中而摒弃了对真知的探寻，他们摇摆于勇敢的进取大业和高涨的情绪以及可耻的轻举妄动和幼稚的骗局之间。历史总是相似，好像这些得天独厚、素有名望的民族都曾遇到这样危险的境况；在此不得不提到柏拉图的见闻，六十年前他曾来过他林敦，据说，当时城里举行酒神节[10]无人不醉；一部讽刺的滑稽剧，也被称为"欢乐的悲剧"正是创作于萨莫奈战争的前后。他林敦的文人骚客沉溺于这种放纵的生活，吟诵些滑稽的诗歌，倒也与那些哗众取宠的他林敦政客制定出的朝令夕改、自大短浅的政策相符合。这些政客们常常干预与己无关的事，而当遇到有关切身利益，需要他们采取行动的事务时反而又置身事外。罗马纪元434年即公元前320年考迪昂战败后，罗马人与萨莫奈人[11]对峙于阿普利亚时，他们曾派出使者来劝服双方握手言和。按理说这种用外交来干涉决战并没有什么意义，不过是宣告了他林敦中立的立场被打破。事实上也理应如此，无论这战争对于他林敦来说是如何艰巨和危险，他们都应该参与：因为国家的民族发展一直注重于舰队的强大，他们以其强大的商船队为基础发展，使得舰队实力在大希腊海权国之中已首屈一指，然而他们现在倚靠的陆军力量大部分是佣兵，队伍十分涣散。在这种情形之下，他林敦共和国被卷入罗马与萨莫奈之战绝不会轻松，更不必说罗马还善用他林敦和卢卡尼亚的纷争让他们自顾不暇。可是只要有坚定的意志，这些障碍便不难克服；罗马人和萨莫奈人都接收到了来自他林敦的使者希冀双方停战的号召，萨莫奈人作为势弱一方表示愿意响应，而罗马人则是以升起战旗来作为答复。倘若他林敦人还有一点脑子和一丝骨气，便应在他们的使者送出停火命令后即刻对罗马宣战，然而他林敦政府什么也没有做，他们只是以儿戏的态度来对待这种生死攸关的大事。他们不仅没有对罗马宣战，反而转去援助西西里岛各城的寡头政权[12]，以此对抗叙拉古的阿加托克利斯（这个人以前曾供职于他林敦，因与人不和而被辞退）。罗马纪元440年即公元前314年，他林敦还依斯巴达的先例，派了一支舰队至西西里岛。当然，如果这舰队是被派往坎帕尼亚海面，那发挥的作用肯定大有不同了。

伊特鲁里亚人加入联盟

罗马纪元443年即公元前311年，意大利中部和北部各民族开始反抗，尤其在卢凯里亚堡垒修建后，人们愤然举旗并且迅速开展了行动，其中又以伊特鲁里亚人一马当先，而罗马纪元403年即公元前351年签订的休战协定早几年就失效了。罗马的边境要塞苏特里姆已被围困两年之久，城下交战激烈，罗马人连吃败仗，直到执政官昆图斯·法比乌斯·鲁良努斯（罗马纪元444年即公元前310年）前来统战罗马，其颓势才有所扭转。这位执政官可是在萨莫奈战争中久经考验的将才。他不但重整发挥了罗马军优势，而且还大胆深入伊特鲁里亚人的本土，打破了罗马人在此之前由于语言不通和交通不便而从不涉足该地的局面。他率军越过罗马人未曾来过的基米尼森林，劫掠了当时免于战祸的富饶区域，于是全伊特鲁里亚无处不愤然起兵反抗。罗马政府并不赞成这次草率决定的远征，极力禁止军队越过边境，但为时已晚，面对伊特鲁里亚人火力全开的反抗，罗马政府只能慌忙召集新军团来应战。这场战役中，鲁良努斯取得了一个决定大局的胜利，这就是让人们永志不忘的瓦狄莫尼湖大捷，从此一战功成。原本以为的冒进之战一举成为了一场留名史册的丰功伟业，使伊特鲁里亚人的抵抗土崩瓦解。与坚持了十八年之久以弱敌强的萨莫奈人不同，伊特鲁里亚在他们最强大的三个城市佩鲁西亚、科托那和阿雷提姆首战失败之后，就与罗马缔约停战，协定休战三百个月。次年（罗马纪元440年即公元前314年），罗马人又在佩鲁西亚击败其他伊特鲁里亚人，致使塔昆尼人在罗马纪元446年即公元前308年也同意与罗马签订停战协定，约期四百个月。随即其他城市战火逐渐消弭，伊特鲁里亚地区至此进入暂时的休战时期。

萨莫奈的最后一役

世事变化，萨莫奈境内的战事却从未停止。罗马纪元443年即公元前311年，战事与以往无异，战火范围仅限于萨莫奈人的几处要塞据点，可是到了次年，战势日渐激烈。鲁良努斯在伊特鲁里亚处境危险，到处都有谣言说罗马军已完全覆没于北方，于是萨莫奈人备受鼓舞越战越勇，还在对战中重伤了罗马执政官盖乌斯·马基乌斯·鲁提卢斯。情势突变，伊特鲁里亚刚带来的胜利希望转瞬成为泡影，他们的克星，卢基乌斯·帕皮里乌斯·科尔索又来统率罗马军队讨伐萨莫奈，罗马纪元445年即公元前309年，萨莫奈联盟至此倾其余力与罗马人决一死战，而科尔索，再次获胜。萨莫奈军的全部身家，那些身着彩色战衣或白衣、手持金盾或银盾的精锐大军被惨烈全歼；自此以后，每逢佳节，他们闪耀的军装常常点缀着罗马广场上一排排喧闹的商店。

萨莫奈人的悲苦与日俱增，斗争的胜利遥遥无期，翌年（罗马纪元446年即公元前308年），伊特鲁里亚人停战；同年，坎帕尼亚的最后一城努凯里亚，作为萨莫奈人尚存为数不多的同盟，遭受了罗马人水陆两路攻击，在优厚的缔约条件下也宣告了投降。形势变化，萨莫奈人又获得了新盟友，他们有来自意大利北部的翁布里人，有中部的马尔西人和佩里尼人，甚至还有很多来自赫尔尼奇的志愿军加入他们的队伍；要是伊特鲁里亚人仍未息兵，罗马的胜局未必不可扭转，然而事实往往与之相反。翁布里人刚显露出进攻罗马城之势，就被鲁良努斯率领的进攻萨莫奈的大军截击于台伯河上游。萨莫奈人兵力衰弱无法增援抗衡，只能惨面同盟溃败。战事转向意大利中部，佩里尼人被征服，还有遭遇同样情况的马尔西人；其他的萨贝利部落也只是名义上反抗罗马，萨莫奈日渐无援，但出乎意料的是，此时台伯河方向出现了援军。罗马人发现萨莫奈的俘虏中还有赫尔尼奇人，以致赫尔尼奇部将面临追责拷问，于是他们便直接向罗马宣战了（罗马纪元448年即公元前306年），不过这样的加入与其说是联盟不如说只是来自弱小部落团结起来绝望的呐喊。赫尔尼奇部最繁荣的城市阿那尼亚积极响应了应战号召,不过该部几个较大的城市始终还是避不参战。以军事眼光来看,罗马军正在前方攻打萨莫奈人的堡垒,突然发现后背也敞露给了敌人,一时处境危险。战局再次有利于萨莫奈人,然而梭拉和凯阿提亚已落入罗马人手里,在阿那尼亚罗马派遣的援兵到达之前,萨莫奈出乎意料地迅速败亡,一切又绕回到了原点。萨莫奈人势弱求和只是白费了力气,双方并不能达成一致,最后的结果仍需一战(罗马纪元449年即公元前305年)。罗马两执政官各率军队深入萨莫奈,一军由提比略·米努基乌斯率领,他阵亡后由马可·福尔维乌斯率领,从坎帕尼亚翻山而入;另一军由卢基乌斯·波斯图米乌斯统率,从亚得里亚海沿比菲尔诺上行,然后在萨莫奈都城博维阿农城下会合。最终罗马人成为最后的胜者,萨莫奈人的统帅斯塔提乌斯·盖利乌斯将军被俘,都城陷落。

罗马与萨莫奈和他林敦缔约

萨莫奈地区都城被攻陷,二十二年的战争便宣告终结。他们随即撤出梭拉和比费诺的驻军,派使者赴罗马求和;萨贝利各部落的马尔塞人、马鲁基尼人、佩利尼人、弗伦塔尼人、维斯提尼人和皮肯特人都依葫芦画瓢陆续派出使者。罗马给他们的条约内容还算可以接受,除了对部分民族有些苛刻,例如对佩利尼人要求他们必须割让领土,不过这种割让似乎也无关痛痒。罗马纪元450年即公元前304年,罗马人与萨贝利各部落又续订平等盟约。至此，最大的变化无疑是萨莫奈与罗马的关系了。

罗马与他林敦也订立了和约，即使双方从未直接对峙于战场。在罗马与萨莫奈的数年交锋中，他林敦就像个不合格的观众，始终反应冷淡。他们只是与萨伦提尼人合攻过罗马的盟友卢卡尼亚人。当然，在萨莫奈战争末年，他们也曾表现出一副要为萨莫奈联盟洒热血的样子，但一方面来自卢卡尼亚人的骚扰不断，让他们自顾不暇，另一方面随着战事的激烈，他们危机感日益严重，担心如果萨莫奈联军被完全征服，自己的独立亦岌岌可危，所以寻找着自保的方法。在经历过亚历山大的祸事后，他们还是再次选择信任一个佣兵首领。这人就是斯巴达的王子克列奥尼穆斯，他响应请求自率五千名佣兵前来，又在意大利募集了五千名佣兵以及各小城梅萨皮亚人和希腊人的援兵、他林敦的民军，队伍人数达到两万二千人。他手握重兵便强迫卢卡尼亚人与他林敦议和，使他们成立一个亲萨莫奈人的政府，作为回报用让出梅塔彭图姆为酬报。当时萨莫奈人正在与罗马激烈作战，似乎并没什么障碍阻止这个斯巴达人去增援他们，然后用其强大的军队和高超兵法逆转战局，以此保护意大利各城邦民族的自由独立。不过他林敦人并没有去增援，他们处理事情的方法往往不同，应该说没人会和他们相同吧，况且这位殿下也不是亚历山大或皮洛士王那样宏才伟略的人。他预料加入战局只会有害无益，于是便不急于参战，他宁可与卢卡尼亚人联合攻打梅塔彭图姆，享受城中安乐时光，或者又夸夸其谈远征叙拉古的阿加托克利斯和解放西西里岛的希腊人。与此同时，即萨莫奈人求和与罗马缔结协定后，罗马开始对半岛的东南部更加关注，以罗马纪元447年即公元前307年为例，罗马派遣了一支军队前往萨伦提尼人境内征税，不过说是奉命前来侦察更为妥帖。这位斯巴达的佣兵首领看中了科尔基拉岛绝佳的地理位置，认为这里有利于对希腊和意大利进行海盗掠夺活动，遂率军渡海攻占该岛。又一次，他林敦人被他们的将领抛弃，同时还丧失了意大利中部的盟友。他们和盟友意大利卢卡尼亚人和萨伦提尼人，此时也不得不向罗马求和，似乎最终达成的缔约内容并未十分苛刻。随后不久（罗马纪元451年即公元前303年），那位克列奥尼穆斯居然前来进犯，大军在萨伦提尼人境内登陆从而围攻乌里亚，城内的居民还是在罗马人的援助下击退了入侵者。

罗马政权在意大利中部的巩固

罗马大获全胜，并且还从其间缔结的各种协定得到了不少好处。对于萨莫奈人、他林敦人和较远的民族，罗马缔约所给的条件极为宽和，当然这并不是战胜者宽宏大量，而是出于对大业一统的盘算，当然也许他们也没想那么远。最初，对意大利南部罗马并不强迫他们即刻正式承认罗马的主权，他们的精力主要集中在征服意大利中部。萨莫奈战争期间，罗马在坎帕尼亚和阿普利亚修建了许多军用道路和军事堡垒，这就为征服意大利中部奠定了基础，而且现在他们依旧继续深造这个征服事业，借此将意大利南北两部分隔开来，致使两地在军事上彼此隔绝，不便交通。所以，罗马此后的行动都始终如一向这个目标努力着。他们利用或者是制造了一个可乘之机，拆散昔日台伯河区域原有的几个联盟，如埃魁人与赫尔尼奇人的联盟。在与萨莫奈缔结和约那年（罗马纪元450年即公元前304年），执政官普布利乌斯·森普罗尼乌斯·索弗斯向埃魁人发动了战争，五十五天之内，四十个城镇归降。除了迄今仍用旧民族名称的崎岖狭谷以外，全境成为罗马人的属地。第二年在福齐诺湖的北缘，罗马军建立了阿尔巴要塞，戍兵六千，就此作为阻止好战的马尔西人犯边的屏障以及雄踞意大利中部的要塞堡垒。两年后，在近罗马处的图拉诺河上游，罗马人建立了卡西奥利要塞，两者都是享受拉丁公民权[13]的盟社。

在赫尔尼奇人当中，至少阿那尼亚援助了萨莫奈战争，即使那只是在战争的最后阶段，也更坚定了罗马人致力于解除各种旧有同盟关系的决心。这种情况下，阿那尼亚人的命运也许将比上一代拉丁族群更艰难。他们不仅像凯雷人那样失去自治权，而且不得不空顶着罗马公民地位而不能享受任何权利。此外，在特雷鲁河上游，他们的部分领土被分设了一个新公民区，还有一个设在阿涅内河下游（罗马纪元455年即公元前299年）。令罗马人惋惜的是，仅次于阿那尼亚的三个赫尔尼奇的大城阿勒特里姆、维鲁莱和菲伦提农都没有参加反抗军；罗马人请他们自动加入罗马公民团被他们婉言谢绝，又没有其把柄在手，罗马人只好尊重他们的自治，甚至还允许他们有参加集会和享有通婚的权利，至此古赫尔尼奇联盟还影影绰绰地存在。对一直被萨莫奈人所占据的沃尔西地区，罗马人的行动却不用如此束手束脚了。在这里，比费诺和弗鲁西诺均成为罗马属地，后者还被夺去三分之一的领土；在利里斯河上游的弗勒盖莱城，作为梭拉的沃尔西人重镇现在变成了一个永远拥有四千罗马驻兵的要塞了，至此沃尔西人的地盘全被平定，并且迅速被罗马化。萨莫奈与伊特鲁里亚之间的地域，罗马人筑造两条军用道路和许多堡垒把两地分隔开来。这就是以后著名的弗拉米尼亚大道了，它负责掩护台伯河一带，途经与罗马结盟的欧克利库隆之地，抵达那尔尼亚。[14]南路即后来的瓦勒里亚大道，沿福齐诺湖，经前文提及的卡齐奥利和阿尔巴堡垒。这里还有筑有一些工事的小部落如翁布里人，他们顽强地守卫着内奎农和埃魁人，还有如马尔西人再次攻打阿尔巴，他们袭击卡齐奥利，但是这些都不能阻止罗马军前进的步伐，强大如罗马，几乎未遇障碍就将两条有力的铁闩装在萨莫奈和伊特鲁里亚之间。为永保阿普利亚，尤其是坎帕尼亚的安全，罗马人修设了许多大道和堡垒交织成守卫的大网，这些已在上文提及，现在又借着这些堡垒，从东西两面把萨莫奈包围起来。伊特鲁里亚实力较弱，罗马人大可不必用这样精细的筹划，只修建一条大路和相当的堡垒就能巩固基米尼森林的隘路。在这区域，边境的苏特里姆以后仍是罗马军用路线的终点；至于通往阿雷提姆的道路，罗马让途经此路的部落保护它，在外敌入侵时直接起兵反抗。[15]

萨莫奈-伊特鲁里亚战争再次爆发

斗志昂扬的萨莫奈民族觉得这种不确定的和平比残酷的战争更具危害，因此，他们采取了一些措施。经过长期停战后，意大利北部的凯尔特人又重燃了奋起之心，除此之外，有几个伊特鲁里亚城市仍然在对战罗马，这些地方，短时期的休战与激烈的冲突轮番上演。意大利中部各地区人民在酝酿着暴动，有些地方甚至公然起事，工事堡垒仍在建设中，伊特鲁里亚与萨莫奈间的道路还尚未完全中断。现在，进行挽救自由的行动还为时未晚，不过一切容不得一丝犹豫，否则攻击的困难便会增加，并且攻击者的力量还在逐年减弱，一切刻不容缓。距上次战事结束仅过去五年，萨莫奈乡村在连年战乱中所受的创伤还未愈合，而萨莫奈联盟于罗马纪元456年即公元前298年终又掀起了战事。

上次战争罗马获胜，主要原因是与卢卡尼亚人的联合，并且使计让他林敦未能参战。萨莫奈人吸取了上次的教训，这次他们先全力攻击卢卡尼亚人，竟成功执掌了该地政权并且还缔结了盟约。随后，罗马宣战，不过萨莫奈人早有预料。所有的一切足以说明两军对峙的紧张：萨莫奈政府向罗马使者宣告，如果罗马人踏上萨莫奈的地方，他们将无法保障使者的人身安全。

于是，烽烟再起（罗马纪元456年即公元前298年），当第一军在伊特鲁里亚战斗时，罗马军的主力穿过萨莫奈逼卢卡尼亚人讲和，并押送了些人质到罗马。第二年，双方执政官转战萨莫奈，鲁良努斯在提佛农获胜，他的老搭档普布里乌斯·德基乌斯·穆斯在马勒文通获胜。因为伊特鲁里亚各国早已独自与罗马缔结了和约，使得罗马的两支军队可以在敌国驻扎五个月之久。从一开始萨莫奈人就知道，他们只有联合意大利来对抗罗马才有机会获胜。所以当看见伊特鲁里亚与罗马有单独讲和的趋势，他们便竭力加以阻止，萨莫奈将军盖利乌斯·埃格纳提乌斯最终提议派援兵给他们时，伊特鲁里亚联盟才同意支持下去，再次出兵一战。萨莫奈倾尽全力最后得以派出三支军队参战：一支用以护卫本国的境内安全，防备坎帕尼亚的侵略；还有一支人数最多，派往了伊特鲁里亚增援主战场；第三支是在罗马纪元458年即公元前296年，因为萨莫奈人与马尔西人和翁布里人达成和解后，由埃格纳提乌斯亲率平安到达伊特鲁里亚的。

此间，罗马人在萨莫奈攻克了几个有利据点，并打散了萨莫奈派在卢卡尼亚境内的势力；不过他们没能阻止埃格纳提乌斯的率兵撤离。所以有消息传到罗马，说萨莫奈人已成功阻断了南北意大利人民的联络。萨莫奈军到达伊特鲁里亚的消息，竟成为了各个地方起兵反抗罗马的信号。伊特鲁里亚各城正在积极整军备战，并雇佣了高卢军队。此时的罗马城内人心惶惶，连被释放的奴隶和已婚者都被编入伍，一时全民皆兵气氛紧张，罗马纪元458年即公元前296年似乎是在备战和行军中度过的。第二年（罗马纪元459年即公元前295年），罗马人命其两名最优秀的将军普布里乌斯·德基乌斯·穆斯和年迈的昆图斯·法比乌斯·鲁良努斯统率伊特鲁里亚境内的军队，把坎帕尼亚境内的剩余兵力调往伊特鲁里亚增援。这支军队至少有六万人，其中罗马的市民就占三分之一以上。此外,他们又整编了两支后备队,分别在法勒里和首都城下。意大利人的会合点是翁布里亚,这里有着连接高卢人、伊特鲁里亚人和萨贝利人的道路。两位执政官也率主力向翁布里亚行进,他们一部分沿台伯河左岸行进,另一部分沿台伯河右岸行进。同时,第一后备队也向伊特鲁里亚移动,以帮助伊特鲁里亚军撤离主要战场,返回本国。

罗马人在首次交战中落败:丘西地方,罗马先遣部队遭遇高卢人和萨莫奈人的联军,然而达到了声东击西的目的。萨莫奈人穿过那些遍地焦土的城市亲临他们选定的战场,在听到罗马后备队侵入伊特鲁里亚的消息后,大部分的伊特鲁里亚军队却退出了联盟军。因此,当双方在森提农附近亚平宁山东坡决战之时,伊特鲁里亚人的实力已被大幅削弱了,然而,这一天仍旧战况激烈。在罗马军的右翼,鲁良努斯率领他的两个军团与萨莫奈军交战,久久胜负难分。在罗马军的左翼,由普布里乌斯·德基乌斯任指挥,高卢人的战车无情碾压罗马骑兵,使得军团渐渐体力不支。于是执政官召来祭司马可·李维乌斯,命他设祭把罗马将军的头和敌军献给撒旦,然后便冲入最密集的高卢队伍中,英勇拼杀最后牺牲。像这样一个有名望和受人爱戴的将军,他的奋勇极大地激励了大军,于是,心生退意的军人们又团结起来,随着主帅冲入了敌阵,骁勇的军人们,发誓要为良将报仇。正在这时,前执政官卢基乌斯·西庇阿奉鲁良努斯之命率后备队前来支援,恰好赶上了正处于危险中的左翼部队。坎帕尼亚精良的骑兵攻击高卢人的侧面和后面,最终扭转了战局。高卢人四处逃散,萨莫奈人也投降了,他们的将军埃格纳提乌斯在营门前阵亡。

罗马军一战牺牲了九千将士，胜利的代价虽高，但是却是值得的。联盟的军队被瓦解，联盟本身也随之解散。翁布里亚仍处于罗马人掌控之中，高卢人被分散，萨莫奈的残军被逼通过从鲁奇山退回到本国。在伊特鲁里亚战争期间，坎帕尼亚曾遭萨莫奈人削弱了实力，此战终了，罗马人坐收渔翁之利轻松将其占领。第二年（罗马纪元460年即公元前294年），伊特鲁里亚求和；沃尔西尼、佩鲁西亚、阿雷提姆以及所有加入反罗马联盟的城市都协定了休战四百个月。

萨莫奈人最后的挣扎

萨莫奈人还未屈服，自由人的勇气即使不能改变命运，也能使命运感到羞愧。他们虽然感到胜利无望，但还是以一腔孤勇准备奋起反抗。罗马纪元460年即公元前294年，两执政官率兵推进到萨莫奈时，在各处都遭遇到他们最绝望的反抗。他们像没有明天一样战斗，马可·阿提卢斯在卢凯里亚附近战败，萨莫奈人竟能穿过坎帕尼亚，进攻利里斯河上的罗马殖民地因特拉姆纳。

在随后的一年，由第一次萨莫奈战争英雄的后裔卢基乌斯·帕皮里乌斯·科尔索和斯普里乌斯·卡维利乌斯领导的罗马军与萨莫奈军在阿奎洛尼亚附近开战。萨莫奈军的一万六千精锐白袍兵，已立下神圣的誓言，他们宁愿战死也不会逃跑。命运最是无情，因为它既不顾誓言，也不听绝望的祷告，最终还是让罗马人获得了胜利，让他们攻陷了萨莫奈人逃避灾难和隐藏财富的堡垒。即使经此大败，萨莫奈联盟军仍顽强地在堡垒和山地间抵抗越来越强大的敌人，偶尔取得局部的小胜。经验丰富的老将鲁良努斯再次接受命令去征讨他们（罗马纪元462年即公元前292年），加维乌斯·蓬提乌斯（许是考迪昂胜利者之子）竟为本国人民争取了最后一次的胜利，后来罗马人把他擒住，并卑劣地把他处死（罗马纪元463年即公元前291年），以此报复他之前的抵抗。意大利没有一点动静，大概罗马纪元463年即公元前291年，在瓦勒里发动的那场抵抗应该不足以称为战争吧。萨莫奈人希冀他林敦的出手援助，然而和之前一样，因为国内内政混乱让他们又一次无所作为。在罗马纪元456年即公元前298年，因为对叙拉古的阿加托克利斯的恐惧，卢卡尼亚又归服于罗马。不过这恐惧并非子虚乌有，因为叙拉古当时不仅势力极盛，还开始把注意力转向了意大利。

罗马纪元455年即公元前299年，克列奥尼穆斯已被围城者德梅特里奥斯驱逐出克尔基拉岛，改从亚得里亚海以及爱奥尼亚海威胁着他林敦人。罗马纪元459年即公元前295年，这个岛被割让给了伊庇鲁斯国王皮洛士，诚然，这大大解除了他林敦的忧虑，不过他们仍不能摆脱来自克尔基拉的烦扰，例如，罗马纪元464年即公元前290年他们帮助皮洛士占据此岛，以防德梅特里奥斯的侵犯；同时，阿加托克利斯的意大利政策也一直让他林敦人寝食不安。不过随着他去世（罗马纪元465年即公元前289年），叙拉古人在意大利的势力也随之消散，只是为时已晚。萨莫奈厌倦了长达三十七年的战争，已于上一年（罗马纪元464年即公元前290年）与罗马执政官曼尼乌斯·库里乌斯·邓塔图斯缔约休战，在形式上与罗马再次结盟。这一次与罗马纪元450年即公元前304年的和约相同，罗马人也没有把羞辱或毁灭性的条件加诸这个英勇的民族身上，甚至似乎都没有提出割地的要求。坎帕尼亚事实上早已经臣服于罗马。罗马在政治上也早有远见，为保护领地的海域沿岸，他们认为必须在明图尔和西努埃萨（罗马纪元459年即公元前295年）建立两座海岸堡垒，按沿海城市以往的规定，两地的新市民均成为了罗马的正式公民。至此，罗马在意大利中部进行着更为有力的统治权扩张。

如同第一次萨莫奈战争降伏了埃魁人和赫尔尼奇人，第二次萨莫奈战争迎来了萨宾人的归降。那位降伏了萨莫奈的统帅曼尼乌斯·库里乌斯，于同年（罗马纪元464年即公元前290年）打破了一次羸弱的抵抗后，迫使所有萨宾人无条件投降。归降的土地大部分直接被占有并分发给罗马公民。对于剩下的部落，如库雷斯、雷阿特、阿米特农、努西亚，则强迫他们接受罗马的公民权利，即无投票权的公社[16]，在这里并没有建立之前那些能拥有平等权利的同盟城市，相反地，整个地区均处于罗马的直接掌控之下。至此罗马疆域直达亚平宁山和翁布里群山，但还是以群山内侧为界，且战略地势不佳。上次战争已经非常清楚地表明，罗马对意大利中部的统治只有从海洋延伸到海洋时才能更加稳固。

罗马人对亚平宁山外侧地区的统治开始于罗马纪元465年即公元前289年坚堡哈特里亚要塞的修建。这里是阿布鲁齐山临皮森尼平原的山坡上，紧邻海滨，因此享受拉丁权利，并且此处离海不远，是断开意大利南北部的核心位置。与此相同有重大影响的还有维努西亚的建立（罗马纪元463年即公元前291年），当时迁居此地的殖民者人数空前，达两万人之多。该城市位于萨莫奈、阿普利亚与卢卡尼亚交界处以及他林敦至萨莫奈的大道上，地理位置极其关键。它的使命就是维护四周各部落间的秩序，最重要的是它还隔绝了意大利南部两个劲敌间的通信。毫无疑问，监察官亚庇乌斯·克劳狄乌斯主持修建到卡普亚的南大道，也由那里延长到了维努西亚。所以当萨莫奈战争结束时，扩大的罗马疆域几乎囊括了所有享有拉丁权利的部落，其北至基米尼森林，东到阿布鲁齐山和亚得里亚海，南达卡普。卢凯里亚和维努西亚则是充当向东和向南的两个前锋耸立在敌人的交通线上，阻断他们对外的联络通信。至罗马纪元五世纪末，那些或得天独厚或自立奋发的民族经过各种条约的缔结，通过战场上相互切磋后，使得在这座半岛上的罗马变成了一个强国，或者应该说是整个半岛的主宰国更为确切，如同一场奥林匹亚[17]的竞技会，进入复赛的胜利者准备迎来一次更激烈的比拼。在更大的民族竞赛舞台上，迦太基、马其顿和罗马此时也在准备最后之战，誓争做真正的王者！

注释

[1] 马其顿国王(公元前357—前323年),少时拜亚里士多德为师,爱好希腊文化,常以神话英雄阿喀琉斯自诩。其父腓力二世被刺后即位,遂镇压希腊各城邦反马其顿的运动。公元前334年以无敌之师大举东进,入小亚细亚,转埃及,建立亚历山大城,挺进两河流域,入侵中亚细亚,南下印度。后终因气候不适、士兵厌战而退兵巴比伦。公元前324年,建立了以亚历山大城为中心东起印度河、西至尼罗河与巴尔干半岛的古代大帝国——亚历山大帝国。——译者注

[2] 古希腊殖民地,公元前八世纪至公元前六世纪古代希腊人在意大利半岛南部建立的一系列城邦的总称。著名的有他林敦、库迈、赫拉克利亚和拿波里(今那不勒斯)等。有时还包括西西里岛东部的希腊殖民区,那里有科林斯人建立的叙拉古,随希腊势力西渐而传入希腊文化(主要来自雅典和科林斯),对意大利早期居民(包括罗马人)有过重要影响。——译者注

[3] 此处也许有必要说明,我对于阿希达穆斯和亚历山大的了解都是从希腊的编年史中得来的,而希腊和罗马编年史中记述的历史对于现在来说也只能说是大概相符,所以我们得知道对于意大利西部发生过的事,虽一般都与东部有着联系,但也不用太追究细节。

[4] 罗马历史上第一条具战略意义的公路,是罗马通向希腊和东方的主要公路,现在仍有部分残存。一条新的平行的阿庇亚街道于1784年建成,长约五百六十四千米。——译者注

[5] 此处是指用两竖一横三把长矛搭起来的门状物,战俘要一一通过,才能得以释放。《圣经·提摩太前书》第六章有记"凡在轭下作仆人的,当以自己主人配受十分的恭敬,免得神的名和道理被人亵渎"。当时社会上盛行奴隶制度,在教会中有很多信主的奴隶。"轭下"形容受辖制不得自由,所以轭门之辱也被理解为失去自由所遭受的屈辱,尤其是对于军人而言。其实最初这是罗马人首创用于羞辱敌人的,只是在此处十分讽刺,被他们的敌人施加在了自己身上。——译者注

[6] 不同于现在的常用意义,古罗马骑士,是指统治阶级中的一个阶层。公元前六世纪后半叶,塞尔维乌斯·图利乌斯改革时,创设骑兵队,始有骑士之称。后随罗马的对外扩张,骑士身份发生变化。公元前三世纪后,骑士已专指一批多出身于平民,以放债、包税、经商为业的富人。共和国后期,骑士派与元老派进行长期斗争,争得某些特权。

一世纪（帝国初期）起，在罗马须拥有四十万塞斯太提乌财产，方能取得骑士资格。骑士在帝国官僚机构中有相当势力。——译者注

[7] "Forum"是直接从希腊的"Agora"演绎过来的。罗马城里都有中心广场，是历代皇帝为满足日渐增长的社会、法律、商业及节庆的需要而建的。在广场中可以发布公告、进行审判和欢度节日，甚至角斗。其中最著名的有三个，即恺撒广场、奥古斯都广场和图拉真广场。——译者注

[8] 古罗马文职官员，主管人口普查、公共道德、元老院案卷的修订和房地产投资。每五年选出两名监察官，任期通常为十八个月。约公元前443年设立监察官职位，成为最享盛名的官职，直到公元前81年苏拉削弱其权力。——译者注

[9] 亦称"贵族政治"，奴隶制社会国家政体的一种，由少数世袭贵族的代表人物掌握政权的政治制度。古希腊哲学家、思想家柏拉图、亚里士多德对国家政体所做的四种分类之一。古希腊的斯巴达，是奴隶制时期贵族政体的典型代表。其国家机构由国王、长老会议、人民大会和监察官组成。国王分别由两个传统王族产生；长老会议形式上由人民大会选举，实际上完全由有贵族身份的长老充任；五名监察官也由人民大会从贵族中选举产生；人民大会有名无实，仅仅行使形式上的表决权。——译者注

[10] 来自希腊语，又称狂欢节，是雅典人纪念酒神狄奥尼索斯的节日。古希腊戏剧的发展也与其有关。——译者注

[11] 此处所指并非安提乌姆附近萨莫奈地的居民，而是指另一个在阿皮努姆附近的沃尔西人的城市的居民，该城被建立为罗马民社，无投票权。

[12] 古希腊由少数奴隶主贵族掌握政权的国家管理形式。特别是公元前五世纪以后，斯巴达的监察官成为事实上独揽大权的最高统治者。此后凡国家政权由剥削者中少数人独揽时，常以寡头政治称之。现引用指由极少数人独揽政权的政治制度。——译者注

[13] 拉丁公民权是罗马人给予被征服地区人的一种介于完整的罗马公民和无公民权者（外来者或外乡人）之间的公民权，因最早授予拉丁人而得名。拉丁公民权最重要的内容包括：交易权、通婚权、迁徙权。——译者注

[14] 那尔尼亚原是翁布里人下属的内奎农要塞故址，罗马纪元453年即公元前301年罗马人在这里设立军垦地才给它改了这个名称。——译者注

[15] 不只是公元前217年的军事行动，还有更能说明问题的公元前187年就建成的阿那尼亚至博洛尼亚的大道表明，在此前，罗马至阿那尼亚的道路就已经建成使用。只是当时这条路并不是一条军用道路，这从

它以后的名称"卡西亚大道"可知,它不可能早于公元前171年修建来作为执政官路。在罗马的执政官和监察官中,斯普利乌斯·卡西乌斯任职于公元前502、前493、前486年,不是为他所修;在他和公元前171年的执政官盖约·卡西乌斯·朗吉努斯之间的时期,没有叫卡西乌斯的执政官和监察官。

[16] 罗马征服意大利之后,对意大利各地区根据它们在被征服过程中对罗马的态度以及它们各自在经济上和战略上的重要性,采取区别对待的办法,把它们分为以下几种:一是有罗马公民权的拉丁自治市,这类城市往往保留内政方面的自治权(有自己选举的城市高级官吏、自治法庭等),只是丧失了独立对外作战和进行外交的权利。自治城市的公民有罗马公民权,和罗马公民一样可以加入罗马部落,可以参加公民大会和在军团中服役。因这类自治城市获得充分的公民权,又被称为有投票权的城市(公社)。二是半公民权的公社或城市。这类公社或城市也是由从属于罗马的外国城邦产生的,也是被罗马合并的。所谓半公民权,即享有部分罗马公民权,不能参加罗马公民大会选举和表决,因此也称没有投票权的公社,即"无投票权的公社"。第三种是拉丁殖民地。第四种是所谓同盟者。——译者注

[17] 宙斯神殿约公元前1000年建于伯罗奔尼撒半岛西北部,位于希腊,自公元前776年到至少261年之前是奥林匹克运动会的举办地点。1881年以来广泛挖掘,已出土公元前六世纪的赫拉神殿和体育场。公元前457年,阿尔蒂斯(圣林)的宙斯神殿竣工,后用其放置菲迪亚斯的著名雕塑,后又建成公共建筑和纪念馆、体育场、摔跤竞技场、浴场及官员和竞赛人员旅馆。基督教徒狄奥多西大帝封闭了该圣殿。——译者注

第七章

皮洛士王和罗马的斗争
以及意大利统一

东西方的关系

在罗马获得了对世界毫无争议的统治地位后,希腊人常说他们的成功不过是因为马其顿亚历山大大帝的英年早逝(罗马纪元431年即公元前323年6月11日)才侥幸获得而已,这样的说法让他们的罗马主人不太愉快。回顾往事,罗马人并没有多么高兴振奋,他们更喜欢遐想一些本可能发生的事情,比如关于某位伟大的国王曾意在西部的野心,据说那位亚历山大大帝去世时还真有这样的意图——派遣舰队与迦太基人争夺海上霸权，并用他的方针和罗马争夺陆上霸权。如果一切真的发生，后来结局会怎样呢？亚历山大的确可能有这样的想法，毕竟一个喜欢战争的独裁者，拥有士兵和舰队和一个陷他于好战的环境，生出这样的战略倒也不难解释。并且作为一个希腊国王，保护西西里岛的古希腊移民、对抗迦太基、保护他林敦人、对抗罗马、杜绝任何海域出现海盗，也都是他职责所在。随后由布雷提人、卢卡尼亚人和伊特鲁里亚人[1]组成的意大利大使出现在巴比伦，又给了他足够的机会熟悉半岛情况并建立关系。还有迦太基与东部的许多关系也成功吸引了威势无比的君主的注意，他很可能有一个将波斯国王在提尔殖民地的名义主权变成一个真正的国家的计谋，所以亚历山大的随从中发现有迦太基人派来的间谍并不奇怪。不管这些想法是梦想或实际的战略，直到这位国王去世，他都没有干扰到西方的事务，一切不过随他的死亡安葬了，一个兼握西方智慧和东方财富的希腊统治者就这样昙花一现。在亚历山大去世后，他一生致力希腊文化在东方建立的志向绝没有因此破灭，只不过他刚刚统一的帝国再次分裂，这些建立在帝国废墟上的不同国家冲突不断，使得他们虽依旧秉承亚历山大遗志，其传承效果却大打折扣。在这种情况下，无论是希腊还是亚细亚 - 埃及的国家都不想蹚这摊西方的浑水，他们有些把目光转向了对罗马人或迦太基人的对抗。如此东西方国家政权一时间平行存在且互不干扰，尤其是罗马，理智地保持了远离亚历山大接班人的纷争。他们唯一建立的关系是商业性的，以罗兹岛自由国为例，作为希腊商业中立政策的主要代表以及长期在战争时代中充当仲裁者的身份，他们于罗马纪元448年即公元前306年与罗马缔结了商业条约，这是一份商业国家与凯雷和坎帕尼亚人沿岸的统治者正常经济往来的应有协定。当时希腊还是提供招募雇佣军的主要场所，于是大家都相聚于此招募此处意大利或是他林敦的佣兵。就募兵这件事在政治方面的影响其实是很次要的（就如他林敦和斯巴达母城[2]的关系），在此雇佣兵一事只事关商业，尽管斯巴达经常提供给他林敦人雇佣兵用于他们在意大利的斗争，他们也不会因此就卷入战局，就像在北美独立战争中，即使德意志各邦将其臣民卖给美国的敌人，他们也不因此而与合众国卷入战争。

皮洛士的历史定位

伊庇鲁斯国王皮洛士是一个军事冒险家，他的家谱可追溯到爱考士和阿基里斯那里。如果他爱好和平，应该可以一生平顺地做一个马其顿下属山区小部落的"国王"，然而他并不是，人们常把他拿来与马其顿的亚历山大相比。当然，建立一个以伊庇鲁斯、大希腊和西西里岛为核心的西希腊帝国，控制意大利海域，并把罗马和迦太基降级为与希腊化国家边界像凯尔特人和印度人的蛮族，这一想法之伟大与勇敢，简直可以与马其顿国王横渡赫勒斯滂（今达达尼尔）海峡相比。可是东征与西征的区别不仅在于结果的不同。亚历山大和他的马其顿军队，其兵强马壮、素质优良完全可以抗衡波斯王。伊庇鲁斯王与马其顿相比，就像后世的普鲁士和黑森的差距，皮洛士靠着雇佣军和临时的政治联盟才凑成了一支军队。亚历山大作为一个征服者出现在波斯帝国，皮洛士作为一个中等国家联盟的将军出现在意大利。亚历山大离开他的世袭领地，希腊无条件服从，还有安提帕特强大的军队留后镇守故土。皮洛士对本土的完整仅靠相信一个态度不明的邻国的承诺，此外别无保障。如果两个征服者的计划都能取得成功，那他们的本土将肯定不再作为他们的新帝国的中心。虽然把马其顿这个军事王国转移到巴比伦并不难，但在他林敦或叙拉古基础上要建立一个军人国家可不容易。希腊共和国的民主政体虽然麻烦不尽，但也不能强行被改成一个僵硬的军事国家，腓力不将希腊各共和国纳入他的帝国实在是有理由的。在东方国家，那里几乎没有反抗，执政和臣服的种族一直长久地共存着，暴君的更变对民众而言无关紧要甚至还是件令他们感到满足的事情。在西方，罗马人、萨莫奈人和迦太基人可以被征服，但没有征服者可以把意大利人变为埃及的农夫，或变罗马的农民为向希腊纳贡的臣属。不管我们从什么角度考虑，无论是他们自己的权力、盟友，抑或是从他们对抗者的能力来看，马其顿王的计划显然是可行的，而伊庇鲁斯王的则不然。前者是实施一个伟大的历史任务，后者则是一个明显的错误；前者是奠定一个新的文明阶段和国家系统的基础，后者只是历史上的一个小插曲。即便亚历山大英年早逝，他的功绩也会流芳百世。皮洛士呢？在他逝世前一切计划就已经付诸东流。两人同样天生勇敢，伟大，富有冒险精神，皮洛士只是个一流的将军，亚历山大却是当时最有天赋的政治家。如果英雄和冒险家的区别是成一时事和一时成事，那皮洛士明显只属于后一类，更无法与他那伟大的亲属相比，一如波旁[3]的治安官[4]不可能与路易十一[5]相提并论。

然而，这个伊庇鲁斯人的名字有一种奇特的魅力，他能够引起一种特殊的同情，当然其中不乏因为他的古道热肠与和蔼的性格，但更多的同情是因为他是第一个与罗马人交战的希腊人。不管是古代文明以后的全部发展，还是近代文明基于罗马和希腊的主要部分的直接关系，这些都是从皮洛士征战时代开始的。方阵和军团之间、雇佣军和自卫队之间、军事政府和元老院之间、个人天赋和民族精神之间的斗争即罗马精神和希腊风骨之战，这些最初也是在皮洛士和罗马将军之间的战斗中出现。虽然希腊人在战场上以及在元老院被击败，但他们的优势依然决定了除政治外的其他竞争领域。这些斗争已经表明，罗马战胜古希腊人会不同于其战胜高卢人和腓尼基人，他们之间的斗争必到矛头折断、丢盔弃甲时，阿佛洛狄忒[6]的魅力才会开始发挥作用。

皮洛士性格与早期事迹

皮洛士国王的父亲埃阿喀得斯是摩罗西亚（即约阿尼纳）的统治者，亚历山大的亲人和忠实封臣，在亚历山大去世后他被卷入马其顿家族政治的纷乱，不仅失去了王国还葬送了性命（罗马纪元441年即公元前313年）。那时他六岁的儿子被伊利里亚的统治者格劳西亚斯所救，因为在争夺马其顿的战争时皮洛士还是个孩子，围攻者德米特里一世恢复了他的世袭爵位和领土（罗马纪元447年即公元前307年），然而在多年以后又因一个反对党而被再次剥夺（罗马纪元452年即公元前302年），从此作为一个被流放的王子开始了他的军事生涯。不久，他便展现出自己的锋芒。他参与了安提柯最后的几次战役，亚历山大老元帅桑德对这个天生的战士心生喜欢，老将军断言只需要几年，皮洛士就可以成为这个时代的第一勇士。伊普苏斯战役失败后，他不幸作为人质被送到亚历山大城托勒密王朝新创的朝廷，在那里就算相貌粗犷、步履沉重也丝毫没有影响他的阳刚之美，得到皇室女子的青睐，同时他大胆和直率的性格，除军事外彻底蔑视一切的气概吸引了精明的国王托勒密的注意力。就在这个时候，进取的德米特里厄斯又一次要建立一个新王国，这次是马其顿；他当然是想用这个机会重振亚历山大帝国。为了抑制他的野心，必须让他奔忙于自己国家的事务无暇他顾，而显然托勒密王知道如何妙用这个热情主动的伊庇鲁斯青年来完成自己的谋算。他做了一个不仅满足了他亲爱的贝蕾妮斯王后的愿望，也促进了自己目的达成的决定，让继女安提戈涅公主嫁给这个年轻的王子，并且靠着自己的援助和有力的影响支持心爱的乘龙快婿回到故土（罗马纪元458年即公元前296年），回到其父亲的王国，做他想做的一切。勇敢的伊庇鲁斯人身上流淌着古代阿尔巴尼亚人血统，在这个昂扬的青年身上传承了这世代的忠贞和新鲜的热情，就像他们崇拜的鹰那样。卡山德死后（罗马纪元457年即公元前297年）

关于谁继承马其顿王位出现了混乱，而皮洛士扩展了自己的领地：他一步步攻取了安布拉基亚湾以及安布拉基亚地区的重要城镇，其中有克基拉岛，甚至还有马其顿的领土的一部分；并在力量悬殊的情况下，他战胜了德米特里厄斯国王，得到马其顿人的钦佩。诚然，德米特里厄斯由于他自己的愚蠢从马其顿王位下来，而马其顿人自愿将王位献给他那英勇的对手（罗马纪元467年即公元前287年）。毕竟没有人比皮洛士这个亚历山大亲族更有资格戴腓力和亚历山大的王冠了。在一个堕落的时代，王室头衔和卑鄙开始成为同义词，而皮洛士清白的人格和道德的纯洁格外引人注目。希腊和亚细亚在六将军统治下早已道德沦丧，士气消沉，马其顿本地的自由农民虽然减少了，日益贫困，却很少受到沾染。对他们来说，皮洛士似乎是一个天生的王者，就像亚历山大一样：他得到家庭和他的朋友们的尊重，他交友众多胸襟广阔，对马其顿人十分厌恶的东方苏丹式的仪式也素来保持回避；他像亚历山大一样，被公认为是当代的第一谋略家。不过马其顿人的民族观念十分浓重以至于非常排外，他们宁愿一个最卑鄙的马其顿人当君主，也不要一个最能干的外国人。马其顿军队对于每一个非马其顿籍的领导者都会显露出非理性的反抗，亚历山大培养的最伟大的将军卡尔迪恩·欧迈尼斯曾深受其害，皮洛士的统治也很快因此终结。皮洛士在没有获得马其顿人肯定的情况下无法行使统治的权力，他自己的力量又太过薄弱，也许是思想过于高尚，无法强迫自己违背民意强行执政，在位七个月后竟然又把国家留给了当地的恶政，回到了忠实于他的伊庇鲁斯人之中（罗马纪元467年即公元前287年）。这个戴过亚历山大皇冠的人、德默特琉的姐夫、托勒密和叙拉古的阿加托克利斯的女婿、训练有素的谋士、写过关于军事艺术的回忆录和兵书的人，不可能安分地过着每年固定时间检查皇家管家账目的日子，过着领受勇敢伊庇鲁斯人民照例进奉牛和羊的日子，在宙斯的祭坛要求他们再次发出忠诚誓言，强调信守法律，为了更好地证实这一切，与他们狂欢一整夜。如果没有地方让他登上马其顿的王位，他也不会就此守在他出生的土地：他适合做第一，不满足于成为第二。于是他的目光转向了国外。那些争夺马其顿的君主虽然多有争执，但是对于这件事他们是欣然同意的。皮洛士深信不疑他的战友们一定会誓死追随，恰逢当时皮洛士的亲戚，他父亲的堂兄弟，伊庇鲁斯王国的亚历山大四十年前所拟的计划似乎可行，所以皮洛士决定放弃对马其顿的企图，而去为自己和希腊民族创立一个新的西方帝国。

意大利联盟的奋起反抗

罗马纪元464年即公元前290年的萨莫奈和平条约给了意大利一段短暂的休战时间，这一次对抗罗马权势形成了由卢卡尼亚人发起的新联盟。这个民族通过在萨莫奈战争期间支持罗马，出兵阻碍了他林敦行动，为罗马的胜局贡献甚大。罗马人为回报他们的功劳，把境内希腊城市让给他们。因此和约成立以后，他们与布雷提人合作，接连征服了这些城市。图里人多次被卢卡尼亚的将军台纽·斯塔提利乌斯袭击，他们不堪其扰向罗马元老院请求援兵来对抗卢卡尼亚，就像原先坎帕尼亚人请求罗马的援助对抗萨莫奈人那样，并且同样都是付出自由和独立来交换的。由于维努西亚要塞已建成，罗马无须同卢卡尼亚结盟，所以罗马人答应图里人请求，以图里已归附罗马为名，要求他们的盟友停止对图里人的攻击。因此卢卡尼亚和布雷提人在共同抢夺这份应有的战利品时，被他们强大的盟友所骗，所以他们气愤之下与萨莫奈人和他林敦人的反对党举行谈判，组成新的意大利联盟。当罗马人派大使警告他们时，他们扣押囚禁了使节，并开始进行对抗罗马的战争，并对图里开始新一轮的攻击（约罗马纪元469年即公元前285年）。在同一时间，他们不仅邀请了萨莫奈人和他林敦人，还邀请了意大利北方人——伊特鲁里亚人、翁布里亚人和高卢人一起来为自由而斗争。伊特鲁里亚联盟不仅奋起反抗，还招募了许多高卢佣兵。此时，阿雷提纳人依然忠于罗马，所以罗马执政官卢基乌斯·凯齐利乌斯率兵前去援助，然而在亚雷提恩墙下被伊特鲁里亚人雇佣的塞农人歼灭，将军本人以及他的一万三千名士兵（罗马纪元470年即公元前284年）全军覆没。塞农和罗马算是盟友，因此罗马人派使者谴责他们出兵对抗罗马，并要求他们直接交出俘虏。他们的首领布里托马里斯要向罗马人报杀父之仇，拒不接受要求，随即塞农遣返罗马使节并公开支持伊特鲁里亚。因此意大利北部，伊特鲁里亚人、翁布里亚人和高卢人一同武装反对罗马，如果此时南部省份也抓住时机起来宣布反叛的地方全部加入反对罗马的战争，胜利或许会得以实现。事实上萨莫奈人随时准备为自由进行抵抗，曾经似乎已经对罗马人宣布战争，但是因为各方面能力的削弱和周围的限制使他们对联盟贡献甚小，他林敦则表现了其惯常遇事延迟的故态。当对手正在谈判联盟，解决关于津贴的协议以及招募雇佣军时，罗马采取了行动。首先他们以先攻克塞农人来杀鸡儆猴给其他各部看。执政官普布利乌斯·科内利乌斯·多拉贝拉率领着强大的军队进入到塞农的领地，最终塞农人不是死于罗马人刀下就是被驱离故土，从此这个部落便从意大利民族之林中被抹去（罗马纪元471年即公元前283年）。毕竟对于一个生存主要依靠放牧的民族，这种全体驱逐完全是致命的，被驱逐出意大利的塞农人可能加入高卢大军，很快便分散到多瑙河、马其顿、希腊和小亚细亚等地的国家中了。

波伊部

波伊人是塞农人的近邻，他们不禁为这一场突如其来的灾难感到惊恐万分，怒不可遏，于是立马团结伊特鲁里亚人全力对抗。伊特鲁里亚人中的塞农雇佣军现在反抗罗马人已不再是以雇佣兵的身份，而是为故土战斗的复仇者。强大的伊特鲁里亚高卢联军向罗马进攻，他们计划在敌方首都为塞农人报仇，铲除罗马的根基，甚至要比从前塞农酋长做得更彻底，然而联军在瓦狄莫尼湖附近的台伯河通道（罗马纪元471年即公元前283年）遭受罗马军重创。第二年，他们在波普洛尼亚附近与罗马交手再度失利，于是波伊部抛弃了他们的同伴，并与罗马人缔结了条约（罗马纪元471年即公元前283年)。因此,高卢本来作为联盟中最强大的成员,在联盟尚未完全形成前就被逐一征服了,罗马对下意大利的行动便不受牵制了。在罗马纪元469—471年即公元前285—前283年期间,意大利没有进行任何有力的争夺。迄今为止,较弱的罗马军队难以在图里对抗卢卡尼亚和布雷提人,但到了现在(罗马纪元472年即公元前282年)执政官盖乌斯·法布里齐乌斯·卢斯奇努斯带着强大的军队解了围城之困,他们还在交战中击败了卢卡尼亚,俘虏了他们的将军斯塔提利乌斯。较小的非多利安希腊城镇都认为罗马人是他们的拯救者,各处纷纷自动归附罗马。罗马驻军驻扎在了如洛克里、克罗顿、图里这些重要的咽喉要塞,尤其雷吉翁,对于后者,迦太基人似乎早已有所企图。显然罗马获得了决定性胜利。塞农的覆灭,给予了罗马人相当大的亚得里亚海的海岸领地。毫无疑问,鉴于他林敦战火有重燃的可能,而伊庇鲁斯入侵早有预兆,他们十分需要确保这一带的海岸以及亚得里亚海的安全。于是他们派出自由民殖民团(约罗马纪元471年即公元前283年)到塞农的前首府塞纳海港(西尼加利亚);同时罗马舰队从伊特鲁里亚海进入到东部海域,显然也是为了驻扎在亚得里亚海保护罗马领土。

罗马与他林敦的背约

自从罗马纪元450年即公元前304年订立该条约,他林敦人就一直与罗马和平共处。他们是萨莫奈人长期斗争的旁观者，是塞农快速灭亡的见证者；对维努西亚、哈特里亚和塞纳的建立和图里和雷古翁被占领，他们默许而不抗议。当罗马舰队从伊特鲁里亚进入亚得里亚海航行最终抵达他林敦水域，在友好城市的海港抛锚时，他林敦人对罗马长久怀有的怨恨终于显露出来。之前签立的条约是禁止罗马的战舰航行到拉金山岬以东的，所以在公民大会上演说家们直指罗马的背约。愤怒的民众开始进攻罗马的战船，他们用海盗的方式突然攻击，在激烈的斗争后罗马告败，五只战舰被夺，船员被处决或卖为奴隶，罗马将军在交战中牺牲。只有最愚蠢和无耻的暴民政治才能解释这些可耻的诉讼。那些条约属于一个早已过去、已被忘却的时代，显然已经不再有任何意义，至少在哈特里亚和塞纳成立之后是这样的，而罗马人进入海湾则是显示对现有盟约的信任。不过从长久来看对罗马还是有利的，至少以后不给他林敦人宣战的借口了。对罗马的宣战不过是他林敦的政治家们做了他们很早以前就想做和应该做的事情：他们宁愿把宣战建立在对违反条约这样表面的借口上，而不是用真正的理由，这也无可厚非，毕竟外交一直都不会用最明白的语言说出最简单的道理。在没有警告的情况下对舰队进行武力攻击，而不是要求罗马人沿原路折返，这不仅仅是一种野蛮行为。当道义无存，赤裸裸的现实似乎在提醒我们，不要抱着一种幼稚的信念，以为文明能够根除人性的残酷。

他们似乎还有些意犹未尽，在这一"英雄壮举"之后，他林敦还袭击图里，罗马驻军由于始料不及而投降（罗马纪元 472—473 年即公元前 282—前 281 年冬季）。图里人因为背叛希腊党和投靠野蛮人而受到了他林敦的重惩。其实，正是因为他林敦的政策把这些人抛弃给卢卡尼亚，他们才被迫归降于罗马这些野蛮人的。

和平的尝试

野蛮人行事却很温和，考虑到他们的实力和他们经受的侮辱挑衅，这样的温和实在让人诧异。罗马得益于尽可能长时间地使他林敦保持中立，所以当元老院中的少数人心中愤懑，提议立刻对他林敦人宣战时被领袖驳回了。事实上，罗马地区竟把和平的持续和不违荣誉的最温和的条款联系了起来——他们释放了俘虏交还图里，还交出了当时袭击舰队的头目。罗马使团带着这些条件前往他林敦（罗马纪元473年即公元前281年），同时为了进一步证明他们的话，还由卢基乌斯·埃米利乌斯执政官带领一支罗马军队进军萨莫奈。他林敦人可以在没有丧失任何独立的情况下，接受这些条款，并考虑到在如此富裕的商业城市开战不利，罗马人有理由相信和解仍然是可能的。维护和平的尝试却失败了，原因竟是他林敦人的反对，他们意识到罗马侵略势在必行，所以举兵反抗越快越好，或许也是因为一些民众的嚣张无礼以及风行于希腊人中的傲慢，让使者遭到有失身份的侮辱。现在执政官率兵进军他林敦领土，但没有立即开始行动，他再一次提出了相同的和平条款，然而不过是徒劳一问，此时他才开战踏平田地和村舍，击败了公民自卫队。抓获的上流人士被释放，并且未取赎金，罗马寄望于战争的压力会使城市里的贵族党占得优势带来和平。是的，罗马人至此都还没有放弃这种希望。不过，这样的做法也是不愿意看到他林敦投入伊庇鲁斯国王的怀抱，毕竟他对意大利的觊觎之心早就不是秘密。他林敦已经派出使团参见皮洛士，然而回来时并没有带回缔约的消息。皮洛士王的要求超过了使团所能允诺的权限，他们必须做出决定了。现在只有两个办法：与罗马议和，罗马人仍旧承诺协商一个公平的条约，或是与皮洛士缔约，承认他认为合适的缔约条件；或者换句话说，要不向罗马霸权屈服，要不屈从于一个僭主政治[7]的霸权。

皮洛士拉拢意大利

此时,城中两派各执一词,而最终优势是属于民族党的（即国家党），他们理由充分，动机合理，如果一定要在罗马和皮洛士之间做选择，相比起野蛮人他们更喜欢希腊人。当然除此之外还有煽动者的恐惧，他们认为尽管现在罗马不得不温和行事，但是在适当时机一定会对他林敦此前的暴行进行报复。因此，他林敦与皮洛士达成了协议。他得到了他林敦人部队和其他意大利人武装抵抗罗马的最高指挥权，并且享有驻军的权利，战争的费用当然是由该城负担。另一方面，皮洛士承诺如非必要不会长居意大利，不过其中也潜藏了一个保留条件即停留时间的长短应由他决定，这样的成果几乎脱离了他的掌控。当他林敦使者（主战派的首领）离开伊庇鲁斯时，该城遭受了罗马的进攻，从而大家的想法有些变化。总指挥已经委托给了亲罗马的将领阿吉士，当时正值使节带着缔结的条约返回，所以主战派再次掌权，政府现在一改以往的优柔寡断，以强势的手段执政。

皮洛士登陆

罗马纪元473年即公元前281年秋，皮洛士的将军米洛，带领三千名伊庇鲁斯士兵登陆守卫该城重镇。随后（罗马纪元474年即公元前280年）皮洛士王相继而来，他带领的队伍渡海时经历暴风雨洗劫，许多人因此失去了生命。不过他运送来的这支队伍依旧规模可观并且成员混杂，他们一部分由王室禁卫队、米洛斯人、帖斯普罗提人、克奥尼亚人和安布拉基亚人组成；一部分是马其顿步兵和塞萨利骑兵，是马其顿国王托勒密按约送给他的；一部分是埃托利亚、阿卡那尼亚和阿塔马尼亚雇佣军。总共两万方阵兵、两千弓箭手、五百投石兵、三千骑兵和二十头大象，看起来不比五十年前亚历山大越过赫勒斯滂海峡时的兵力少。

皮洛士与联盟

国王到达时，联盟的事务处于不太有利的状态。事实上，当罗马执政官看到出战的是米洛的军队而非他林敦的卫队时，他就已经放弃了对他林敦的进攻，并撤退到阿普利亚。此时除了他林敦领土外，罗马人统治了几乎整个意大利。联盟在下意大利没有作战的军队，而上意大利，只有伊特鲁里亚的武装，在上次战役（罗马纪元473年即公元前281年）中还每战必败。在这位国王出征之前，联盟各国请他指挥所有的军队，并宣布他们能够给他一支三十五万步兵和两万骑兵的军队作战。现实与这些伟大的承诺形成了一个可悲的对比：他们委任皮洛士为总司令，军队却一直尚待建立；当时仅有他林敦有组建军队的资源。所以皮洛士王下令出资招募意大利雇佣军组成军队，并号召公民中的青壮年去打仗，但他林敦人并不是这样理解协约的，他们想用金钱购买胜利，就像购买其他商品一样，而现在国王强迫他们去作战简直就是破坏了协约。起初米洛的到来让市民高兴，因为此举让他们摆脱了充当警卫的烦恼，不过现在这种结果证明了主和派的错误。城中甚至有人与罗马暗中联系沟通，或说至少发生了联系。皮洛士对这样的反抗早有准备，他立即把他林敦作为一个被占领的城市对待，让士兵驻扎在房屋，喊停人民大会和众多的俱乐部，剧院歇业，舞会关闭，并让伊庇鲁斯兵守卫城门。还有些重要人物被运离故国作为人质，其中有些人乘机归附罗马逃离了这样的命运。这些措施都是必要的，因为从任何意义上来说他林敦人都是不可信赖的。只有占据这个重镇为基地，皮洛士王才能在战场开战。

下意大利争端初现

罗马人也很清楚冲突终会发生。首先为了确保他们的盟友的忠诚，或是说他们臣民的忠诚，对于他们不信赖的城镇派去军队驻守，而且在必要时，会逮捕或处决独立党的领导人，大量普雷内斯特元老院成员因此殒命。他们在备战时也付出了巨大努力，通过征收战争税，让所有的臣民和盟友交付应交的份额全数，甚至原本免除服役义务的无产者也被征召从军。一支罗马军队作为后备队驻扎首都，另一支由提比略·科隆卡尼乌斯执政官率领进军伊特鲁里亚以分散沃尔西人和沃尔西尼人的力量。主力军以下意大利为目标加速前进，希望阻止仍在他林敦境内的皮洛士与萨莫奈人和其他武装反抗罗马的南意大利盟军会合。罗马镇守在下意大利的各希腊城市的士兵，目前主要任务是防止国王的扩展。驻扎在雷古翁部的驻军，一个由坎帕尼亚人首领德西乌斯率领下的坎帕尼亚人佣兵团的叛变，使罗马失去了这个重要的城市，不过此城最终也没有落在皮洛士手上。一方面坎帕尼亚人对罗马民族的仇恨无疑有助于催生这种军事暴动；另一方面，渡海前来保护希腊人的皮洛士不可能把雷吉翁部这些背叛旧主的军队收入麾下。因此，他们仍然是孤立的，仅与同族的共犯马默提纳人紧密联系，即阿加托克利斯的坎帕尼亚人雇佣军，他们曾用类似的方法占据了海峡彼岸的梅萨那城，为了自己的利益掠夺和损毁邻近的希腊城镇如克罗顿，并在那里处死了罗马驻军，同样遭此厄运的还有考洛尼亚。

罗马人成功了，他们仅凭着薄弱的军队沿着卢卡尼亚边境进军以及在维努西亚驻军,竟阻止了卢卡尼亚和萨莫奈人与皮洛士会合;同时执政官普布利乌斯·拉维努斯率领主力大概四个军团进攻皮洛士,如果数据属实,再加上相关的联盟军数量,那进攻的大军至少达到了五万人。

赫拉克利亚战役

考虑到保护他林敦的殖民地赫拉克利亚,皮洛士王将自己和他林敦部队驻守在该城市和潘多西亚[8]之间(罗马纪元474年即公元前280年)。一开战罗马人就用骑兵猛攻,在其掩护下强渡西里斯河,以雷霆之势掌控战局。皮洛士王亲自率领骑兵迎战,然而不幸坠马,希腊骑兵因为领袖的消失而恐慌,一时把战场留给了敌人的军队。皮洛士又重新率领起了步兵作战,引领了一场更加激烈的决战。罗马军团和希腊方阵连续大战七回合后仍然胜败未定。梅加克勒斯作为国王部下最好的军官阵亡了,因为在这战况激烈的一天,他穿的是国王的盔甲,而希腊人又以为国王已经战死,队伍动摇,拉维努斯已经确信胜利在握,所以把骑兵调集猛攻他率领的侧翼。实际上,坠马的皮洛士脱去了头盔穿行于步兵队伍中,使他部队渐渐低沉的勇气又恢复过来。迄今为止一直被留作后备的象兵现在被调来抵挡罗马的骑兵,一时战马受惊,士兵不知道如何面对这些巨兽,转身逃跑。无序的骑兵和追赶的大象终于打破了罗马步兵紧凑的队列,象兵与帖萨里骑兵合作大战敌军。幸而当时有一个勇敢的罗马士兵盖乌斯·米努齐乌斯——第四军团的第一长矛手,要不是他刺伤了一头大象使追赶的军队陷入混乱,罗马军队必会全军覆没。因此,罗马军的残部成功穿过西里斯河撤退,损失巨大。胜利者统计了罗马人战亡人数大概为七千人,俘虏两千人;罗马人自说损失达一万五千人,可能被运出战场的伤兵也被计算在内了吧。皮洛士军队的损失也不小:近四千名士兵死于战场,他的几个得力干将也牺牲了。况且他的损失主要是老兵,比罗马民兵更难补充,而且他的胜利主要是归功于象兵出其不意的攻击,这战术也不能反复运用。皮洛士王精于战术的判断,这也难怪他以后评述这场胜利不过是一场败仗。虽然他没有愚蠢到把自我批评公之于世,还将其题写在位于他林敦的还愿祭碑文上,但这不过是罗马诗人后来虚构的故事。在政治上,起初也不在乎胜利需要什么代价,反抗罗马人首战的胜利对皮洛士有不可估量的价值。皮洛士作为将领用兵的天赋在战斗中显示出来,如果有什么可以激发意志消沉的意大利联盟一起团结作战,像赫拉克利亚那样的胜利是非拿下不可的。这场胜利的结果也是相当直接可观和持久的:罗马丢了卢卡尼亚,拉维努斯招募驻扎在那里的军队并进军到阿普利亚、布雷提人、卢卡尼亚人和萨莫奈的地盘,之后更加入皮洛士,未受干扰。除雷古翁受坎帕尼亚人反叛者的压迫十分消沉以外,希腊城市全部与皮洛士联合,洛克里甚至自愿把他的罗马驻军交给国王。关于皮洛士,他们有理由相信他不会把他们抛弃给意大利人,萨贝利人和希腊人也都来投靠皮洛士,不过以上也就是这场胜仗带来的全部影响了。即使拉丁人觉得罗马统治沉重不堪,他们也没有兴趣通过一个外国元首的帮助来摆脱这种困境。维努西亚虽然现在完全被敌人包围，仍坚定不移地依附罗马。皮洛士敬佩西里斯河一战罗马军的英勇，这位侠义的国王还给予了战俘极高的礼遇，并建议他们可以按照希腊方式加入他的军队。随后他才明白，他是在和一个国家作战，这与之前与雇佣军作战绝不相同，因为无论是罗马人或拉丁人，没有一个是会受他雇佣作战的。

求取和平

皮洛士向罗马人求和。他是个精明的军人，自知现下的地位并不太稳固，而作为一个老练世故的政治家，他知道现在的地位又对他十分有利，所以一定要善于利用以求达成和平。他现在希望通过与罗马大战留下的第一印象促使意大利的希腊城市获得自由，并在他们和罗马之间建立多个二、三等国家，作为希腊新权力依靠的盟友。他的需求大体如下：要求解除所有希腊城市对罗马的效忠义务，特别是坎帕尼亚人和卢卡利亚的城镇，还要归还从萨莫奈人、陶尼亚人、卢卡尼亚和布雷提人境内取得的领土，就是要交出卢克里亚和维努西亚。如果与罗马进一步斗争无法避免，最好能把西方古希腊人统一团结起来，获得西西里岛，到非洲被征服时，再重新开战。

皮洛士的亲信大臣帕萨利安·基尼亚斯带着这样的指示去了罗马。这位才思敏捷的谈判者，同时代的人把他与德摩斯梯尼[9]相比，当然只要雄辩家可以和政治家相提并论，国家大臣可以和民间领袖相比的话，这样的类比倒也十分恰当。他奉命利用各种手段显示赫拉克利亚胜利方对对手的尊重，让罗马人体会到皮洛士国王恨不能亲自前来的强烈愿望，让他们从对国王的颂词中，从敌人口中说出的热切奉承中，甚至从可能会提供的小小馈赠中，总之就是把那些他们已经在亚历山大和安条克试用过的秘密计谋都用在罗马人身上，让他们对皮洛士抱有好感。元老院犹豫了，许多人觉得敌进我退未尝不是一种谨慎的选择。然而年迈不已、老眼昏花、不理国事多年的执政官阿皮乌斯·克劳狄乌斯在这关键时刻前往元老院，用他热烈激昂的话语传递着雄伟天性中浑然未破的生命力，这样的精神撞击了年轻一代的灵魂。他们对皮洛士的使者给予自信的回复。在这种场合，第一次听到这样的答复，但随后成为了国家的准则：只要一天有外国军队在意大利土地上，罗马就不会与之谈判。为实践这一诺言，他们随即把大使送出城。帕萨利安·基尼亚斯这次任务失败了，这位灵辩的外交家没有以雄辩蜚声罗马，反而自己被此行所见打动，震撼于一个国家在遭受到如此大败后仍气势不破，以至他回国后还对人说，在他看来那个城市的每一个公民都有王的气魄，事实上，这位朝臣所看到的是一个自由民族的气魄。

皮洛士出兵对抗罗马

谈判期间皮洛士已经发兵坎帕尼亚，准备交涉失败的消息一传来他们就开始向罗马进军，皮洛士与伊特鲁里亚人合作，动摇罗马的盟友，威胁着罗马城。罗马人既没有被甜言蜜语所蒙蔽，也不会被兵临城下而吓倒。赫拉克利亚战役后，在传令官"誓死报国，征兵入伍"的召唤下，年轻人立即蜂拥从军。他们与两个新成立的军团和从拉维努斯的卢卡尼亚撤走的队伍，比以前更快地追赶着皮洛士的行军路线。他们保护了卡普亚，并阻断了皮洛士与尼阿波利斯的消息互通。罗马人的态度很坚定，所以除了下意大利的希腊人，所有盟国没有一个敢脱离罗马联盟。皮洛士只能转向进攻罗马，途经一个富有的城邦时所见的繁荣景象令他惊讶。他向弗雷加莱进军，强渡利里斯河，最终到达阿纳尼亚，这距离罗马不超过二十五英里，没有军队阻拦，但拉丁姆的所有城镇都对他紧闭城门，随后是从坎帕尼亚不紧不慢跟着他的拉维努斯。执政官提比略·科隆卡尼乌斯刚刚与伊特鲁里亚人签订合适的和平条约，带来了北部的第二支罗马军队。罗马城中还有在独裁官格纳乌斯·多米提乌斯·卡尔维努斯的统治下积极备战的后备军。在这种情况下，皮洛士完全处于劣势，看起来除了退兵以外别无他选。当时他选择在坎帕尼亚停驻并保持在两个执政官面前按兵不动，但还是没有任何反击的机会。到了冬天，皮洛士国王撤离了敌人的领土，在友好城市之间分散了他的军队，自己留在他林敦过冬。于是，罗马人也停止了他们的行动。他们把军队驻扎在靠近皮森农的费尔蒙营房，而在西里斯河战败的军队，由元老院下令搭帐篷过冬，以示惩罚。

大战次年

这次战役在罗马纪元 474 年即公元前 280 年结束。在决定性的时刻，伊特鲁里亚与罗马单独缔约，加上国王的突然撤退，意大利同盟军急切的希望破灭了，在很大程度上抵消了赫拉克利亚胜利的联军士气。意大利人抱怨战争的负担，特别是驻扎在城内的佣兵纪律散漫；国王厌倦了琐碎的争吵以及他的盟友失策的军事行为，他开始觉得尽管取得所有战术上的胜利，政治上的问题依旧得不到解决。三个前执政官作为罗马大使被派来议和，其中有图里的征服者盖约·法布里齐乌斯，使他觉得和平有望，但是很快得知他们只有权处理战俘的去留问题。皮洛士拒绝了他们的要求，但在农神节[10]，他相信战俘许下的誓言，然后将他们全部释放。对于他们遵守诺言和罗马大使的拒不受贿，都被后世子孙以一些不恰当的方式赞美，但是这并不能彰显古人的光荣，反而是显露出后人的无耻。

奥斯库卢姆战役

在罗马纪元 475 年即公元前 279 年春天，皮洛士再次展开进攻，他让部队先进军阿普利亚，无论到哪里，罗马军队都前去应战。国王希望在这些地区，通过取得决定性的胜利从而动摇罗马的统治，所以他再次发起挑战，罗马人没有拒绝。两军在奥斯库卢姆相交。皮洛士麾下的队伍，除了他的伊庇鲁斯人和马其顿军队、意大利雇佣军、他林敦民兵,即他们所称的白盾军,还有结盟的卢卡尼亚人、布雷提人和萨莫奈人,一共七万名步兵,其中一万八千人是希腊人和伊庇鲁斯人,还有超过八千的骑兵和十九头大象。而罗马人的队伍中有拉丁人、坎帕尼亚人、沃尔西人、萨宾人、翁布里人、马鲁奇人、佩利格尼人、弗伦坦人和阿帕尼人。他们也有步兵七万多人,其中两万是罗马公民,还有骑兵八千人。双方都在他们的军制上进行了改变。皮洛士用他作为军人锐利的眼睛感知到罗马军队排兵布阵的优点,放弃现有的长战线,效仿罗马军,两翼用有间隔的分列阵营,并出于军事上和政治上的考虑,将他林敦与萨莫奈军团分插于自己的队伍之间,只留中军伊庇鲁斯人方阵以密集的队形进军。罗马方面为了防御大象攻势造出了一种战车,这种车中伸出一支铁杆,杆部顶端装火盆,另外再竖起一根一头为铁枪头的活动桅杆,以便放下。以后在第一次布匿战争[11]中发挥重大作用的登船模板也是效仿这种战车建造的。

　　双方记述这场战争的文献尚存,但希腊对此战的记载似乎比罗马的描述更公正,据他们记载,希腊人在第一天失利,他们并没有成功地沿着陡峭泥泞的河岸部署他们的路线,他们在那儿被迫应战,无法将他们的骑兵和大象投入战斗。第二天,皮洛士抢占先机,从而毫无损失地拿下了平原,在那里他可以不受干扰地施展他的方阵优势。勇猛的罗马人手持刀剑,徒劳地向马其顿的长枪兵进攻;每一次袭击中,方阵都维持不可动摇的阵线,但这也不能动摇罗马军团攻克他们的决心。直到众多象兵卫队用投石器投掷箭和石头,驱散罗马战车的战士，割断战马的缰绳，然后战象又不断向罗马阵线冲击，罗马军团的阵线才开始动摇。罗马战车士兵的逃散使得队伍四处奔窜，幸亏这次驻营就在附近才能及时收容溃兵，使得这次逃窜中士兵的伤亡不大。罗马对于战斗的记载只提到了战时防守较弱的伊庇鲁斯军营被罗马主力军一支队伍劫营纵火，即使事实如此，罗马人也不能说这场战斗不分胜负。相反，双方在说明罗马军队渡江撤退以及皮洛士保持对战场的占有方面意见一致。伤亡数量据希腊记载，罗马方面六千人，希腊方面三千五百零五人[12]，其中国王本人也受伤了，他一直都在最前线指挥作战，所以在深入敌方内部战斗时，他的手臂被标枪穿破。皮洛士取得了胜利，但这是徒劳的荣誉，作为这场战争的统帅可以获得赞扬，但是它并没有促进他的政治计谋的达成。皮洛士所需要的是辉煌的胜利，是能大挫罗马军队并为摇摆不定的盟友倒戈提供一个机会和冲动的胜利，但罗马军队和罗马联盟仍然完好无损。皮洛士因伤行动不便，不得不放弃战场入居冬营，希腊军队没有首领什么都做不成。这次皮洛士在他林敦过冬，而罗马军这次在阿普利亚过冬。

　　从军事角度来看，国王的资源不如罗马人日益明显，正如在政治上，松散的和不听指挥的联盟不能与坚定的罗马攻守同盟比较。希腊作战迅猛的风格和统帅的天才也许会取得另一次这样的胜利，就像赫拉克利亚和奥斯库卢姆一样，但每一次新的胜利都为他进一步的事业耗尽了资源。很显然，罗马人已经感受到自己更强大，他们拥有勇敢的耐心，期待着最终的胜利。这样的战争，并不是王子们平常所练习和了解到的巧妙的游戏比赛，任何战略上的计谋在后备充足、实力强大的罗马军团面前都将被粉碎。皮洛士了解当时的局势情况：他厌烦了胜利，轻视他的盟友，他的坚持只是因为军人的荣誉要求他要保护那些部落免受野蛮人攻击之后才可以离开意大利。他性情急躁，所以可以假设，如果有一个借口他一定会趁此机会摆脱繁重的职责，很快，西西里岛的事务给了他一个离开的机会。

叙拉古、西西里岛和迦太基

在阿加托克利斯死后（罗马纪元465年即公元前289年），西西里岛的希腊人一下失去了主心骨。在一些希腊的城市，无能的煽动者和无能暴君交替涌动时，西部的旧统治者迦太基人开始毫无阻碍地扩张他们的领土。在阿格里真托向他们投降后，他们认为时机已经到来，理应采取最后的措施，以完结他们几个世纪以来念念不忘的事情，就是一举统治整个海岛，他们开始攻击叙拉古。这个城市曾发动军队和舰队与迦太基争夺岛屿的归属权，后来因为内部纷争和政府无力不得不寻求外援以保安全，此时除了皮洛士王没人能帮助他们了。皮洛士是阿加托克利斯的女婿，他的儿子亚历山大十六岁了，是阿加托克利斯的外孙。父子两人都继承了叙拉古统治者雄心勃勃的计划，即便叙古拉失去独立地位，但其依旧是一个西方希腊帝国首都的地位还是会被认可。所以叙拉古人像他林敦人一样，在境况也大致相同的情况下，自愿将他们的主权给皮洛士国王（约罗马纪元475年即公元前279年）。各种机缘巧合，似乎一切都在帮助伊庇鲁斯国王完成他的宏伟计划，因为此前他就计划将他林敦和叙拉古收入囊中了。

罗马与迦太基联盟

事实上，意大利和西西里的希腊人都归于一人手下，直接导致的就是他们敌人的联系更加紧密协调。迦太基和罗马现在把他们以前的商业条约转换成了一个对抗皮洛士的攻守联盟（罗马纪元475年即公元前279年），其要旨是，如果皮洛士入侵罗马和迦太基的领土，没有被攻击的一方应该提供给被围攻的盟友分遣队，而且应该支付外国援军的费用。在这样一个情形下，迦太基人一定要提供运输船只，并用战舰协助罗马人，但战舰的船员不强制上岸与罗马人配合作战，最后，两国应该保证自己不与皮洛士单独媾和。罗马人签订这个条约的目的是攻击他林敦以切断皮洛士与本国的联系，然而没有迦太基舰队的合作，这些结果都不可能实现，迦太基人的目的是把国王留在意大利，如此一来他们可不受干扰地在叙拉古实行他们的计划。所以保护意大利与西西里之间的海域，双方是有共同利益的。海军上将马戈带领了一百二十艘强大的迦太基舰队，从奥斯提亚出发开往西西里海峡。马默提纳人害怕皮洛士成为西西里岛和意大利的统治者后，惩罚他们曾对梅萨皮亚希腊人的暴行，所以他们紧密依附于罗马人和迦太基人来确保在海峡的西西里侧边自己领土的安全。盟军也很想把雷古翁势力划分到他们的权力范围内；对于坎帕尼亚人的驻军，罗马绝不原谅，所以罗马人和迦太基人联合试图通过武力攻取这个城市，但结果失败了。迦太基舰队从那里驶向叙拉古，并由海路封锁了城市，同时，强大的腓尼基军队也由陆路开始围攻叙拉古（罗马纪元476年即公元前278年）。这时正是他们需要皮洛士的时候，但从意大利目前的局势来看，皮洛士和他的部队根本无法脱身。罗马纪元476年即公元前278年，两个经验丰富的将领执政官盖乌斯·法布里齐乌斯·卢西努斯和昆图斯·埃米利乌斯·帕普斯雄心勃勃地打响了新的战役。虽然罗马人在这场战争中屡战屡败，可是厌倦了战争、渴望和平的不是他们，而是胜利者。皮洛士又做了一次尝试，企图在可容忍条款下进行和解。一个卑鄙小人向执政官布里乌斯提议，只要给予他丰厚的报酬，他可以毒死皮洛士，执政官把此小人交给国王。皮洛士为表示感激释放了所有的罗马俘虏，并且分文未取，而且他为英勇的对手其慷慨的举动而感动，以至于他提议缔结一项公平且优厚的和平条约作为报答。基尼亚斯似乎已经再次去了罗马，迦太基似乎格外担心罗马可能会妥协。元老院仍然坚定之前的答复，除非国王愿意让叙拉古落入迦太基人手中，并因此破坏他的宏伟计划，或者放弃他的意大利盟友，并减少自己对最重要的港口城市的占有，尤其是对他林敦和洛克里以外的地方，此外别无他法。卢卡尼亚人和萨莫奈人恳求他不要轻易答应；他林敦人要求他遵守作为主帅的职责，否则就把领土还给他们。国王知道他们的抱怨和责备，所以一边抚慰着他们好日子一定会来临，一边领兵出征去了。于是米洛仍留在他林敦，亚历山大王子留驻洛克里，而皮洛士带着他的主力军，在罗马纪元476年即公元前278年春季在他林敦登船前往叙拉古。

意大利的战旗

皮洛士的离开让罗马人在意大利为所欲为，没有人可以和他们在广阔的平原上抗衡，他们的对抗者都被限制在了堡垒或森林里。然而斗争没有预期的那么快结束，部分是由于山地战和围攻战的原因导致，另一部分也是由于罗马国力的耗竭，罗马纪元473—479年即公元前281—前275年，罗马的自由民名单中少了一万七千人，如此可怕的损失显而易见。罗马纪元476年即公元前278年，执政官盖乌斯·法布里齐乌斯以最优厚的条件成功地引诱了他林敦的重要殖民地赫拉克利亚缔结条约。在罗马纪元477年即公元前277年中，断断续续的战争在萨莫奈发动，罗马人轻率攻击了一些被盘踞的高地，使许多罗马人付出生命的代价，此后在意大利南部也发生了同样的事，卢卡尼亚人和布雷提人被打败。另一方面，从他林敦而来的米洛预计罗马人会试图奇袭克罗顿，于是伊庇鲁斯驻军成功出击对抗了罗马的围攻。然而最后，执政官通过一个计谋，成功引诱士兵进军并占据这座不设防的城市（罗马纪元477年即公元前277年）。更重要的是洛克里人对伊庇鲁斯驻军的屠杀一事，他们曾经带着罗马驻军归顺皮洛士，现在又把伊庇鲁斯驻军交给罗马，这样可耻地用又一次背叛来弥补上一次的出卖。至此，整个南部海岸，除雷古翁和他林敦以外全部落到了罗马人手中。这些成功也并没有对大局影响重大。下意大利本身早已不能自卫，不过皮洛士还没有被征服，只要他林敦仍然在他手中，战争随时会被再次打响，罗马人便不可轻易围攻那座城市。在围攻战中，马其顿腓力和德米特里乌斯彻底改革了此前战术，当与这样经验丰富且坚决的希腊指挥官相对时，罗马人处于非常明显的劣势地位。就算抛开这点不提，攻打他林敦也需要强大的舰队，虽然迦太基条约承诺给罗马人海路支持，但是就迦太基本身深陷西西里岛的情况来看，他们也无力给予罗马这个支持了。

皮洛士接管西西里岛地区

尽管有迦太基舰队中途妨碍，皮洛士仍成功登陆，甫一上岸这里的情况马上有实质上的改变。他当即解除了叙拉古的围城之困，在他的统治下的所有自由的希腊城市很快团结起来联合对抗，他率领着西西里的希腊联军从迦太基人那里夺取了几乎所有的财产。当时的迦太基是统治地中海的霸主，然而在这样的强势猛攻的情况下，他们靠着舰队的帮助才艰难地保住了利利贝乌姆。在不断的袭击中，马默提纳人在梅萨皮亚勉强守住了他们的战地。这种情况依照罗马纪元475年即公元前279年的条约，罗马人有责任援助西西里岛的迦太基人，而不是迦太基人以舰队来帮助罗马人，征服他林敦，但是没有一方有明显的意愿去保护或帮助扩大的盟友的力量。迦太基只在真正的危险已经过去时才给罗马提供帮助，面对西西里岛迦太基势力的衰弱，罗马人也没有付出任何实际行动来阻止国王撤离意大利战场。随后迦太基公开违反条约，甚至建议与皮洛士王单独缔约，只要保证他们在利利贝乌姆的地位，他们愿意放弃所有西西里财产和领土，甚至钱和军舰任凭国王使用，其用意当然是希望皮洛士能重返意大利并恢复对罗马的战争。显然，只要占据利利贝乌姆，随着国王的离开，迦太基人在岛上的地位就会和皮洛士登陆前一样。希腊城市如果无人援助，失去的领土很容易重新收回。所以，皮洛士拒绝这样双重背信弃义的建议，并着手建立了一支自己的舰队。后来世人横加指责也不过是显示他们的无知和短视，因为这真的是十分必要的，并且利用岛上的资源，这不难实现。除了考虑到安布拉基亚、他林敦人和叙拉古人必须要有海军力量外，他也十分需要一支舰队，这样征服利利贝乌姆保护他林敦以及在国内攻击迦太基，才能取得之前像阿加托克利斯、雷吉卢斯和西庇阿那样的成功。在罗马纪元478年即公元前276年的夏天，正值皮洛士快要得偿夙愿的时候，他看到迦太基被他轻松打败，他统治着西西里岛，依靠着他林敦共和国的财产和领地在意大利站稳脚跟，新创建的舰队为了连接、保护并巩固这些胜利果实，已经在叙拉古港做好准备随时出海的准备了。

皮洛士的西西里岛政府

皮洛士当时统治的真正弱点在于他错误的内部政策。他管辖的西西里岛仿照了之前托勒密在埃及的统治方式：他不尊重当地的宪法，任人唯亲，把他的心腹设为城市的地方法官，把朝臣设为法官，而不任用本地的陪审员；他随意对他人下达没收财产、放逐或死亡的判决，甚至除掉那些曾帮他渡海来西西里岛的得力助手；他把驻军派遣到城镇中驻扎，像一个国王一样去统治着西西里岛，而忘了自己是一个民族同盟领袖的身份。当下，他可能认为自己是一个明智的统治者，也许按东方和希腊的观点来看，他真的是如此，但希腊民族在其长期为自由而斗争的过程中，早已经失去了受纪律约束的习惯。他们见皮洛士把狄奥多西[13]这样的暴政迁移到叙拉古，实在让他们无法忍受。相比迦太基人的束缚，很快这糊涂的民族发现他们的新军事政府更加高压。于是各重要的城市开始与迦太基人交流，甚至与马默提纳人联络。一支强大的迦太基军队再次冒险出现在岛上，不过此时他们从各处得到希腊人的支持，情况迅速取得进展。皮洛士与迦太基军队大战，并一如既往取胜，但种种情况足以显示岛上人们的立场和心态，皮洛士王需要离开了。

皮洛士离开旧地前往意大利

除了内政的大错外，皮洛士还有第二大错误：他带着他的舰队开往他林敦而不是去收复利利贝乌姆，而当时的情况，鉴于西西里人心躁动，他应该首先要把迦太基人完全从岛上驱逐，完全切断他们的最后依靠，然后再把注意力转向意大利。当时意大利的战局很稳定，他林敦足够安全，而其他盟友已被抛弃，没什么值得考量的了。要知道，罗马纪元476年即公元前278年他的撤离并不体面，军人精神促使他要重返战场一雪前耻重新立威。当听到卢卡尼亚人和萨莫奈人控诉时，他也感到分外痛心。可是皮洛士一心想解决的问题，只有意志坚强、能够控制自己的同情心甚至荣誉感的人才能做到，但皮洛士不是这样的人。

西西里岛王国衰落

叙拉古登船事件发生在罗马纪元478年即公元前276年底。在航行中，叙拉古的新舰队不得不与迦太基舰队交战，这一战叙古拉失去了相当数量的船只。皮洛士的离开和第一次交战失败的噩耗足以使得西西里王国再次衰弱。消息传来，所有城市都拒绝交付钱款给这个不在国内的国王和部队。一个辉煌的国家的瓦解速度甚至比建立时更快，部分原因是国王自己破坏了臣民心中的忠诚和情感，部分是因为人们缺乏舍身为国的精神，不愿暂时放下他们的自由来拯救自己的国家。因此，皮洛士的宏伟计划几乎被摧毁，一切已无法挽回。从那时起，他就变成了一位冒险家，他认为他曾经创立过一番伟业，而现在看来不过一事无成。他现在发动战争不再是作为达到目的的手段，而是为了在竞争的鲁莽兴奋中消遣散心，或许有可能他想要像个军人一样战死沙场。

他抵达意大利海岸后开始试图占据雷古翁，但坎帕尼亚人在马默提纳人援助下击退了进攻，而城下激战时，皮洛士击落了敌军一个将领的同时自己也受了伤。另一方面，他突袭洛克里，该地居民曾经屠杀过伊庇鲁斯驻军，为此他们也付出了惨重的代价，皮洛士掠夺了那里冥后珀耳塞福涅庙的财宝来补充他空虚的国库。然后他来到了他林敦，据说当时只有两万名步兵和三千名骑兵。这些军队也不是以前那些经验丰富的老兵了，意大利人也不再称他为拯救者，五年前他们对这个国王的信心和希望已被挥霍殆尽，皮洛士带领的同盟军只能面对这人财两失的境地了。

贝内文托战役　皮洛士陨落

皮洛士在罗马纪元479年即公元前275年的春天再次披挂上阵前去援助面临困难的萨莫奈。因为罗马人去年在其境内过冬，他一路行军迫使执政官曼纽斯·库里乌斯在贝内文托附近阿鲁西原野迎战。他先前为对付侧翼的罗马军派遣了一支军队，但是他们夜间在树林里行军时迷失了方向，以至于并没有在决定性的时刻出现。在激烈的冲突后，象军再次被投入战局，但这一次情况对罗马有利，象军遇到了驻扎保护营地的罗马弓箭手，使得队伍陷入混乱，开始攻击自己人。这样罗马人取得了胜利，有一千三百名囚犯和四头大象落到他们手里，罗马城初见象军，除此之外战利品数量不可估量。罗马把这些变卖获利后将款项用于修筑水渠，把阿涅内河水从提布尔引到罗马城。皮洛士现在既无兵也无财，只能转投曾帮助他的马其顿和亚洲的盟友要求资助，但现在即使在本国他也威信全无了，所以在此他的请求被拒绝。由着被罗马战胜的绝望以及被拒绝的愤怒，皮洛士在他林敦戍兵，同一年回到了希腊（罗马纪元479年即公元前275年），因意大利已经逐渐稳定，希腊或许能更快地给这个极度渴望战斗的活动家实现某种愿望的可能。事实上，他不仅迅速恢复了他被掠夺的失地，还成功夺取了马其顿的王位。他最后的计划被安提戈努斯·贡那塔斯采用的平静且谨慎的政策所挫败，也因为他自己无法自控的暴躁和傲慢在其中作祟。他还是赢了好几次战斗，只不过不是什么持久的胜利，然后在伯罗奔尼撒半岛的阿尔戈斯一场小小的巷战中战亡了（罗马纪元482年即公元前272年）。

意大利的最后斗争　俘虏他林敦人

在意大利，随着贝内文托战争的结束，民族党最后的剧烈斗争渐渐消逝。皮洛士作为同盟军主帅，以其强大的武力曾抓住意大利命运的缰绳，即使在他离去以后，他林敦仍保持对抗罗马的状态。虽然主和派在城市中占有优势，但是米洛，这个皮洛士的替代者和忠实拥护者拒绝了他们的建议，不过允许那些支持罗马的公民可以在他林敦境内建立堡垒，并且有与罗马单独缔约的自由，但是还是不能因此打开他林敦的城门。当皮洛士死亡之后，迦太基舰队进驻了海港。米洛看到市民们有把城市进献给迦太基人的意愿时，他宁愿把这里交给罗马执政官齐乌斯帕·皮里乌斯（罗马纪元483年即公元前271年），因此他和部队得以顺利离开。对于罗马人，这是天大的好运。腓力根据之前在佩林苏斯和拜占庭、罗德岛的德米特里厄斯以及皮洛士在利利贝乌姆的经验来看，一个海港城市只要装备完善，堡垒坚固，是不是会被很快攻克呢？要是他林敦对在意大利的腓尼基人和利利贝乌姆对在西西里岛的腓尼基人态度一样，那战局会发生什么样的变化呢？然而，过去已成为过去，一切已成定局。当迦太基的将领看到他林敦已在罗马手上，当即宣称他们只是依照和约前来协助攻城，见局势已定，转身前往非洲了。罗马派使者前往迦太基，要求他们解释对他林敦占领未遂一事，带回来的答复是迦太基人的矢口否认，他们的出现确是出于好意。罗马人也只能暂时接受这个说法。想必是罗马移民的请求，他林敦虽然需要交出武器和舰队，拆毁工事堡垒，但罗马恢复了他们的自治权。

下意大利的屈服

在同一年，他林敦人归顺罗马后，萨莫奈人、卢卡尼亚人和布雷提人也陆续归顺。布雷提人有一个对船舶建造非常重要的西拉森林，现在也不得不割让一半分给罗马。

在雷古翁藏了十年的军队被指责不仅违反了军人誓言，也因屠杀雷古翁公民和克罗顿驻军受到了应有的惩罚。在这种情况下，罗马维护的不仅是自己的权利，也是希腊人对抗蛮族的共同事业。叙拉古的新统治者希埃隆因此支持罗马人，通过送物资和军队助攻雷古翁，同时他又配合罗马讨伐雷古翁，攻打了他们的同谋——那些梅萨皮亚的马默提纳人。雷古翁虽负隅顽抗，但终不敌罗马人的猛攻（罗马纪元484年即公元前270年）而城破；城内残存的守兵在罗马广场上被鞭打斩首，而老居民被召回，并尽可能恢复他们的财产。因此，在罗马纪元484年即公元前270年，罗马的版图扩张到了意大利全境。仅有萨莫奈，罗马最顽固的对手，不管官方签订的和平条约，变兵为"匪"继续斗争，以至于在罗马纪元485年即公元前269年，罗马不得不再派两个执政官前去剿灭他们。即使是最昂扬的民族气节也有消散的时候，最后刀剑和绞刑架结束了萨莫奈山区的抗争。

全新的要塞军用道路建设

为确保这广大的版图的稳定，罗马开设了一系列殖民地：卢卡尼亚的帕埃斯图姆和科撒（罗马纪元481年即公元前273年），萨莫奈、贝内文托（罗马纪元486年即公元前268年）和埃塞尼亚（罗马纪元490年即公元前264年）以保持萨莫奈人受控制，作为对抗高卢人的前线阿里米努姆（罗马纪元486年即公元前268年）和费尔蒙（罗马纪元490年即公元前264年）的前哨部队以及卡斯特鲁姆的新自由民殖民地。罗马人已经准备要延长南大道，使道路在贝内文托的堡垒作为中间站连接卡普亚和维努西亚，这里已经是属于他林敦港和布林迪西的地方了。因为罗马选定了布林迪西作为他林敦的商业竞争对手和继承者，所以也准备在他们的领土上修建一些新的堡垒和道路，于是又导致了一些小规模战争：与皮森特人的战争（罗马纪元486年即公元前268年），一部分人被转移到萨勒努姆城区；与萨伦丁人交战（罗马纪元487—488年即公元前267—前266年）；与翁布里亚的萨西纳特人交战（罗马纪元487—488年即公元前267—前266年），萨西纳特人在塞农被驱逐后好像曾经占据过阿里米努姆的领土。通过几番征战，罗马领域一直向意大利内部延伸，囊括从爱奥尼亚海到凯尔特前线的整个意大利东部海岸。

海权政治

至此，罗马统一了意大利并开始了统治。在我们描述它的政治体制之前，我们需要先了解一下罗马纪元四、五世纪的海上关系。在这期间，叙拉古和迦太基均为西部海域主权的主要竞争者。总体上，尽管如狄奥尼修斯（罗马纪元348—389年即公元前406—前365年），阿加托克利斯（罗马纪元437—465年即公元前317—前289年），皮洛士（罗马纪元476—478年即公元前278—前276年）都曾在海上获得巨大的成功，但还是迦太基有优势，叙拉古海军力量则逐渐衰落陷入二流。伊特鲁里亚完全丧失了海事上的重要地位：迄今所属伊特鲁里亚的科西嘉岛，尽管没有完全变成迦太基领地，但都在其霸权的掌控之下。他林敦曾经在海上拥有重要地位，但由于罗马的占领，这一切就不复存在了。勇敢的马西利亚人在他们的领海内依旧保持着影响力，但涉及意大利邻域的海事他们也无法有什么大作为。除此之外，也没有其他航海城市足以纳入考虑了。

罗马海军的衰落

即使是罗马，也难逃领海海域被外国舰队控制的厄运。虽然在一开始，罗马就是一个注重海事的大国，即便是在罗马军团最鼎盛的时期，他们也没有忽视海军的建设，更不会天真地以为就此依靠步兵发展成一个单纯的陆上大国。拉丁姆提供船舶建造所需要的最好木材，远远超过产于下意大利的知名品种；罗马还在不断修建维护码头，这足以表明罗马人从来没有放弃拥有一支自己的舰队的想法。国王的驱逐，罗马拉丁联盟内部的失和以及伊特鲁里亚人和凯尔特人带给罗马的不幸战争，这一切使罗马深陷搏斗存亡的泥潭，无暇顾及地中海的局势。由于罗马的政策越来越明显地倾向于集中在意大利大陆的征服上，其海军力量的增长自然受阻。直到罗马纪元四世纪末，除了提及过一支罗马战船押送维爱战利品到德尔斐（罗马纪元 360 年即公元前 394 年）之外，几乎没有任何记载提及拉丁战船。安提乌姆人的确用武装船只从事商业活动，因此，只要有机会，他们也会在海上劫掠一番。提摩伦约于罗马纪元415年即公元前339年捕获的"第勒尼安海盗"——波斯图米乌斯大概也是一个安提乌姆人，但在那个时候安提乌姆人并没有被算作海军强国之一，如果是，就他们对罗马的态度来说，对罗马绝不是什么好消息。罗马纪元405年即公元前349年，凯尔特各部在拉丁土地上肆虐，同时一支希腊或是西西里人的舰队入侵，在拉丁海岸掠夺，可见当时罗马海军的威慑力衰退，全无力量。在接下来的一年（罗马纪元406年即公元前348年），毫无疑问在这些严重事件影响下，促成罗马和迦太基的腓尼基人代表本国及附属盟友，缔结了通商航海条约。现存最古老的罗马文献有记载，虽然内容是希腊语。在该条约中，罗马人除了在必要情况下，不得在利比亚海岸到以西的邦角之间航行；另一方面，只要西西里还属于迦太基领地，那他们就有和当地人一样的自由贸易特权；在非洲和撒丁岛，虽然定价需经迦太基民社的同意，但至少他们有处置自己的商品的权利。似乎迦太基人已经获得了自由贸易的特权，至少在罗马，或说是在所有拉丁姆地区。他们也承诺约束自己的行为，即使以后以敌对身份进攻拉丁姆地区，也不会在该地驻扎，也就是说，他们的海盗行径不会侵犯内地，也不在拉丁姆的土地上建造任何堡垒。

同一时期大概也是罗马和他林敦之间的缔约，所见文献记载也大概说是在罗马纪元472年即公元前282年。罗马人信守条约，不在拉金岬东部的海域航行，他林敦作为交换答应了什么条件却无从得知。由于这个条约，罗马人被完全排除在地中海东部之外。

罗马的海防建设

这样的境况不亚于在阿利亚河上的失败，罗马元老院似乎也如此认为，迦太基和他林敦之间的屈辱条约缔结后不久，他们会用所有的力量来改善其低迷的海上地位。最重要的沿海城镇都有罗马的殖民地，皮尔吉海港的殖民化可能属于这一时期：沿西海岸，罗马纪元415年即公元前339年的安提乌姆、罗马纪元425年即公元前329年的塔拉齐纳，罗马纪元441年即公元前313年的于蓬提亚岛，还有因为阿迭亚和基尔凯先前接受殖民者，所以鲁图尔和沃尔西领土内的重要拉丁姆港口，现在已经成为拉丁姆或自由民的殖民地；罗马纪元459年即公元前295年，在奥隆克人地区，明图纳和西努埃撒境内设立殖民地；罗马纪元481年即公元前273年，在卢卡尼亚设立帕埃斯图姆和科萨；罗马纪元471年即公元前283年前后，在亚得里亚海、塞那加西和新卡斯特图姆海岸设置殖民地以及罗马纪元476年即公元前278年设立的阿里米努姆；此外还有在皮洛士战争末期收为己用的布林迪西殖民地。在这些地方多是自由民或海上殖民地[14]，年轻人可以免于军团服役，只需防守海岸。同时向下意大利的希腊人示好，除了他们的萨莫奈邻居以外，特别是拿波里、雷古翁、洛克里、图里和赫拉克利亚的重要社区，允许他们在同等条件下可以向陆军申请支援部队的豁免，就这样罗马在意大利海岸附近撒开的大网变得更加牢固了。

罗马政治家的远见卓识能让他们的后代受用无穷，他们知道，如果不把海军建立在令人信服的基础上，那这些海岸防御工事和海岸要塞也不能发挥他们的作用。打败安提乌姆后（罗马纪元416年即公元前338年）罗马人带回了很多战舰，为以后重建海军奠定了基础。同时他们颁布了一条禁止安提乌姆人海上商业的法令[15]，这些都是当时罗马人觉得自己海上实力薄弱的证据，当时他们都只能注重对沿海地区的占据。此后，在罗马纪元428年即公元前326年，意大利南部的希腊城市尼阿波利斯先接受罗马的保护时交出军舰作为支援，这样以后的每个城市按照和约都有义务为罗马提供战舰作海战用，这些船只为罗马舰队的形成打开了新局面。罗马纪元433年即公元前321年，依市民大会赞成的特别提案任命了两个舰队的将领，这些海军在萨莫奈战争中曾围攻过努凯里亚。后来泰奥弗拉斯托斯在他写于罗马纪元447年即公元前307年左右的《植物志》中提道：还有二十五艘船的罗马舰队被派往科西嘉岛完成了开设殖民地的卓越使命。罗马纪元406年即公元前348年意大利和西西里岛相关的条约保持不变，但罗马人不仅被禁止在东部水域航行，就连以前允许的大西洋海域也被禁止，他们不得不与撒丁岛和非洲的迦太基人保持贸易交往。此外，很可能就此定居科西嘉岛，当时只有迦太基西西里岛属地和迦太基本土仍然保持对他们商业开放。由此我们可以看到，随着罗马沿海领土的扩张，迦太基作为海上霸主的危机感和嫉妒感逐渐增长。迦太基迫使罗马人承认这些禁令，并按条约把他们的航海范围限制在地中海西部的狭窄空间，这一切也是为了避免军队掠夺他们的海岸并保护他们与西西里岛古老而重要的贸易关系。罗马人不得不屈服于这些条款，但他们并没有停止努力拯救当时薄弱的航海业。

迦太基与罗马分歧产生

所以在罗马纪元487年即公元前267年，带着这个想法，罗马人做出了一个意义深远的决定——设立四个海军将领统帅：第一个驻扎在罗马港口的奥斯提亚；第二个驻扎在卡莱斯，即当时罗马下属坎帕尼亚的首都，用于监管坎帕尼亚和大希腊的港口；第三个驻扎在阿里米努姆，监督亚平宁山脉另一侧的港口；第四个的分区没有记载。这些新常务官员的职责不在于各自独立防守海岸，而是需要他们联合海防，并形成一支有作战力的海军。罗马元老院的目标明确：他们要恢复海上独立，切断他林敦的海上交通，在亚得里亚海能对抗来自伊庇鲁斯的舰队，并且摆脱迦太基的海上霸权。在上文说过的意大利战争中，罗马和迦太基的关系其实早已显示出他们各有打算。因为皮洛士王，这两大城曾被动达成最后一次的联盟，可是，对同盟的冷漠和背信弃义，迦太基人早有占雷古翁和他林敦为己有的企图以及战争结束后罗马人立即占领布林迪西的行为都清楚表明两方利益已有巨大冲突。

罗马与希腊海军实力

罗马自然想获得希腊海权国家的支援来对抗迦太基。他们与马西利亚久远而密切的友好关系一直持续。征服维爱后，由罗马送往德尔斐的战利品还被保存在马西利亚的国库内。凯尔特人占领罗马之后，马西利亚的市财政厅带头为他们募捐款项用于救济战火后的城市。作为回报，罗马元老院给予了马西利亚商人诸多优惠条件，在罗马广场庆祝集会时，奉马西利亚人为座上宾，位于元老院议员所在的高坛旁边。还有两个友好的通商条约：罗马纪元448年即公元前306年罗马和罗德市缔结的友好关系，还有不久后与伊庇鲁斯海岸上一个相当大的商业城镇阿波罗尼亚缔结的条约。这些以及在皮洛士战争告终后罗马与叙拉古关系紧密，对迦太基来说都充满了危险。

  罗马的海事权力远不能与他们陆上权力的发展速度并驾齐驱，意大利海上霸权的危机正在紧急关头。在陆路上，比赛胜负已经确定。在罗马社会主权下意大利第一次被统一成一个国家。罗马民社在这种情况下有什么样的政治特权，以自己的意志代替所有其他意大利民社，换句话说，罗马的这种统治权是与什么样的政治思想相关联的，这些都没有明确。现在罗马呈现出来的有发动战争、缔结条约和铸造货币的权利。除此之外，没有一个意大利民社可以向任何外国宣战，与它谈判或铸造流通货币。这就是说，每次通过罗马人决议的宣战和国家条约，对所有其他意大利民社都有约束力，罗马的银币在整个意大利合法流通。罗马的特权虽没有进一步扩大，但现有的这些权力就已经包含很广泛的统治权了。

罗马公民权

意大利与罗马民社的关系详细来说其实有着巨大的不平等。从一点上来看就可得知，除了罗马的正式市民外，臣民被分成不同的三种阶级。首先是覆盖人群最多、范围最广的一种，因为罗马还保有城市联邦的理念，而且迄今旧的领域因个人分得土地已扩大，使南部的伊特鲁里亚、凯雷和法勒里，还有从赫尔尼基人那里抢占的萨宾阿涅内河地段以及以前沃尔西的大片领土，尤其是彭丁平原现在都变成了罗马民众的土地，为此这些地方多建立了新的市民行政区。同样的情况也发生在沃尔图努斯河畔和卡普亚割让出去的法勒纳尔地区。所有这些居住在罗马以外地方的市民没有自己的行政机构和组织，只在指定的区域出现过市集点。被派往上面提到的沿海殖民地的市民也境遇相同，虽然他们在罗马同样拥有全部市民的权利，但他们的自治机构并没有什么实际意义。这样的时期快要结束时，罗马似乎开始给予同一民族、血缘相近的民族、最邻近的非正式民社正式的市民权利。这种情况大概最先发生在库斯图隆，随后在拉丁姆本部，其余的非正式市民社团大概也如此。直到这一时期末（罗马纪元486年即公元前268年）延伸至萨宾城镇，也是因为当时大部分基本地拉丁化的成果，而且由于他们最后几次战争中极其忠诚，所以作为回报，在他们加入罗马联盟后保留了原属于他们的有限的自治权，从而罗马的自治市制度也逐渐形成。直到这个时期结束时，罗马的正式市民权范围已经向北扩展到凯雷附近，东到亚平宁山脉，南至泰拉奇纳。虽然在严格意义上我们确实不能说这就是边界,因为许多有着拉丁权利的联邦城镇,如提布尔、普雷内斯特、塞尼亚、诺尔巴、基尔克都在这些界线以内,还有许多城镇如米图纳、西努萨、法勒尼地区、塞加利卡那城还在界线外。

罗马的附属民社

非正式公民除了选举和被选举权外,与正式公民具有平等的权利和义务。他们的法律地位由罗马议会的法令和罗马执政官发布的规则来规定。由罗马执政官或者代表审理案件,他们都是每年被分派下去的。其中情况好些的如卡普亚市,他们保留自治,可以继续使用母语,并有征收人口普查收费的自己的官员。较少权利的城市如凯雷是被剥夺自治权的,这种在所有臣属形式中无疑是最受压迫的。然而,正如上面所说,在这段时间末期,那些已经拉丁化的民社都逐渐被授予正式市民的权利了。

拉丁人

在这些附属分区中,最优越重要的一类就是拉丁民社了。他们是由罗马建立的拉丁殖民地,数量一直在上升,并且在同一性质的新殖民地设立时,他们依旧保持增长。这些始于罗马并且享受拉丁权利的新市民渐渐成为罗马统治意大利的重要支持。这些拉丁人决不是那些于雷吉尔湖畔和特利法农战斗过的人。他们不是阿尔巴联盟的那些老成员——自认为就算不比罗马优越也和罗马一样不错,还认为罗马帝国是一个沉重的枷锁,如同皮洛士战争开始时,普雷内斯特采取的非常严格的安全措施。事实上旧的拉丁姆基本已消亡殆尽或并入罗马,现在只有少数几个政治上独立的民社,而这些名单中除了普雷内斯特和提布尔以外,也没有值得谈论的了。共和国后期的拉丁姆几乎全由一开始就信服归附罗马的城镇组成。他们身处语言不同、特点各异的地区中,依恋着有着同语言、同法律、同风俗的罗马民社。作为周边小国君主,他们需要依靠罗马才能得以生存,就像前哨是一定需要依靠主力军的。最后,由于罗马公民日益增长的物质优势,他们从与罗马人平等的权利中获得了虽然有限但非常可观的收益,例如罗马通常分配给他们一部分领地单独使用,让他们享受与罗马市民一样的国家土地租赁权。不过一种危险也同时产生,成为罗马人的威胁。罗马共和国时期的维努西亚铭文以及贝内文托铭文最近重见天日,上面记载了维努西亚像罗马一样拥有自己的平民和执政官,以及在汉尼拔战争期间贝内文托的最高行政官也是执政官。两种社区都是享有古老权利的新拉丁殖民地:罗马纪元五世纪中期发生的战争曾让他们骚动不安。这些所谓的拉丁人都是由罗马市民转化而来,他们自觉享有相同的权利,对当时较少的联邦权利不满,力求全面的公平。因此,元老院曾努力遏制这些拉丁社区的权利和特权,不管他们对罗马有多么重要,都尽可能转换他们从盟友到臣属的角色,只要不打破他们和意大利非拉丁社区之间的界限即可。至此，我们已经描述了拉丁社区废除联盟以及他们先前完全平等的权利，最终失去了属于他们最重要的政治特权的过程。在完全征服意大利时，罗马人采取了进一步措施，开始对此前尚未涉及的拉丁个人权利加以限制，尤其是自由定居迁移的重要权利。在罗马纪元486年即公元前268年建立的阿里米努姆公社和以后的所有公社所占的优势局限于个人私权方面，如买卖、交换和遗产继承，他们与罗马市民享受的权利相同。大概在同时，完全自由迁移的权利在拉丁社区中建立，从而落实到每个公民的市民权被承认。对以后设立的拉丁殖民城市，罗马要求须有本地最高职务的公民的民权来换取罗马的公民权。罗马地位发生根本的变化后，罗马开始谨慎地授予它的特权，从而结束了起初的迁移完全自由的权利。这一时期的政治家们有足够的智慧让当时地位较高的其他民社依旧可以公开获得罗马公民权，这让拉丁人感觉罗马已经不再像以前征服意大利时一样需要他们的帮助了。

非拉丁同盟

最后是关于非拉丁联盟社区，他们被各种规范束缚，而这些规范又来自各种盟约，比如赫尔尼基社区的盟约与拉丁社区一样，要求市民完全平等。

还有其他不同情况，如拿波里、诺拉和赫拉克利亚，这些盟约赋予的权利就比较全面，而其他国家如他林敦和萨莫奈条约就只能说是专制了。

国家联盟分解

一般来说，不仅拉丁人和赫尔尼基人的联盟，事实上所有意大利的民族联盟，尤其是萨莫奈人和卢卡尼亚人联盟，都是依法解散或者是联盟已被削弱到没有联盟意义自动解散的，而且意大利所有民社都没有与其他地区交流或通婚的权利，更不要说共同协商解决问题。罗马人采取各种办法调配所有意大利社区的军事和财政资源以供主导民社使用。一方面有正式市民民兵，另一方面有拉丁民社队伍作为罗马军队的主要部分，并且大体上保存了他们的民族性，所以罗马的非正式公民也被召参军。毫无疑问，非拉丁的盟社成员也有提供军舰的义务，或者像对阿普利亚人、萨贝利人和伊特鲁里亚人规定的那样，把他们列入后备援兵的意大利人名单中。一般来说，派遣的援兵就像那些拉丁社区，都有固定的数量，特殊必要情况下，主导民社可以有更大的要求。这同时也涉及间接税，因为每一个民社都要有自己的装备和粮饷。因此有了以下的安排：最昂贵的军需品供应主要由拉丁民社或非拉丁同盟社区提供；海军大部分还是依靠希腊城市；骑兵方面由同盟民社提供，并且数量需达到罗马市民民兵的三倍以上；步兵，与以往规定一致且长期有效，即盟军的队伍不能超过市民军队。

国家机构划分

关于怎么结合维系这种组织结构，从我们看到的少数记载中无法再进行更多细节的考察。三类不同臣属的数值比例[16]，彼此的正式公民数量之比，我们也无法有一个比较近似的判断。同样，对意大利各大类别民社的分布我们也知之甚少。不过关于这个结构的主导思想十分明显，不用多加说明。之前我们已经说明，罗马这个主导民社是通过安置非正式公民以及授予非正式公民权来扩大领地范围，并且这也是一个很好维持罗马民社中心地位的方法。这样的合并制度使得后来加入的民社必须作为一个隶属社区，纯霸权作为一个永久的关系，本质上是不稳定的。因此，一种新的存在于有统治权的市民之外的阶级应运而生。这是罗马统治的主要手段，它将打破意大利邦联，建立尽可能大数目以及尽可能小的社区，采取分化统治，不同程度压迫的政策。就像加图在他皇室的管理中，严防奴隶彼此保持良好关系，并有计划地煽动他们中的差异和内讧一般，罗马也大规模效仿施行。虽然这个方法也有不足，但目前来看它是有效的。

意大利联盟宪法的贵族化改造

这不过是一种广泛应用的权宜之计，附属民社的制度在罗马模式后被改造。贵族政府出现，他们代表着上层阶级，自然或多或少与群众利益相悖，并且他们依旧希冀能从罗马得到物质和人力上的支援。这里不得不提卡普亚了，它应该是意大利和罗马所有城市中的特例。坎帕尼亚人贵族取得了法院审判权，争取到了单独的集会场所。他们甚至取得了不少物资：城中一千六百人每年各得的四百五十斯塔特（约三十磅），被坎帕尼亚人财政收取。当时（罗马纪元414年即公元前340年）的拉丁人与坎帕尼亚人暴乱共同背叛罗马，坎帕尼亚人骑士拒不参战导致了罗马的失败。在罗马纪元459年即公元前295年森提农大战又全靠他们的骁勇搏斗使罗马获得胜利。在皮洛士的战争中，驻守雷吉翁的坎帕尼亚人却最先背叛了罗马。其实从罗马纪元489年即公元前265年沃尔西尼的遭遇就可以看出，罗马人利用附属民社的内部矛盾，通过贵族阶级为自身牟利早已驾轻就熟。那时在那里，就像在罗马，新老市民对立，后者必须通过法律手段获得政治权利的平等。由于老沃尔西尼市民诉诸罗马元老院，请求恢复他们的旧宪法，迈出这一步被执政党视为叛国罪，并对相应的上访者进行法律惩罚。罗马元老院站在老市民一方，见此结果马上派兵攻打伊特鲁里亚故都，并且暴力废除了沃尔西尼人有效的民社法律，让全意大利都见识了罗马的专制。

宽和的政府

然而罗马元老院的智慧是不可忽视的事实，就独裁政权而言，永久专制的唯一途径是对权力的节制。因此，罗马保留或授予各归附公社一种自治权，其中折射出一些民族独立的影子，让这些归附者同享罗马在军事和政治上的成功，最重要的是，他们还享有市镇宪法自由。在联盟不断的扩张中一直没有囊括希洛人的社区，因此罗马清晰的远见和宽宏的气度，也许称得上是史无前例的。在最初就放弃了所有易危害政府统治的权利，即不向联盟城邦收税征兵，最多只是诱骗了独立的凯尔特纳贡，但对意大利联盟扩展的公社部落是绝对没有的。因此，参军的市民虽有部分来自同盟内，但是罗马公民也有服役的义务，并且从人口比例上来看更多于同盟军。在同盟军中，服役的拉丁人可能又远多于非拉丁同盟。因此，在分配战争中获得的战利品时，罗马得最多，拉丁人次之，这也是合理公平的。

中级官员以及对国家的评估

罗马中央政府为解决对意大利公社保持监督和控制的难题，设立四个意大利财政官制度，同时把罗马监察官的职权扩大到一切附属城市，进一步完善了这个制度。舰队财务官除有其直接任务外，还有向新获领土征税、管理新同盟的捐输的职责。他们是最早在罗马国家法中被任命的住所和辖区均在罗马城外的官员，处于罗马元老院与意大利各公社之间，是必要的中间一级。此外，如后来的市政宪法所规定，每一个意大利民区[17]，任何职能部门每四五年须举行征税统计以及财产评估。这个制度从罗马开始执行并随之向四周辐射推广，其唯一目的只在于展示全意大利的人力和财力状况，以供元老院参考，这与罗马人口普查的目的相一致。

意大利地区与意大利民族

最后，住在亚平宁山以南至雅皮吉地岬和雷吉翁海峡的各民族在军事和行政上达成了统一，他们因此共有一个新的名称，即"穿长袍的人"[18]，也是"意大利人"的意思，这是出现在罗马国家法中最古老的命名，最初是希腊人使用的，自此以后便通用了。住在这些地方的各民族最初之所以能自觉认为一致，一部分大概是因为他们自认同希腊人有别，一部分也主要是因为他们曾共同抵抗过凯尔特人。虽然意大利公社不时与凯尔特人联合对付罗马，乘机争取恢复独立，但从长远来看，还是健全的民族观念必将成为主流。直至现在，"高卢区域"在法律上仍与意大利有别，所以称意大利人为"穿长袍的人"也与称凯尔特人为"穿长裤的人"对立存在。在成为罗马一手掌握全意大利兵力的理由或借口的过程中，对凯尔特人入侵的抵抗大概起过重要作用。因为罗马人一方面领导伟大的民族斗争，另一方面迫使伊特鲁里亚人、拉丁人、萨贝利人、阿普利亚人和希腊人（下文将描述的境内）在他们的旗帜下作战，使得一直摇摆不定、潜存的内部团结，在国家法律中获得了稳固的认可。意大利这一最初仅属于今日的卡拉布里亚的名称，甚至罗马纪元五世纪希腊作家如亚里士多德时期都这样沿用，现在却引申到"穿长袍的人"的全境。

意大利联邦的早期版图

以罗马为首的伟大的武装联盟或说是新意大利,其最早边界以西海岸抵达阿努斯河下游[19]的里窝那区域,以东接壤安科纳以北的埃西斯。除此以外的意大利殖民地,如亚平宁山外侧的塞那加利卡和阿里米努姆,西西里的梅萨皮亚,在地理上都不算在意大利境内,即使它们如同阿里米努姆那样是联盟的成员或甚至如同塞那那样,是罗马市民的城邦,在地理上也不算在意大利境内。至于那些亚平宁山外的凯尔特各邑就更不能算作"穿长袍的人"了,尽管他们其中也许还有几个受罗马荫护。

罗马强国的新篇章——意大利的初步拉丁化

新意大利因此成为了一个政治统一体,民族统一方面也在团结过程中。主要的拉丁民族已经同化了四处分散的萨宾人和沃尔西人,并且使独立的拉丁公社遍布意大利全境。现在这些萌芽刚刚形成,但在以后一切有权穿拉丁长袍的人都将以拉丁语作为国语。罗马人在不同程度上把拉丁名字推广到提供援兵的各意大利盟国[20],可见他们已明确认识到这个目标。不论从这个宏伟的政治结构中还可得出什么认识,都足以证明其无名建筑师的伟大的政治远见和非凡的凝聚力,该联盟由如此多元化的成分组成,以后遇到最沉重的打击时,竟仍然非常团结,可见拉丁化的成功对于他们的大业颇有影响。这个覆盖意大利的罗网张得既巧妙又坚固，使权力集中于罗马公社之手，让罗马公社成为了一个强大国家。在最近几次战争中，它还取代他林敦、卢卡尼亚和其他国家，脱离了那些中小国家的行列，进入了地中海国家的体系之中。罗马纪元481年即公元前273年，埃及遣使由亚历山大城至罗马，罗马也遣使至亚历山大城，这两次的郑重外派使者，毫无疑义地表示罗马的新地位得到正式承认。使者的任务最初只是为了洽谈两国商业关系，但这样的外交往来无疑是政治联盟的前兆。当时迦太基与埃及政府争夺昔兰尼，不久以后又与罗马政府争夺西西里。马其顿与前者抗衡，是为了争夺希腊霸权；与后者抗衡，是为了亚得里亚海沿岸的统治。各处都有新的斗争在爆发，它们互相影响。罗马作为意大利的主人，便不免被牵连其中，这也是亚历山大大帝的胜利和这位王者计划为他的继承人所选定的竞技场。

注释

[1] 关于罗马曾派遣使者出访巴比伦拜见亚历山大的故事起源于克里塔库斯的证言（老普林尼《自然史》）。克里塔库斯所处的时代正是这些事发生的时候，不过关于亚历山大传的记述也只能算逸事谈不上是正史，并且在一些较可靠的传记著作（阿里安、李维等）并没有相关记载，克里塔库斯的描述也颇有些浪漫主义情怀，比如谈到罗马人敬献金冠给亚历山大，然后其预言罗马未来的崛起，所以我们也只好把这些故事看作克里塔库斯在述作历史时放上去的一些小点缀。

[2] 希腊语 μετρόπολις 即指领导诸小城邦的中心母城之意，卫星城镇所围绕的中心大城市。由于卫星城在行政管理、经济、文化以及生活上同其所依托的大城市有较密切的联系，形同母子关系，故名。——译者注

[3] 波旁家族，欧洲历史上的统治家族之一，因最早居住在法国波旁地区（相当于现在的阿列省）而得名，以绝对的封建专制统治著称。——译者注

[4] 该词源于后期拉丁语 *comes stabuli*。据约438年的《西奥多西娅法典》，该拉丁语意为"马厩看守，厩官"或"掌马官"。在英格兰，该词起先指首席法官或国家军队的首领。作"警察"解时，一般指巡佐以上的警官。——译者注

[5] 1461—1483年在位。统治时期把法国大部分地区统一起来。1447年他的父亲查理七世把他流放到多菲内，因为他参与了一次阴谋活动。登上王位后他顶住了社会福利联盟的贵族们的反对（1465年），1477年终于击败了勃艮第公爵查理（大胆者）。他统治期间扩展了王权对教会的影响，鼓励商业活动，赢得了中产阶级的支持。——译者注

[6] 希腊神话中爱与美的女神。罗马神话中称为"维纳斯"。——译者注

[7] 希腊文 τύραννος 的意译。指用武力夺取政权而建立的个人独裁统治。公元前7—前6世纪，氏族贵族统治力量日衰，僭主政治在希腊的科林斯、米利都和雅典等城邦，曾广泛出现。——译者注

[8] 此地在今安格洛那附近，不可与科森察地区中那个更为著名的同名城市相混淆。

[9] 德摩斯梯尼（公元前384—前322年），古代希腊卓越的演说家和著名的政治家。——译者注

[10] 一译"沙特恩节"。纪念农神沙特恩的节日，是罗马宗教中的重要节日之一。根据流行的神话传说，沙特恩是被宙斯驱逐到拉提乌姆的古代罗马的播种之神，后来成为意大利最古的一位国王。他将农业和葡萄种植业等引进了意大利，在罗马的卡庇托尔山之麓建有他的神殿。以后，还建了他和俄普斯合祀的神庙，其中保藏着罗马的金库。农神节在每年的十二月十七日至十九日举行。帝国时期，节日延长为七天。这期间，一切公共事务停止进行，学生免除处罚，人们互赠礼品，尽情娱乐。奴隶们也可在此日获得解放，由主人们伺候他们。——译者注

[11] 古罗马与迦太基争夺地中海西部统治权的战争。迦太基（在今突尼斯）为腓尼基人的殖民地，因罗马人称腓尼基人为布匿人，故得名。大规模的战争有三次。——译者注

[12] 这些数据表面看起来是可信的，然而根据罗马方记载，大概把伤亡计入在内，双方各损失一万五千人；稍晚的记载竟有详细数据，罗马方面战亡五千人，希腊方面战亡二万人。这些数据也无从加以考证，我们之所以在此提到这些记载是为了表明这些数据的不可靠性，毕竟这些年经编年史学家之手，这些数目就像滚雪球一样越滚越大，也越来越不可信。

[13] 指亚历山大大帝的王位继承者。公元前323年亚历山大大帝死后，文武百官为争夺王位进行了殊死斗争。——译者注

[14] 指皮尔吉、奥斯提亚、安提乌姆、塔拉奇纳、明图尔纳、辛奴萨、塞那加利卡和新卡斯特鲁姆。

[15] 这个说法十分明确并且本身可信，因为当时安提乌姆不但有殖民者居住，那些在仇恨罗马情绪中成长起来的旧公民也居住于此。这一说法自然与希腊的记载前后矛盾，其记载的亚历山大大帝（卒于公元前323年）和德米特里厄斯（卒于公元前283年）都曾因安提昂海盗向罗马提出过抗议。亚历山大的话与此前罗马遣使出访巴比伦的话性质相同，来源也大抵一样。德米特里厄斯可能并没有过多关注第勒尼安海，不过用一纸法令降服那里的海盗。安提乌姆人成为罗马公民以后，不顾禁令再做海盗营生这也不是不可能。不过对于第二种说法，可信度也不高。

[16] 我们对这个比数无法提供确切的答复，实在是遗憾。罗马王政末年能从军的市民，我们可以估计为两万人。自阿尔巴的陷落至维爱的征服，罗马的直辖领土没有很大的增加，这与我们所知的事实一致：公元前495年前后初设二十一部，罗马版图并未扩大，一直到公元前387年罗马都没有建立新部。一区的疆土仅有三十平方英里，根据民间记载，罗马纪元第三世纪下半叶，罗马从军的市民约在十万四千人到十五万人之间；到了罗马纪元第四世纪下半叶，罗马才开始大规模扩张领土，于是市民人数大增，据可靠的历史材料记载，公元前338年左右罗马市民共计十六万五千人，并且还有记载说，十年前征兵抗击拉丁姆和高卢，第一次征兵共十个军团五万人；到了罗马纪元第五世纪，罗马在伊特鲁里亚、拉丁姆和坎帕尼亚大开疆土，能服兵役的市民数平均达二十五万人，在第一次布匿战争前夕，达二十八九万。这些数目很可信，不过因为一些原因不能作为史料，即他们把罗马的正式公民以及那些像坎帕尼亚人那样不在自己的军团中服役的"无选举权公民"例如凯雷人都算在了一起，其实后者应当算作附属城邦而已。

[17] 每一拉丁城市如此，因为监察官之职或所谓"五年一任官"，也见于那些法制不按拉丁体制建立的民社，这是人所共知的。

[18] 即托加袍,古罗马人当作外衣穿的长袍。初期不分性别和阶层,后来只有男性贵族在正式场合穿着。由一块半圆形的布细密地包裹住身体,颜色和样式由社会地位决定。——译者注

[19] 标志着最早的疆界的,可能是位于两端的两个小地方,一个在阿雷佐以北,在通往佛罗伦萨的大路上;另一个在距里窝那不远的海岸上。里窝那稍南的瓦达溪与谷。

[20] 的确从严格的正式用语来说并不是这样的。意大利的全名见于公元前111年《土地法》第二十一行。同样在该法律的第二十九行,Latinus 和 peregrinus 是区分开来的。除罗马人外,有时只提到 Latini nominis,有时只提到 socii,但在意义上却是相同的。

第八章

法律、宗教、兵制、经济、民族

法律的发展

这一时期罗马公社法律的发展，最实质性的改革可以说是独特的公社约束，即下层政府官员管制公民的行为习惯。官员有权对扰乱社会秩序者进行财产罚款，这便是法律的萌芽。在国王被驱逐之后，所有的处罚，只要超过两只羊和三十头牛，或者依据国家法令第三百二十四条，将处罚转换为金钱之后，只要是超过三千零二十利布拉拉森（三十英镑）的罚款，通过上诉，公社掌握了决定权，因此，违法惩处受到了前所未有的重视。由于扰乱秩序的条例模糊，任何罪行都可能被视为扰乱秩序；罚金数额庞大，有些使用并不合理。这种惩处方法，不够清楚，弊端较大，因此附加条例应运而生：凡是法律没有明确规定数额的财产罚款，不得超过被罚人财产的一半。尽管有了补救措施，但弊端并没有得以消除，反而愈发明显。治安法也是类似的情况。自古以来，罗马公社就制定了很多治安法，治安法属于扰乱秩序这一类。治安法也是《十二铜表法》的一部分。《十二铜表法》规定，不得雇人给死人涂油，褥子只能送一套，紫边被子不得超过三床，不得赠以金器或奢华的花冠，火葬场不得使用加工过的木材、不得使用焚乳香和药酒，吹笛送葬的人最多十人，不得用女人代哭，不得为丧事大摆筵席——某种意义上说，这是罗马最早反对奢侈的法律。有些法律是为社会冲突而制定，比如禁止高利贷、个人不得过分占用公共牧场、不当征用公共场地。虽然这些处罚条例也有一定的弊端，但至少对各种罪行都有明文规定，也有惩处的标准。比这糟糕的是，官员会滥用职权，对扰乱秩序的人进行审判，处以罚款。如果罚款达到一定数额，被罚者可能会不满而上诉，也不缴纳罚金，此时，地方官员就会将案件交由公社处理。在罗马纪元五世纪的时候，准罪行的相关程序已经制定，用以惩处男女的不道德生活，惩处粮食垄断、巫术以及其他类似的事情。

与此极为相似的是，源于这个时期的审查官准裁判权。审查官有权调整罗马的财政预算和公民名单，做一些惠及自身的事。一方面，他们任意征收奢侈品的税，这种税与奢侈品的罚款仅在形式上有所不同；另一方面，如果有市民被举报做了坏事，审查官也有权削减或撤销其政治权利。这个时期的监督，所达到的程度，可以从几件事例中看出：如果一个人对自己的田地疏于耕作，会遭到惩处，普布利乌斯·科内利乌斯·鲁菲努斯（罗马纪元464、477年即公元前290、前277年的执政官）仅仅因为拥有价值三千三百六十塞斯特斯（三十英镑）的银质器皿，而被审查官撤销了元老的头衔。当然，根据地方官员的法令的相关规定，审查官的审判只在他们任期内具有法律效力，通常是在接下来的五年内也具效力，但之后是否仍然有效，则由继任的审查官决定。审查官的特权极为重要，根据审查官制度，他们可以借此从一个下级地方官员一跃成为级别最高、收入最多的官员。元老院的统治主要依赖于上层和下级的双重监督，既监督公社也监督官员，权力越大，越不规范，弊端也越大。像这种机制比较松散的统治，有一定的好处，当然也有很多缺点。对于认为弊大于利的观点，我们也不加以反驳，但我们不会忘记道德虽然显得表面但仍然严正有力，不会忘记民众的满腔热情，不会忘记这是一个充满正义的时代，这些制度也没有沾染卑劣的弊病。即使这些制度压制了个人自由，但不可否认它们也在维持着罗马人民的公德心与优良的传统习俗和秩序。

法律修订

可以明显地看出，罗马法律的发展体现出人性和现代化也在缓慢地发生着改变。《十二铜表法》的多数条例与梭伦法是一致的，因此我们认为，具有实质性的改革都具有这种特点：例如保障自由结社的权利及由此权发展而来的社会自治权；制定法令禁止在耕地边界上种庄稼；减轻盗窃罪的惩处，自此以后，只要不是当场被抓，都可以通过双倍赔偿来免于原告的控诉。直到一个世纪以后，债务法才根据《普布利乌斯法》做出类似的修订。根据最早期的罗马法律，财产所有者生前有权对自己的财产任意支配，死后其财产则由公社处置。后来，这条法令被取消了，因为根据《十二铜表法》，私人遗嘱与经过查证的遗嘱具有同样的法律效力。个人对自己财产的完全自由支配，这是打破氏族制度非常重要的一步。极端的父权受到了法律的限制，比如，孩子三次被父亲卖，则可以不受父亲的管制，变得自由。严格地说，从法律推论来看，这无疑是荒谬的。很快，上述法规被赋予了可能性，即父亲可以自愿放弃对孩子的管制权，放孩子自由。婚姻法规定世俗婚姻是被允许的，虽然宗教婚姻与世俗婚姻并无多大的差异，但却与夫妻权利分配有很大的关系，世俗婚姻是结成一种关系，这种关系无关乎权利，实现对丈夫权利放松的第一步。强制性结婚的第一步就是向单身汉征税，这是在罗马纪元351年即公元前403年卡米利乌斯刚成为审查官时制定的法令。

司法行政制度　罗马法律规范　新的司法人员体制

从政治角度来看，司法行政制度更重要，也更容易改变，因此，它的改革也更为全面彻底。首先是对最高司法权的限制，以前不成文的法律现在以书面的形式固定下来，此后，地方官员在审判处理民事或刑事罪行的时候不再任意为之，而是要依据法律条例（罗马纪元303、304年即公元前451、前450年）。在罗马纪元387年即公元前367年，罗马专门任命一个最高长官负责司法行政，同时在罗马成立几个独立的治安部门。罗马此举影响重大，以至所有拉丁公社都纷纷效仿，提高了司法行政的效率和公正。这样一来，这些负责治安的官员或者其他行政官，也在某种程度上获得了一定的裁判权。一方面，他们负责处理市集上的买卖——尤其是牲畜和奴隶的买卖所产生的纠纷；另一方面，在赔钱或需要交罚金的事件中，他们是初审裁判官或者是审查官，这两者在罗马性质是一样的。由于司法行政制度会征收罚款，因此，他们也掌握了具有重大政治意义的征收罚金的权力。

后来，罗马于罗马纪元465年即公元前289年增设了三连夜警官[1]，与前面所说的治安官员等差不多但地位略低而且也有征收罚金的权力，这个职务主要是为下层阶级设立的。他们主要负责夜间的事务，比如火灾、公共安全或者监督行刑。没过多久，或者说其实从一开始，他们就和审判权扯上了关系。到后来，罗马势力扩张，为了方便诉讼人，在一些偏远地区，也需要一些有能力的审判官处理一些小的民事纠纷。这样的制度也适用于公社[2]，甚至可以推广到更为偏远的公社，这便是罗马市级较为严格的司法行政制度的萌芽及发展。

民事诉讼的变革

民事诉讼程序的处理（按照那个时期的观念，民事诉讼多属于对本国公民所犯的罪），通常分为两个阶段，首先是由官员确定法律问题，接着由官员指派一个私人根据实际情况给事件定性。不可否认的是，这种做法在早期的时候被经常使用，直到王政被废除，才开始根据法律来制裁。罗马的私法条例清晰明了，实施也精准无误，很大程度上是因为分类得当。涉及财产问题，财产所有权都是由官员任意裁决，直到后来才慢慢依据法律逐渐制定了财产权和所有权，因此，官员丧失了很大一部分权力。在刑事案件处理过程中，人民法庭具有赦免权，这一条现在也受到法律保障。如果被告在审讯之后被官员定罪，然后交由民众，接着官员会在公民、被告都在场的情况下再一次审判。在公社做出决定之前，案件还会被讨论三次。如果被告还是不满意，又进行上诉，那在第四次审判的时候，公民就有权否决其上诉，并且不得再修改。一些原则中也体现着相同的共和精神，比如：住房是公民的保障；不得入室逮捕；案件还在调查就不得关押嫌疑人；只要宣判不关乎财产只与人格有关，被控告但尚未被定罪的人可以为了免于被判罪而放弃自己的公民身份。这些仅仅是原则，并没有形成法律，因此对官员没有法律约束力[3]。

从道德层面来讲，这些原则对他们影响很大，尤其是当他们处理死刑的时候。虽然罗马的刑法展示了强烈的公德心，也展示了这个时期人道主义的日益增长，但另一方面，在具体执行过程中也受到阶级斗争的重重阻挠。就这一点而言，在当时也是让人非常苦恼的。在由纠纷引起的刑事案件中，所有官员都有同等的初审。由此引发的结果却是，在罗马的刑事案件处理过程中，没有了固定的权力机构，也没有正规的初次审查。终极审判形式也是经由立法机关进行，而并不否认它起源于特赦权。此外，扰乱治安的罚款和诽谤刑事案件的处理看起来极为相似，这对刑事案件的判决非常不利。

某种程度上，刑事案件的处理往往不是按照固定法律而是根据审判官喜怒。这样的结果便是，罗马的刑事处理程序缺乏原则，沦为政党的玩物和工具。这种处理程序主要适用于政治犯罪，同时也适用于其他罪行，比如杀人罪和纵火罪。这种不合理的处理程序加剧了犯罪，而且与共和时期对于非公民的蔑视相辅相成，和正式的处理程序一起，越来越容忍对奴隶和普通民众进行快速审判。一些政治上的激烈冲突也跨越界限，针对这些情况，设立了一些制度。就这样，罗马人在司法行政中，一步一步地脱离了原有道德准则。

宗教——新的诸神

这一时期，我们无法追溯罗马宗教思想的进步。通常，他们对于祖先的信仰是简单纯粹的，这种信仰不同于迷信或不信。把一切尘世的东西精神化，这是当时广为接受的观念，也是罗马宗教的基石。"银神"就是很好的一个例子，大概在罗马纪元485年即公元前269年，银作为货币使用之后，这个神就产生了，而且自然而然就成了"铜神"的儿子。

罗马与其他国家的关系与以前一样，但值得一提的是，希腊对罗马的影响与日俱增。就在此时，罗马供奉希腊诸神的庙宇日益增多。

最古老的庙宇是卡斯托耳和波卢克斯[4]神庙，创建于罗马纪元209年即公元前545年7月15日，因为雷吉路斯湖战役的誓约。这个神庙与神话故事有关：相传罗马军队里有两个身材高大、长相俊美的青年，在战场奋战，战争结束之后，他们立即牵着大汗淋漓的战马去罗马广场旁的朱图尔纳泉饮水，同时报告战争胜利的消息。这个故事完全不同于罗马以往的神话故事。它是根据狄俄斯库里的故事编造的，甚至连细节都极为相似——狄俄斯库里神出现于百年之前克罗顿和罗洛里人交战于萨格拉斯河之时。罗马的神话故事还参照了德尔斐阿波罗神庙的事迹，就像所有受希腊文化影响的民族一样，在取得胜利之后都会把战利品的十分之一奉献给神灵，比如，攻占了维爱（罗马纪元360年即公元前394年），而且还为神灵在城中修建了一座庙（罗马纪元323年即公元前431年，于罗马纪元401年即公元前353年重建）。那一时期快要接近尾声的时候，阿佛洛狄忒神[5]（罗马纪元459年即公元前295年）也受到了这种待遇，不可思议的是，她被视为古罗马园艺女神维纳斯。在伯罗奔尼撒的埃庇达罗斯强烈请求之下，阿斯克拉皮奥斯又叫埃斯库拉皮乌斯也被引进罗马（罗马纪元463年即公元前291年）。在罗马突发危难时，也不乏抱怨，抱怨外来迷信的入侵，大概是指伊特鲁里亚人的占卜术（罗马纪元326年即公元前428年），但在这个时候，警察会介入处理。

另一方面，伊特鲁里亚人整个民族停滞不前、懒惰、坐吃山空，政治上腐败不堪，毫无作为，贵族垄断神学，愚蠢的宿命论、野蛮荒唐的神秘论、占卜和乞丐预言逐渐发展，一直发展到我们不可忽视的程度。

祭司制度

据我们所知，祭司制度并没有发生重大的改变。大概罗马纪元 465 年即公元前 289 年的时候，比较严苛的法令当属收取程序费来支付公共的祭祀费用，可见国家在宗教方面的预算在增加，神灵和庙宇的增加势必会产生这样的结果。正如前文所提到的，阶级矛盾导致祭司势力扩大，并且他们还有权取消政治活动。这样的结果便是，动摇了人们的信念，祭司对一些公共事务产生不良影响。

兵制　士兵团　防卫营　骑兵　军官　军纪　士兵训练营　士兵团的军事观

这一时期，兵制进行了彻底的改革。原始的希腊意大利民族军事组织，与荷马时期有点相似，也是基于选择出类拔萃的勇士，为马背上作战做准备，组成一支特殊的先锋队。在以后的帝王时期，兵制被军团所取代。军团是比较古老的多利安重装士兵密集方阵，通常由八列队伍组成。随后，密集方阵就承担了战事的主要压力,而骑兵则分布两翼,实战情况决定是马背上作战还是地面上作战。此时,骑兵多用作后备部队。

大概同一时期,马其顿和意大利也在此基础上发展出密集方阵。马其顿的方阵更密更深,意大利的方阵比较分散,规模更庞大。首先,就把八千四百人的古老大军团划分成两个四千二百人的小军团,旧时的多利斯形式的方阵完全以用剑和近战为主要作战方式,而且尤其习惯长矛作战。作战时,投射武器一般占据次要地位。在意大利的方阵中,第三分队使用的是有推进力的长矛,第一和第二分队配置的是意大利特有的最新投射武器——短矛,一根方形或圆形的木头,约一米四长,有三角形或四边形的铁尖。短矛最开始可能是发明来保卫营地,但后来在前线发挥巨大作用。在前进到距敌军十至二十步远的时候,把它们投向敌军。同时,方阵作战时,长刀的作用远远超过短刀,因为,短刀的投射是为长刀的攻击做准备。

除此之外,方阵就像一把强有力的长矛,一遇到敌人就要立马杀过去。在意大利的军团中,方阵中划分出了非常小的部队,他们在战争过程中团结一致,密不可分,但其实在战术上却是互相分离的。不仅仅是我们所提到过的均分两半,势均力敌,而是再往下细分,深度上分为三队:前卫、中军、殿后。每一队深度适宜,基本上都是四层。队列正前面都会安排十连把它与前面的部队分隔开。这样一来,两队之间、两连之间都会有明显的间隔。这是对个人主义的发展,战术上减少作战力量的投入,集体作战不被鼓励,个人作战就凸显出来。从前文所提及的战争以近战和长刀作战为主就可以证明这一点。营地的驻扎也经历了独特的发展。军队驻扎营地，就算只驻一晚，也必须得有正规的围墙，再把它改造成一个防守要塞。另一方面，骑兵没有发生多大变化，之前它在方阵中处于次要地位，现在在分连部队中仍然如此。军队的军官任用制度大体上也没有发生改变，只是掌管正规军的两大军团司令官数量与战时司令官一样，也与现在管理整个军队的长官数量相同，参谋官的人数翻了倍。也正是这一时期，军官等级之间有了明显界限：持长刀的普通士兵要想成为连长，需要从底层开始，一级一级往上升，成为高级连长。军团司令官是整个军团的最高长官，每个军团有六个，他们没有常规的升迁，通常是从上层社会中直接任命。这一点具有重大意义，因为之前级别较低的军官和参谋官都由将军任命，非常不正式。在罗马纪元392年即公元前362年之后，一些参谋官则由公民选举，旧时严明的军纪没有发生改变。仍然如以前一样，将军掌握着军营的生杀大权，可鞭打普通士兵和参谋官。不仅一般的罪犯会受到此种惩罚，当军官没有完成他所接到的命令，或者当部队被敌军突袭时临阵脱逃也会受到同样的惩罚。另一方面，以前的方阵是人数的堆积，就连一些毫无经验的人也可以加入部队，但新的军事组织必须要经过更加严格、更长期的军事训练。也并没有因此而出现特殊的社会阶层——军人阶级，军人身份仍然像以前一样作为公民军队保留着，根据财产划分等级，根据服役时长安置他们。现在罗马的新兵加入轻武装"散兵"，先在阵线外用投石器作战，然后一步一步升职，直到升到中军，最后服役时长够久，经验丰富，就有可能进入殿后部队。殿后部队人数最少，但是被评为全军的楷模，精神鼓舞全军。

严谨的军事组织成为了罗马公社政治上占优势的主要原因。优良的军事组织仰仗三大军事原则：保留后备军，远攻和近战相结合，防守和进攻并重。早期的骑兵制度已经具有后备军的雏形，只是在现阶段得到全面的发展，比如军队分为三部分，精锐的经验丰富的部队作为后备军，在最后一刻给敌军致命的一击。在这之前，希腊的方阵已接受近战的训练，配有弓箭和轻投掷器的东方骑兵，受过远攻的训练。罗马重标枪和长刀，二者类似于近代战事中刺刀和步枪的效果。标枪的使用为长刀作战做好了准备，就像步枪的发射为刺刀开路。最后，罗马人优良的扎营技术对他们的防守与进攻的结合带来了极大的好处，可以根据具体情况决定是否迎战，如若迎战，他们只需在营地堡垒的庇佑下作战。在罗马流传着这样一句话：罗马人安坐着就能取胜。

分连队形制的起源

这种新式军事组织，主要是由罗马人或者说意大利人改造并发扬了古希腊的方阵战术而来，这是毋庸置疑的。在希腊后期，从一些战略家的战略中可见后备军和小组织个人主义的雏形，其中尤其属色诺芬最为突出。他们意识到了旧体制的不足，但却无力改变。在皮洛士战争中分连队形制得到了充分的发展，但它于何时何种情况下起源，是迅猛发展还是循序渐进，我们都无从考证。罗马人所碰到的第一个战术体制完全不同于古意希式体制的，是凯尔特的长刀方阵。分队之间的间隔和连与连前方的分割也有抵抗敌军之意，他们做出抵抗，那也只是危险的突击。马库斯·弗里乌斯·卡米卢斯是高卢时代最闻名的罗马将军，他的事迹与我们前文提及的相吻合，很多分散的记载表明了他对罗马军制的改革。更多关于萨莫奈战争和皮洛士的记载无法得到公认，也不能根据时间编排。萨莫奈战役对罗马军队独立发展具有持久影响，亚历山大锻炼出来的第一批领军人物也势必会对罗马军事体制与战术特点带来非同凡响的意义。

国民经济农民农业

在国民经济方面，农业一直是罗马公社和新意大利国家的社会和政治基础。常规集会和军队都由罗马农民组成。当他们是士兵的时候，利用手中的剑抢占东西，作为农民的时候，又用犁保卫他们抢夺来的东西。在罗马纪元三、四世纪时，中等地主阶级纷纷破产，爆发了可怕的内部危机，其间，新兴的共和制似乎也濒临瓦解。罗马纪元五世纪期间，拉丁农民阶级的复兴一定程度上是因为土地的分配与合并，也有一部分原因是利率的下降和罗马人口的增加。拉丁农民阶级的复兴与罗马势力的大发展互为因果。皮洛士以军人敏锐的眼光，意识到罗马政治和军事上的发展离不开罗马农业的繁荣。罗马大规模耕作业的兴盛也正是在这一时期。在更早期，事实上也存在大型的土地资产,至少相对而言是比较大型的,但是他们在耕作上不会大面积管理,仅仅只是很多块小型耕地分散作业。另一方面,根据罗马纪元387年即公元前367年的法令,地主除了奴隶之外还应该雇佣相应比例的自由人,这与早期的土地管理是矛盾的,但却越来越适合后来的土地管理,这也许也是关于土地财产所能追溯到的最久远的时期。值得关注的是,这种管理制度的出现根本上是由于奴隶制的出现。它是如何兴盛的却无从得知,也许是迦太基人在西西里的大农场给古老的罗马地主启示,也有可能是耕地上小麦的出现,这与管理方式的改变有关。我们仍然无法证实瓦罗作为行政官这一时期,此种耕作方式发展到何种程度,但汉尼拔战争的记载让我们确信,这种管理方法并没有形成规则,意大利的农民阶级也并不固定。然而,当这种方式风靡的时候,基于"临时占有"机制的原有佃户关系就随之被废除。就类似近代的大庄园制度,迫于一些小型财产限制,占有大庄园制度大规模形成,这样就实现了由个人份地到大庄园的过渡。无疑,对农业佃户的限制给小农阶级带来了灾难。

意大利的国内贸易

关于意大利的国内贸易,无法找到任何官方的文字记载,唯有古货币能够给我们提供一点参考。如前文提及,在意大利除了希腊城市和伊特鲁里亚的波普洛尼亚之外,在罗马纪元前三个世纪，都是没有货币流通的，起初是以牛为交换物，随后是以铜作为交换媒介，根据铜的重量计量。在本时期，意大利才开始由物物交换转化到以货币为媒介。意大利人的货币体制起初是受到了希腊的货币制度的影响，但是，意大利中部地区的货币是铜制而非银制。货币单位先是以之前的价值单位为基础，即铜磅。因此，他们选择铸造货币而不是打印，因为如果使用打印，遇到又大又重的铜块，找不到合适的印模。似乎从一开始，铜和银就有固定的比率（250∶1），并且铜的发行量也似乎是参照这个比率。在罗马，较大的铜币的价值相当于斯克鲁普等值于一磅的二百八十八分之一。历史上，值得注意的是，意大利的造币最有可能起源于罗马，事实上是在大执政官确立了造币立法规范之后，从罗马普及到拉丁、伊特鲁里亚、翁布里亚和东意大利公社，这也说明罗马在罗马纪元四世纪初期的贸易比意大利更为鼎盛。由于公社各自为生，相互独立，依据货币法，货币标准也不尽相同，每个地区、每个城市都有自己的一套货币体制。铜币的标准在意大利中部和北部可以分为三类：第一类，位于基米尼森林北部的伊特鲁里亚人货币和翁布里亚人货币；第二类，罗马货币和拉丁姆货币；第三类，东部沿海货币。我们已经注意到罗马货币根据重量与银成一定比率；另一方面，我们还发现意大利南部在早期流通的是银币，现在意大利东海岸的货币也与银有一定的比率关系。这种标准也被意大利移民采用，比如布雷提人、卢卡尼亚人和诺拉人，同时也被拉丁殖民区使用，比如卡勒斯和苏萨，罗马甚至把这视作意大利附属地的标准。相应地，意大利贸易也根据货币分成不同的区域，彼此以外族人的身份进行贸易。

关于海外贸易，我们之前也提到过西西里与拉丁姆、伊特鲁里亚和阿提卡、亚得里亚和他林敦之间的贸易关系，在这个时期仍然存在，严格说来，是真正属于这个时期。尽管谈及此类事实的时候，我们不提及日期，但还是会为了对第一个时期有一个总体的感受，而把这些事件放到一起。当然，货币是研究这一时期贸易最有效的证据。参照了阿提卡的标准和受了意大利货币的影响，尤其是拉丁的铜币进入西西里，伊特鲁里亚银币的重要性证实了前两条贸易路径。所以，我们之前提到过的大希腊的银币与皮森农和阿普利亚的铜币等值，再加上一些其他证据，都足以证明意大利附属国的希腊人之间的经济往来十分活跃，特别是他林敦人和意大利东海岸之间的贸易。在更早期，拉丁与坎帕尼亚之间的贸易往来也许更密切。希腊人的贸易似乎被萨贝尔人的迁入所影响，以至于在共和时期的前一百五十年内没有发展高峰期。卡普亚和库迈地区的人在罗马纪元343年即公元前411年罗马大饥荒的时候拒绝提供粮食帮助，这个事件表明拉丁姆和坎帕尼亚的关系有所改变，直到罗马纪元五世纪初，罗马的军备才有了一定的恢复，交流才变得密切。

具体来说，历史上，关于罗马商业的资料非常少，在阿迭亚的编年史中有这样的记载，在罗马纪元454年即公元前300年，第一个理发师从西西里来到了阿迭亚，定居下来，并使用彩陶。此时彩陶主要产于阿提卡，也有的从克基拉和西西里销往卢卡尼亚、坎帕尼亚和伊特鲁里亚，用作坟墓的装饰品。关于彩陶的贸易情况，我们了解的比其他海外贸易的商品多一些。进口贸易应该是起源于塔克文氏被驱逐的时期，因为花瓶最古老的风格，在意大利很少见，基本都绘制于罗马纪元三世纪下半叶。在罗马纪元四世纪上半叶，朴素的风格大量出现，在罗马纪元四世纪下半叶，风格有所转变，精美的花瓶更受青睐。其他种类的花瓶也非常多，通常花纹绚丽，体形庞大，但做工不够精致，这种风格大概和下一个世纪有关。毋庸置疑的是意大利这种装饰坟墓的习俗来自希腊，但是，希腊人财力有限，并且也偏爱温婉的风格，因此他们的花瓶比较素雅；意大利财大气粗，把希腊风格发展成粗野、浮夸，远远不同于希腊的原汁原味儿。有一个明显的现象，意大利的浮夸风仅见于有希腊文化的地方。任何了解关于伊特鲁里亚和坎帕尼亚墓地记载的人——我们的博物馆对这方面资料有所补充，都会发现，伊特鲁里亚和坎帕尼亚文化影响下的大坟墓都偏于奢华。另一方面，萨莫奈人生性淳朴，对于奢华风一直都避而远之，他们不会在坟墓中放希腊的陶器，就如同他们没有萨莫奈货币，这也表明这个地区的商业贸易和城市生活不够发达。值得一提的是，拉丁姆人与希腊人的关系并不比伊特鲁里亚和坎帕尼亚之间的关系差，甚至还有非常密切的贸易往来，但却完全不用希腊人的墓地装饰品。与普雷内斯特独特的墓地装饰风格不同，很有可能是受了罗马严苛的道德规范的影响，或者，也可能是罗马警察的严格管制。与这个现象联系紧密的是我们已经提到过的禁令，《十二铜表法》严词谴责用华而不实的棺材，用昂贵的布料和金制装饰品放在死者身边，也禁止用银盘，但罗马家庭日常使用的盐罐和祭盘除外，至少法律的明文禁止对人们起了一定作用。这种影响还见于他们的建筑方面，暂且不论他们是否鄙视奢华，他们的建筑确实在尽量避免奢华。尽管受到很大的影响，但罗马的朴素仍能比卡普亚和沃尔西尼保留得更为长久。她的繁荣不仅依赖农业，也仰仗她的商业贸易，虽然她的商业也没有达到十分发达的地步，但是对罗马占领统治地位有很大帮助。

罗马资本

罗马没有形成真正意义上的城市中产阶级，也没有发展成独立的商人群体。其原因除了早期出现的资本不合理集中，主要还在于对奴隶的使用。这也是奴隶制下可能出现的结果。通常，古时城镇的一些小型贸易中，奴隶会被奴隶主当成工匠或商人，搬运物品；或者一些获得自由的奴隶，奴隶主会给他们一些资金，而且还保证会给他们分收益，往往是各分一半。毫无疑问，罗马的小型贸易发展蒸蒸日上，其他证据也表明，占领大城市市场的奢侈品渐渐在罗马聚集，比如盒子菲科罗由普雷内斯特的工匠设计，然后在普雷内斯特市场上流通，但却是在罗马制造。零售业的利润大部分都流入了大财阀的金库，因此，工商业中产阶级有所兴起，但却无法更进一步发展。大商人与大工厂主也没能从大地主阶级中分离出来。一方面，大地主由来已久，并且既是地主又是商人和资本家，一手掌控着抵押贷款、大商业、合同协议，还插手国家事务；另一方面，罗马人心理上非常看重土地所有权，把土地看作是政治特权的基石，这种观念从一开始一直到本世纪末才有改变。这一时期，投资者把钱投入地产无疑都是幸运的。获得自由的奴隶如果拥有土地，也会被给予政治特权。罗马政客以这种方式来削减没有田产的富人阶级。

罗马城的发展

虽然罗马的中产阶级并没有得到很好的发展，资本家也没有形成一个紧密的组织，但是罗马大城市的特色却与日俱增。罗马城的奴隶越来越多就很好地说明了这一点，其中罗马纪元335年即公元前419年严重的奴隶谋反就是证据。获得自由的奴隶不断增多，也给社会造成问题和危险。因此，为了控制这样的局面，在罗马纪元397年即公元前357年，对自由奴隶征收重税；在罗马纪元450年即公元前304年，限制自由奴隶的政治权利。当时的情况表明，大量的奴隶解放有助于商业贸易的发展，但如我们上文所提及，在罗马解放奴隶与其说是正义之举不如说是商业投机，奴隶主发现和自由奴分摊商贸利润，比让奴隶只从事体力劳动更为有利可图。罗马解放奴隶有必要和工商业活动保持步调一致。

城市治安

城市治安的发展也同样说明在罗马，城市生活越来越重要。这一时期，在法律上，罗马城被分为四个治安区，每个区都同等重要，也都有一些困难的事务要处理：比如遍及罗马城的大大小小的排水管系统、公共建筑以及公共区域需要修缮；清理街道，铺建路面；处理废旧建筑，驱除危险的动物，清除臭味；在除了傍晚及夜间之外，要把大货车撤离道路；保持交流顺畅；保证粮食物资对城市的供应不间断；防止不卫生的物品流通，杜绝缺斤少两的度量器；严管澡堂、酒馆和名声不好的娱乐场所。

蓬勃发展的建筑

王室时期，尤其是对外征战极盛的时期，建筑方面的成就大概比共和时期的前两个时期的成就都大。有名的建筑比如卡庇托尔山上和阿文廷山上的庙宇，还有大竞技场，这些建筑遭到了城市勤俭父辈的反感，也让被迫服工役的市民厌恶。值得注意的是，也许在萨莫奈战役之前，共和时期最庞大的建筑当数大竞技场内的克瑞斯，由斯普利乌斯·卡斯乌斯所建，他试图在多方面重塑王政的传统。另外，当时的统治者严厉禁止私人奢侈。王室的规则如果继续延续下去，那对私人的禁奢估计无法严厉下去，但为形势所迫，最后元老院也放弃抵抗。阿皮乌斯·克劳狄亚斯执政期间废除了囤积劣质物品的旧体制，还教会他的公民合理使用公共资源。他开创了基础设施的公共事业。如果需要用什么来证明民族福利，那么罗马军事上的胜利大概可以说明。目前存留下的一些断壁残垣也能让没有读过罗马历史的人感受到罗马当时的繁盛。也正是因为阿皮乌斯·克劳狄亚斯，罗马才有了第一条军用大道、第一条水渠。阿皮乌斯·克劳狄亚斯之后，罗马元老院在意大利修筑了众多道路和堡垒，这些建筑在上文已经描述过，从阿契美尼王朝到后来道路的创造者——辛普隆时期，正是这些道路网和堡垒成就了历史上罗马的军事霸业。继阿皮乌斯·克劳狄亚斯之后，曼尼乌斯·库里乌斯在罗马纪元482年即公元前272年为罗马城修建的第二条水渠，物资来源于皮洛士战争中的战利品。罗马纪元464年即公元前290年的时候，他就用萨宾战争的胜利所获得的利益，使维利诺河在特尼尔河上流入涅拉河之处，拓宽了河道，让河流更加流畅，有利于里提河谷水的排泄，同时也为公民开辟了一片居住地，并在这片地上种植，自给自足。这些工程无疑是更明智的，相比之下，希腊那些华而不实的神殿就显得黯然失色了。

城市的装饰

民众的生活方式也有所改变。大概在皮洛士时期，银盘开始出现在罗马人的餐桌上。从罗马纪元470年即公元前284年起，关于木瓦房顶的记载就消失了。意大利的新首都渐渐脱离了乡土气息，开始有了各种各样的装饰。他们用征服的城池中的庙宇内抢夺来的装饰物来装饰罗马，虽然当时还不盛行，但安提乌姆船的船头被陈放在罗马广场的演讲坛旁边，在法定的节假日，从萨莫奈战场上带回来的金装的盾牌也会在市场上展览一番。罚金所得的收入会专门用来铺建城市附近的道路，或者装饰公共建筑。以前，市场两边布满了屠夫的木架摊位，后来沿着帕拉廷朝卡里纳的一侧改修成了钱商的石质铺面，这个地方也就变成了罗马的交易场所。过去的名人，像国王、神父，这些传说中的英雄人物以及相传解读梭伦法令的希腊人，都有各自的雕像。征服了维爱人、拉丁人、萨莫奈人的盛名的长官，以及全力完成任务的国家使节，将自己的财产都遗赠给国家的贵妇，甚至那些声名显赫的希腊哲学家、英雄比如毕达哥拉斯和阿尔基比德斯，这些人的荣誉柱或纪念碑都屹立在卡庇托尔山或者罗马广场上。因此，罗马公社成为了政治大国，罗马城也变得繁荣昌盛。

银值标准

罗马，作为罗马意大利联邦的首领，不仅采用了希腊国家体制，还采用了希腊货币体制。在这个时期，意大利北部和中部的各公社，几乎都铸造铜币，在意大利南部各镇却盛行银币，意大利有多少独立公社就有多少合法的造币体制。在罗马纪元485年即公元前269年，所有地方造币厂都被限制，只能铸造小币值货币，后来颁布了一套适用于整个意大利的货币标准，将铸币事务集中于罗马。仅仅卡普亚还可以以罗马的名义自制银币，标准与罗马有所不同。新的货币体制的基础是两种金属由来已久的法定兑换比率。比较常见的货币单位是十阿斯，不再是一磅，而是一磅的三分之一，即德纳尔，相当于铜的三又三分之一重，银的七十二分之一重，比德拉克马略重。起初，铜币是最为普遍的流通货币，早期的德纳尔银币主要流通于罗马下层以及外贸行业。就像罗马战胜皮洛士和他林敦之时，被遣派到亚历山大的罗马外交官会受到希腊政客的密切关注，敏锐的希腊商人看到罗马的新货币德拉克马，也会反复思量。它们单调、一成不变，甚至可以说是毫无艺术感的钱币，与皮洛士和西西里人那精美的钱币相比，似乎显得毫不起眼。也不是说就像古代野蛮人的货币，并非纯粹模仿，质量不均，成色不纯，相反，罗马货币从一开始就自己设计，认真铸造，并不比希腊任何货币差。

拉丁民族的扩张

因此，我们关注了宪法的发展，为了统治权而进行的民族争斗，困扰意大利尤其是罗马的自由问题，从塔克文氏的被驱逐到萨莫奈人和意大利希腊人的征战。我们再把目光投向关于人类生存的领域，这些不太引人注意却又在历史上不可忽视，这些大事件会产生的影响无处不在，也正是这些影响让罗马民众冲破贵族的枷锁，意大利丰富多样的各民族文化渐渐走向融合，形成一个大民族。历史记载者无法记录下每一大事件的具体细节，也无法摆脱地域的限制，仅能记录一些流传下来的零星片段，来表明意大利民族生活在那一时期发生的重大变化。这一时期对罗马生活的研究比早期更为明显，并不是因为我们资料的缺失，其主要的原因是罗马政治地位发生了改变，致使拉丁民族的发展超过了意大利其他民族。我们已经指出，在这一时期，邻土比如南部的伊特鲁里亚、萨宾、沃尔西地区开始罗马化，这些地区的作品完全没有使用民族方言，甚至出现古罗马的铭文，这些证据足以说明罗马化现象。该世纪末，从接受萨宾人到完全给予他们公民权利，表明意大利中部的拉丁化在那个时候已上升到罗马政治的高度。大量私人份地和遍布整个意大利的零散的殖民地，从军事和语言、民族角度来看，都是拉丁的发展比较快的地区。这一时期，意大利人的拉丁化不带有政治目的，相反，罗马元老院似乎还有意识地将拉丁和其他民族区别，例如，他们不允许坎帕尼亚公社里的非正式公民把拉丁语作为官方语言。然而，环境的影响力远比政治的力量强：拉丁人的语言和习俗在这段时间内占领了意大利，并且还影响到了意大利其他民族。

意大利国度的希腊进程　希腊餐桌习俗

这些民族同时还受到其他民族文化的进攻，那些民族的文化基础各异，其中的一个典型就是希腊文化的入侵。正是在这个时期，希腊文化开始越来越展现它相对于其他民族文化的优越性，并向四面八方传播。意大利也很难不受其影响，最明显的一个现象就是阿普利亚，在罗马纪元五世纪的时候，当地粗俗的方言被罗马废除，之后阿普利亚就悄无声息地被希腊同化。这种改变的发生,就像马其顿和伊庇鲁斯,它们并没有被殖民,但却被文化攻击,这种文化攻击伴随着他林敦的内陆商业一起发生。这个猜想是有证据的:普切蒂人和陶尼亚人与他林敦关系友好,因此他们被希腊同化得比较彻底,然而萨伦丁人虽然与他林敦地理位置上更为邻近,但长期关系不和,所以萨伦丁人受希腊的影响相对而言较小,随即被希腊化的小城,像阿尔皮,也并不是沿海城市。希腊文化对阿普利亚的影响之所以比对意大利其他地区的影响大,地理位置是一个很大的因素,当然也与阿普利亚自身的文化不发达有关,还因为与意大利其他民族相比,阿普利亚的文化与希腊文化有较高的相似度。前文已提及,南部的萨贝利人虽然一开始与叙拉古的君主是统一战线,一起抵制大希腊的文化,但同时也受希腊人的影响,并与之融合。最终,他们当中的一部分人,比如布雷提人和诺拉人,不仅使用本族语言也使用希腊语言,此外,像卢卡尼亚人和一部分坎帕尼亚人沿袭了希腊的文字和礼仪。伊特鲁里亚在这一时期,同样也在花瓶制造技术方面有显著性的发展,其制造技术与坎帕尼亚人和卢卡尼亚人的不相上下。尽管拉丁姆和萨莫奈与希腊文化有很大的差异,但也有证据显示,希腊文化对他们的影响日益增长。这一时期,罗马各个方面的发展——法律、铸币、宗教、民族传奇,都打下了希腊的烙印。尤其是从罗马纪元五世纪初以来更是如此;换而言之,在坎帕尼亚人的统治之后,希腊对罗马生活的影响越来越迅速,越来越深远。在罗马纪元四世纪出现了"希腊座位",上面文字的形状值得关注,这是罗马广场的一个平台,这些座位最初是为马西利亚人提供，后来专门给希腊名人坐。随后几个世纪的文献记载开始出现罗马的名人带有希腊人的姓氏，比如菲利普斯、费罗、索福斯、海萨斯，或者罗马人在书写形式上的稍作变更。希腊的习俗发展得越来越迅猛：比如在死者的墓碑上撰刻铭文并不是意大利的习俗——罗马纪元456年即公元前298年卢修斯·西庇阿是我们发现的最古老的墓志铭，这种在公众场合立一块碑而没有任何的文字陈述逝者的光荣事迹的习俗并非意大利人所有。

改革家阿皮乌斯·克劳狄乌斯开创了这种体制。他造了一个铜盾牌，并在盾牌上刻上祖先图形和悼词，悬挂在贝洛那新庙宇内。把棕榈树的树枝分给参赛选手这个习俗是在罗马纪元461年即公元前293年罗马国庆节的时候引进的。其中影响最大的要算希腊餐桌习俗了。通常罗马人吃饭的时候都是坐在凳子上，但现在却改为斜靠在沙发上，午饭时间也从正午推迟到了下午两点到三点，这个时间根据的是我们的计时方法。达官显贵的宴会，通常会从在场的来宾中通过掷骰子的方法挑选一位，由他决定喝酒的规则：喝什么酒，怎样喝，何时喝。宾客还要轮流挨个唱赞歌，在罗马唱的不是宴享歌，而是赞美祖先的歌。以上这些习俗都不是罗马原创的，而是在很早期的时候从希腊引进的，因为在加图时期的时候，这些习俗就很常见了，只是一度被禁止，然后这一时期又开始盛行，我们就把传入时期归结到这一时期。另外一个有代表性的特色是被誉为"希腊大智大勇者"的雕像屹立在罗马广场，这是在萨莫奈时期奉德尔斐阿波罗之命修建的。很明显，毕达哥拉斯和阿基比德斯被选中，是因为受了西西里岛人和坎帕尼亚人的影响，阿基比德斯被视为救世主和西部希腊人心中的"汉尼拔"。罗马纪元五世纪时期，希腊文化在罗马上层人中的普及程度可以从罗马委派使臣去他林敦事件中看出来，虽然使臣说的不是一口纯正的希腊语，但是可以非常流利而且完全不需要翻译。从罗马纪元五世纪开始，从事国家事务的罗马年轻人，几乎都得掌握世界通用的语言或者与之打交道的国家的语言。

因此，希腊的文化知识获得迅猛发展，其速度可以与罗马征服世界的速度相媲美。势力稍次的民族，比如萨莫奈人、凯尔特人、伊特鲁里亚人等，既丧失了内部的活力，也受到了外部的限制。

罗马和罗马人

两大民族都达到发展的顶峰，在矛盾冲突和友好往来中相互融合，同时，他们的差异性也暴露无遗。意大利人尤其是罗马人，他们性格中的完全的个人主义与希腊人的多样性、重氏亲、重地域性以及个人性形成鲜明的对比。从共和国的建立到征服罗马是罗马史上最繁荣昌盛的时期。这一时期为罗马的内部外部都打下了基础，让意大利成为一体，也为民族法和民族史奠定了基础。这一时期出现分连制、标枪、修建道路、水渠，完善土地财产和货币体制，浇铸卡庇托尔的母狼，设计菲科罗的装饰盒。为这些宏伟的建筑出策出力的人却没有留下任何痕迹，就淹没在历史的长河中。意大利民族与罗马人完全融合，就像罗马市民与罗马公社的融合，丝毫没有障碍。无论是声名显赫之人，还是微不足道的无名鼠辈，一旦进入棺材都不分贵贱，罗马的史册也是这样，不管是政坛巨人还是小贵族的后代，都不加区分地一律记入史册。这一时期的资料，我们能收集到的不多，比较有代表性的要算是关于罗马纪元456年即公元前298年的执政官之一卢修斯·科尔内利乌斯·西庇阿的记载，他还在三年后参加了森提农的重要战役。萨莫奈首领的石棺是多里斯风格的，非常美丽，在八十年前还封存着，石棺上刻着这样的墓志铭：

> 科尔内利乌斯·卢修斯——西庇阿·巴巴图斯元老格涅乌斯之子，有勇有谋，外形出众，品德高尚，集执政官、审查官、工程师于一身，在萨莫奈战役中，攻占陶拉西亚和西绍拿，战胜卢卡尼亚，也将人质带走。

很多罗马共和国的重要人物和政界要领以及军事将领，都有高贵的出身，俊朗的外表，有勇有谋，但是对他们也没有更多的记载。科尔涅利氏、法比氏、帕比里氏等等，我们找不到关于他们的任何详细资料，也并不能都归咎于历史的记载失误。人们觉得元老应该不分好坏，也无须加以区别。市民没必要也根本没想要通过炫耀银制品、希腊文化或者与众不同的聪明才智来显示自己高人一等。炫耀银制品或希腊文化会被审查官惩罚，炫耀聪明才智也并非他们的追求。这一时期的罗马没有个人主义，大家都不分贵贱，每个人都活得像国王。

阿皮乌斯·克劳狄亚斯

毋庸置疑，在这个时候，希腊的个人主义的发展已经随着体制的完善越来越明显，天才以及他们表现出来的力量都展现出了那个时代的发展趋势。可以印证这一点的，我们能举出一个人物，他是思想进步的化身。阿皮乌斯·克劳狄亚斯（在罗马纪元442年即公元前312年是审查官，罗马纪元447年即公元前307年到罗马纪元458年即公元前296年是执政官），是十大执政官之一的曾孙。他出身旧贵族，并以自己的祖先感到自豪，但他改变了限制自由奴隶的拥有者在国家中的特权这一体制，并且还打破了旧的金融体制。从他开始，罗马的水渠、道路、法制、雄辩术、诗歌、语法都有了发展。诉讼法的出版，演讲和对毕达哥拉斯名言的记载，甚至对正字法的革新，这些都归功于他。我们也许不能把他完全划分到民主派或者以曼尼乌斯·库里乌斯为代表的民主派的对立党派。相反，他集古今君王的精神于一身——塔克文氏和恺撒大帝的精神，他把这两位的精神与五百年前缺乏出类拔萃的行为与普通人相联系。只要积极参与政坛，不管是他的官方行为还是他离职后的个人举止，都像雅典人一样刚毅霸气。直到他退出政治舞台，双目失明，在关键时刻，他好像从坟墓里出来一样，重返政坛，战胜元老院的首领皮洛士，第一次正式庄严地宣布罗马对意大利的完全统治。这位天才生不逢时，众神也因为他过早展现出聪明才智而惩罚他双目失明。统治罗马或者是让罗马统治意大利的并不是个人的天赋，而是一种从元老院传下来的根深蒂固的政治观念。

元老院的后代陪他们父辈去参加会议，在大厅门口听到高谈阔论、名言警句，他们踌躇满志，并憧憬将来某个时刻自己也能进入元老院。伟大的成就都需要付出巨大的代价，潜移默化中，这种政治观念已经传到了下一代，就像涅墨西斯紧跟奈刻[6]女神之后一样，罗马共和国的发展并不依赖某一个人、某个士兵或某个将军。在严格的道德制约下，个人的个性特点根本无法得到展现。罗马达到了古代任何国家都未曾达到过的鼎盛，但是也付出了巨大的代价，缺少了多样性，失去了希腊生活中的自由闲适。

注释

[1] 按前人的观点，最早期的三连夜警官这个说法是错误的，因为最开始国家不会安排奇数官员团（《迄至恺撒的编年史》，第15页，注释2）。还有一种比较可信的说法，在罗马纪元465年即公元前289年才有这个官种（李维《罗马史》），但这个说法仍需考究。还有一种可疑的推论，歪曲历史的利奇纽斯·马克尔在罗马纪元450年即公元前304年以前已经提到此事，应该直接摒弃。可以确定的是，起初三连夜警官由高级长官推举，后来其他低级长官也是这样。帕庇尔的公民投票把推举他们的权力移交给了民社（费斯图斯，见《押款》，第344页）。这部法律的颁布，是在外交督办之后，或者最早可以追溯到罗马纪元六世纪中叶，因为他称长官为"公民中断状的人"。也有人认为，三连夜警官属于最古时期，实为不确，因为最古的国家制度没有奇数的长官团。

[2] 人们习惯夸奖罗马民族在司法方面的特权，也把罗马的法律视为上帝赐予的礼物。不过这也可能是他们在为自己的不完善的法律体制辩解。罗马刑法的不稳定也显示了当时思想的不成熟，困扰了想法比较简单

的人，思想成熟的民族才会有比较完善的法律。除了政治环境，罗马的司法和诉讼法主要有两个特点：第一，原告和被告必须拿出证据反驳异议；第二，罗马执行一套固定的法律，并且法律是与实际情况相结合。之前的法律与现实结合得并不密切，而现在的法律则改善了这一弊端，尽可能与实际相结合，尽可能满足人民。一方面将法律固定下来，另一方面又根据时代需求做出相应的调整。

[3] 这种推论是根据李维关于安提昂殖民地的记录得出的，此殖民地在建立之后二十年又进行了重组。有证据表明罗马人强迫奥斯提亚居民到罗马去解决诉讼案，但在像安提乌姆和塞那这些地方却不能这样执行。

[4] 希腊神话中的波吕丢刻斯，在罗马神话中称为波卢克斯，与卡斯托耳为宙斯的双生子。

[5] 通常认为维纳斯先出现，后来才有阿佛洛狄忒神。

[6] 奈刻女神是希腊神话故事里的胜利女神，涅墨西斯是掌控灾祸与福祉的女神。过分幸福的人，女神会带来灾难。

第九章

艺术与科学

罗马民族节日　罗马舞台

在古代,艺术的发展,尤其是诗歌的发展,都与民族节日密不可分。罗马公社的感恩节,在前一个时期主要是在希腊的影响下,进行庆祝,并且是第一个被视作与众不同的节日,即大赛会或者罗马赛会。到了本时期,这个节日的庆祝时间变得更长,娱乐方式也更加多样化。最开始庆祝时间只有一天,后来在罗马纪元245年即公元前509年、罗马纪元260年即公元前494年和罗马纪元387年即公元前367年这三次大革命后每一次都增加一天,到了该世纪末,庆祝时间已经延长到四天。[1]

有一个更重要的情况：显赫专席的民选行政官被委托筹备和监督节日的庆祝，此后，感恩节便失去了它与众不同的特色，也不会让将军在庆典上宣誓。在每年的一系列节日庆典中，感恩节位居第一。政府仍然坚持惯例，允许表演活动，比如二轮战车车赛是庆典的主要活动并且是赛会的压轴活动。其余的几天，群众也可能自己进行一些别的娱乐方式。唱歌的、跳舞的、走钢丝的、变戏法的、扮小丑的诸如此类的表演者，不管是否被邀请，每逢感恩节都会出来表演。大概在罗马纪元390年即公元前364年，发生了一个与延长节日时间有关的重大改变。在节日前的那三天，政府会在竞技场搭建一个舞台，专门为民众的娱乐提供场地。为了使事件在掌控范围内，政府为节日的花销得控制在二十万阿斯（二千零五十五磅），直到布匿战争，这笔预算也没有增加。

执政官如果想要增加开支，那他就得自掏腰包，但是这种现象并不常见，就算有，金额也不大。这个舞台也深受希腊的影响，比如说它的名字。当然舞台最初是为乐师和表演小丑各种活动建造的，其中还有随着长笛翩翩起舞的，最为出色的应该是来自伊特鲁里亚的舞者。不过，很快罗马有了一个公共舞台，并向罗马诗人开放。

民谣歌唱家　民谣　批评艺术

在拉丁姆像这样的民谣歌手有很多。拉丁姆"行吟诗人"或者"民谣歌者"，他们一个小镇接着一个小镇，一家挨着一家去表演他们的歌曲，还会伴着长笛翩翩起舞。当时存在的唯一衡量标准就是农神体，歌谣几乎都没有特别的背景情节，也不是对话的形式。我们只能把它们想象成单调的民谣或是蜘蛛舞，有时是即兴创作，有时是娓娓道来，现在，在罗马旅店里我们仍能听到。这一类的歌曲，较早期就在公共舞台上表演，慢慢发展成罗马戏剧的雏形。这是罗马戏剧的开端，和其他戏剧的萌芽期一样，一开始地位不高，并且非常明显地遭到诟病。《十二铜表法》反对那些无意义的歌谣，对念咒语、写文章讽刺国人，或者去平民百姓家门口唱歌的会处以重刑，也禁止葬礼上雇佣女人哭丧。比法律约束更严重的是，艺术初期在道德上并不被接受，甚至被诅咒，思想狭隘的人一本正经地批判这种轻佻的并以营利为目的的做法。加图说："诗人在早期并不受人尊敬，如果谁成为一名诗人或者经常出没于宴会，会被认为不务正业。"

想要靠舞蹈、音乐、民谣挣钱的人都饱受耻辱，因为世人对他们都非常鄙视。戴着面具扮演一些固定的角色，这是比较常见的娱乐方式，也被视作年轻人的消遣方式，如果有人为了钱，不戴面具就上台表演，会被认为是不知羞耻。歌手和诗人就被划分到跳绳及丑角一类。这一类人被监察员锁定，他们甚至不能参军，也没有市民大会投票权。

此外，城市的警察有权掌控整个舞台，同时这也说明一个问题，这一时期的警察对职业舞台艺人已有管制权。警察官员会在表演结束时，给表演评分，表现得好的，会被奖以美酒，但表现不佳者会被惩以鞭刑。所有的城市官员可以不分时间，不分地点，让表演者承受皮肉之苦，或者实行监禁，都是合法的。这种做法无疑会让舞蹈、音乐、诗歌的舞台表演受到限制，如果表演者落入市民底层之手，或者落入外籍人之手，后果更是严重。这一时期的诗歌仍然微不足道，不能吸引外国艺术家的眼球。另一方面，在罗马，所有的音乐，无论神圣还是通俗，都有伊特鲁里亚人的神韵，拉丁的长笛一度拥有很高的地位，但到这一时期，长笛的地位已被外国音乐所取代。

关于诗歌的著作没有任何提及。不管是面具表演还是舞台朗诵都没有固定的文本。相反，很多时候都是表演者根据场景即兴发挥。这一时期唯一的著作则是《工作与时日》[2]，内容是关于农夫对儿子的训诫。这本书和上文提及的阿皮乌斯·克劳狄亚斯的毕达哥拉斯的诗歌，被视作罗马仿效希腊诗歌的开端。这一时期的诗歌几乎都没有流传，除了一两篇农神体的碑文。

罗马历史著作

和罗马戏剧的兴起一样，罗马的历史著作也在这一时期开始萌芽，这两者都是对当时重大事件和罗马公社早期历史的记载。

地方官员的档案集

当时历史的撰写与地方官员的档案编辑密不可分。追溯到最古老的档案集,晚期的罗马人可以看到这些资料,我们也可以间接看到,大概始于对卡庇托尔山朱庇特神庙的记载。档案记载了从执政官马库斯·赫拉修斯之后的每一年的公社长官。执政官马克·赫拉修斯在位期间,修建庙宇,在九月十三日将此庙献给神灵。在普布利乌斯·塞维利乌斯和卢修斯·埃布提乌斯(据估计罗马纪元291年即公元前463年)当执政官期间,在一次重大瘟疫的时候立下誓言:每满一百年,就要在卡庇托尔神庙的墙上钉上一颗钉子。之后,罗马负责测量和撰写的官员,换句话说,就是大祭司,记录每年政界主要官员的人,还要把年历和早期的月历、日历相结合。后来,这些日历都被划分到"吉日"名下,"吉日"是指适合开庭的日子。在王政废除不久后,这种安排就被采用了。事实上,关于每年官员的记载是非常紧迫、非常有必要的,因为要决定官方文件的日期。就算有这样的关于执政官的档案记录,应该也早就被高卢人的大火(罗马纪元346年即公元前408年)毁灭。罗马主教仪典书在大火中得以幸存,所以如果要继续往前追溯,可以根据这部典籍来补充大祭司档案。我们现在拥有的长官名单,虽然没有记载什么重要内容,特别是在族谱方面,但也借助了贵族族谱加以补充,而且从一开始,其内容都是基于可靠的资料,这一点是无须怀疑的。它的历法年度不够完全,也不够精准:因为执政长官就职不是在新年,也不是固定在哪一天。相反,出于各种原因,执政官的就职时间也会随之变化,而且两任执政官交替之间常常出现空窗期,如果按照任职年度来计算的话,这段时间是不算在内的。相应地,如果历法年度按照执政官的任期来衡量的话，那就有必要标明每一任的入职、离职时间，空窗期出现的话也要标明，当然也许早期的时候也有这样做。除了这个，每一年的官员名单还根据历法年度做了调整，每任官员都有对应的历法年度。如果名单太多，那就会增加一个年度，然后会在后面的图表中用数字379、383、421、430、445、453等标注清楚。从罗马纪元291年即公元前463年开始，罗马的官员档案记载都是与罗马历法吻合的，尽管有些地方不够详细，有些不够完整。历法年度的记载本身就有缺陷，不过还好都在允许范围内。罗马纪元47年即公元前707年之前的相关信息已无法考证，但至少大方向还是正确的。从编年史上来看，罗马纪元245年即公元前509年以前的资料已无处可寻。

卡庇托尔时代

没有形成用于平常使用的纪元法，但关于宗教方面的事务，他们会从卡庇托尔山朱庇特神庙的祭祀之前进行推算，也是从那一年官员的名册开始有了记载。

编年史

很自然地，连同长官的名字和长官在位时所发生的重大事件一并被记录在册。在长官目录后附上相关的记载，这就是罗马编年史的开端，就像中世纪编年史兴起于附在复活节表上的备忘录一样。直到大祭司编制了正式的编年史，所有的长官名字和大事件都逐年被妥当地记录在册。在罗马纪元351年即公元前403年6月5日的日食之前，也有可能是罗马纪元354年即公元前400年6月20日之前，根据编年史，并没有由观察而记录下来的日食情况。从罗马纪元五世纪初开始，关于人口数量才有了健全可靠的资料。对人们的罚金惩处案件、公社的奇异事件，在罗马纪元五世纪的下半叶才在编年史中有了记载。所有编撰一部有条理的编年史的参与者，或者与编年史有关的记载，也或者对早期长官名单的更改（前文已解释过），为了便于编年史的方便，都要增加一年，即闰年，这种情况在罗马纪元五世纪上半叶就发生了。从它被固定下来之后，大祭司每一年都要记载大规模的活动——殖民，瘟疫，饥荒，日食，逸事，牧师或其他名人的死亡以及人民的法令，人口调查结果——所有的这些记录都记录保存，也为了视察，但也不乏有被篡改的地方。目前，关于这一时期的记载非常缺乏，并且也给后来的编著者很大的空间，与罗马纪元456年即公元前289年在西庇阿的碑文对当时活动的叙述相比，就一切明了了。后期的历史学家很明显不能为了资料更具可读性，就以某种方式与叙述相联系，而不顾真假地记载。即使编年史仍然以原版呈现在我们面前，但我们如果要根据它编撰那一时期的历史，仍然有困难。然而，这种编年史不仅只存在于罗马，拉丁每一个有编年史或者长官名录[3]的城市都一样。从这些城市收集的编年史来看，与王政编年史相比，有些是和中世纪相类似。不幸的是，罗马人在后期也延续了希腊人的错误。

家谱

除了官方的记载,这样的记载不足,也存在不确定的处理。为了纪念过去时代,纪念过去的大事件,在这个时代,还有一些别的资料可以为罗马史提供参考。私人的记载无法追溯,然而,有一些大事件是由氏族制度记载下来的,从法律角度来看,氏族制度被刻画在大厅的墙上,用以永久的纪念。这些名单,被家族以长官命名。这不仅仅是家族的传统,无疑也是早期传记的特色。

在罗马任何名人的葬礼上,有纪念意义的悼词都不能省去,都要由死者最亲近的家人宣读,不仅要包括死者的光荣美德或辉煌事迹,还要包括死者祖先的英勇事迹,以这种方式,将事迹代代相传。很多重要的信息都是以这种方式被传承下来的,但是一些歪曲捏造也流传下来了。

罗马早期历史

这一时期开始了真正的撰写历史,同时这一时期也开始了对历史的歪曲。史料的来源当然都差不多。单独的人名,像国王努马、安库、图鲁斯,他们的姓氏应该都是后期加上去的。还有一些事件,比如,塔克文王征服拉丁、塔克文家族被流放,应该也有真实的记载,但更多的是口头流传。也有些史料是来自贵族的宗族记载,比如,与法比氏有关的各种传说。其他的传说,很大程度上塑造了民族的制度,特别是对法律的兴起描述得非常生动:雷穆斯的死亡让墙垣变得神圣；随着塔乌斯王族的覆灭，复仇的历史也结束了；在赫拉修·科克勒斯神话中加入了椿桥的规章；贺拉提氏和库里阿提氏的美丽传说中，有了申诉权的起源；塔克文氏的阴谋和温荻及乌斯奴隶的故事中涉及了被释放奴隶的公民权问题。罗马城的创立也有类似的传说，并有意把罗马的兴起与拉丁姆和阿巴尔这座拉丁人的大都市联系起来。罗马名人的姓氏后面都附加了注释，比如普布利乌斯·瓦勒里乌斯"人民的公仆"，然后就围绕这个主题记载一系列逸事。更重要的是，罗马城内神圣的无花果树以及其他风景名胜地，也有许多教堂司事的故事是出于此，一千多年以后，那里又会出现奇城，还有一些是把不同的故事联系在一起，比如七王的序列，基于每一代的在位期，推断王政总共延续二百四十年[4]。甚至这些没有根据的事件被当作了官方的记载，这种做法差不多也就是从这一时期开始了。

事件的大纲，特别是那不准确的年表，在后期的记载中稳定出现，也就是基于这个原因，这些记载应该是出现在罗马文字时代之前。如果双胞胎罗慕路斯和雷穆斯吮吸狼奶的铜铸像在罗马纪元438年即公元前316年已经立在了无花果树的旁边，那么曾征服了拉丁姆人和萨莫奈人的罗马人应该对他们的城邦起源早有耳闻，应该与李维的著作没有太大的出入。土著居民，即从一开始就居住在那儿的人，其实也只是拉丁人的猜想罢了，在罗马纪元465年即公元前289年西西里作家卡利阿斯的书中有所记载。这也是编年史的本质，对历史附加上猜想，如果无法追溯到天地的起源，那至少也要追溯到公社的起源。有证据显示，大祭司的表是始于罗马城建立之年。据此，我们也许可以猜测，当大祭司在罗马纪元五世纪上半叶开始筹备正式的编年史来取代长官名录，在开端部分有增加内容，罗马王室的兴衰以及共和的日期定在祭祀卡庇托尔神庙当天，罗马纪元245年即公元前509年9月13日，将无日期的事件与之联系起来。

这种最古老的记载罗马起源的方式是受了希腊的影响，这是不用怀疑的。对土著居民以及后来者的猜测，还有关于牧民生活比农耕生活早，普通人罗慕路斯变成了奎里努斯神的传说，都含有希腊色彩。比较纯正的罗马人是虔诚的努马人和睿智的埃格里亚人，但由于外族文化、毕达哥拉斯的哲学的介入，让他们失去了原有的纯正，当然这也不是罗马前期编年史的内容。贵族家谱的完善方式跟公社初期的类似，都偏爱纹章学方法，都会追溯到声名显赫的先人，例如，埃米利氏、卡尔普尼氏、庞那里氏和彭波尼氏，都自诩是努马四子的后代：马梅库斯、卡尔普斯、庞努斯、蓬波；埃米利氏追溯到更远，称马梅库斯是演说家毕达哥拉斯之子。

尽管随处可见希腊带来的影响，但是公社前期的历史是比较本土化的。一方面是因为其本身就起源于罗马，另一方面它主要是关于罗马和拉丁姆，而不是罗马与希腊之间的联系。

希腊影响下的罗马早期史

希腊的故事和小说把罗马和希腊联系起来。希腊的传奇故事展示了他们在尽力想要与逐渐扩张的地理知识保持同步，通过许多航海家及移民者的故事来刻画地理轮廓，这些故事都较为复杂。希腊早期的历史著作中，提及罗马是关于叙拉古的安提奥库（止于罗马纪元330年即公元前424年）的西西里史。这本书记载了一个名叫西凯洛的人从罗马移民到意大利的布雷提半岛。这样的记载不受希腊影响，单单记录罗马人与西库尔人、布雷提人之间的亲密关系，其实是不常见的。希腊的神话故事传播广泛，并且后期都倾向于表明人类起源于希腊或被希腊征服。从这个意义上来看，希腊很早就已经把西方囊括进他们的范围内了。对于意大利，赫拉克勒斯和阿尔戈诺特并不是很重要，尽管赫卡泰奥斯（罗马纪元257年即公元前497年）已很熟悉赫拉克勒斯的石柱，并把阿尔戈船从黑海移到了大西洋，后来又移到尼罗河，最终又回到地中海。相比之下，与伊利昂（即特洛伊）的衰败有关的归国航行更被看重。人们对意大利最开始的认识源于狄奥米德在亚得里亚海航行，奥德修斯在第勒尼安海的航行，事实上，奥德修斯的航行叙述与荷马对神话故事的叙述相似。到了亚历山大时代，各国关于第勒尼安海的希腊故事都与奥德修斯有关。埃福罗斯所记载的历史终止于罗马纪元414年即公元前340年，所谓的斯拉克斯书（约罗马纪元418年即公元前336年）也遵循了他的记载。对于特洛伊的航海历史，早期的诗歌里没有任何显示；《荷马史诗》中，埃涅亚斯在伊利昂败落之后，仍然统治着留在国内的特洛伊人。

斯特西克鲁斯（罗马纪元122—201年即公元前632—前553年），一位伟大的神话改写者，他通过《伊利昂的灭亡》

一书把埃涅亚斯带入了西方。通过把特洛伊英雄和希腊英雄相比，他有意识地把他的故乡西西里和他的居住地意大利写得诗情画意。神话诗歌的雏形就起源于这部书，特别是关于英雄如何带领他的家眷逃离大火中的特洛伊，以及认为特洛伊人是西西里人和意大利人的土著居民，这些都对以后的神话诗歌产生重大影响。这在《伊利昂的号兵密森农》(也叫《密森农事迹》)中体现得尤为明显[5]。那时的诗人认为意大利的蛮族与希腊或者别的地方的不同。

这时候，这位老诗人受这一情感引导，认为意大利的蛮族与其他蛮族大有不同，并且希腊人与意大利人的关系就好似荷马的亚该亚人与特洛伊人那样。新的特洛伊神话很快就与早前的奥德修斯神话相融合，并在意大利广为流传。根据希拉尼科斯（约罗马纪元350年即公元前404年从事写作），奥德修斯和埃涅亚斯通过色雷斯和摩洛提亚（即伊庇鲁斯）到达意大利，就在这里，他们带来的特洛伊妇女把船烧掉，埃涅亚斯建立起罗马城，并以其中一名特洛伊妇女的名字为城市命名。与此相类似而更合理的说法是亚里士多德所述，有一队亚该亚的船到达拉丁海岸后，被特洛伊的女奴们烧了，于是亚该亚人便被迫留在那里，与特洛伊妇女成婚，拉丁人就源于他们的后裔。

此后，有很多当地神话与这些事情相交织，再加上西西里与意大利交通频繁，意大利神话便远播于西西里，至少在那一时代后期已传到。关于罗马起源之事，西西里人卡利阿斯在约罗马纪元465年即公元前289年时已把奥德修斯、埃涅亚斯和罗慕路斯的神话相交织[6]。

蒂迈欧

真正将特洛伊人迁居的事件加以完善并使之流传的却是西西里岛陶罗美尼翁的蒂迈欧，其史书截至罗马纪元492年即公元前262年。据他所述，埃涅亚斯先创立了拉维尼姆及其特洛伊珀那忒斯神庙，而后创立罗马。他还将推罗公主爱丽莎，也叫狄多，穿插在埃涅亚斯神话中，他认为，狄多是迦太基的创始人，并且罗马和迦太基建于同一年。引发这些变动的原因，其一是关于拉丁风俗习惯的传闻已传至西西里，其二是蒂迈欧著书时，也是同一地点，罗马人和迦太基人正酝酿着一场斗争。然而，这个故事基本上不能以拉丁姆为起源，而只是这位好搜集闲话的老翁的毫无意义的杜撰而已。蒂迈欧已经知道在拉维尼姆有神庙，但是，据他所说，拉维尼姆人的这些家神乃特洛伊家神，是埃涅亚斯的追随者从伊利昂带来的。这一说法确实是其个人添加，就像罗马的十月马与特洛伊的马相同，及拉维尼姆所有圣物也都是他自己增加。据作者所述，这些圣物就是传令官的铜、铁杖和特洛伊制造的陶制花瓶，而后几百年间，这些特洛伊家神没有任何人看过。有些历史学家对于那些不被人熟知的事物却一清二楚，蒂迈欧就是如此。波里比乌斯的言论也不是没有道理，波里比阿认识蒂迈欧，劝人无论如何都不要相信他，他提供的文献证据，以现在的事例来看，更加不可信。事实上，这位西西里的雄辩家，说自己知道修昔底德在意大利的坟墓，他高度称赞亚历山大的伟绩就是他征服亚洲要比伊索克拉底写完他的"颂词"速度更快。把早期虚构故事交织在一起，非他莫属，而这种融合竟然无意中让他享有盛名。

希腊人关于意大利事物的揣测源于西西里，此时传入意大利的具体程度无法精确证实。后来看到的图斯库隆、普雷内斯特、安提乌姆、阿迭亚和科尔托那的起源说都与奥德修斯史诗有联系，这种联系差不多源于本时期。甚至罗马人源起于特洛伊男子或女子的想法，也就是在本时期末的罗马出现，因为罗马与希腊东方第一次可查证的来往，是罗马纪元472年即公元前282年元老院派出代表为"有亲族关系的"伊利昂人。尽管如此，埃涅亚斯的神话仍为意大利最近的神话，与奥德修斯的神话相比，它很少有明确的地点；这些故事最后的编辑及其与罗马起源神话相吻合，但这都是以后的事情。

在希腊人眼中，史书所述或者所谓的历史编撰，以自己的方式，关注意大利的史前时期，而对同时期的事件置之不理，这意味着希腊史学的衰落，我们深感遗憾。

开俄斯的提奥朋普所著史书（终于罗马纪元418年即公元前336年）仅记载了凯尔特人攻陷罗马一事，亚里士多德、克莱塔科斯、泰奥弗拉斯托斯、本都的赫拉克莱德斯，都偶然提及罗马事件。卡迪亚的希罗尼穆斯所著关于皮洛士的史书，也说到了他的意大利战争，也正是因为他，希腊编撰的历史成为了权威版本。

法学

关于科学，在罗马纪元303年即公元前451年和罗马纪元304年即公元前450年，罗马城把法律写成文字，为法学奠定了重要的基础。写成的这部法律取名为《十二铜表法》，算得上罗马最古老的文献，也可以称得上是一本书。所谓的"王法"，它的核心部分比《十二铜表法》没晚多久，主要是一些礼制训条，以传统习惯为基础，大多是宗教规矩，大祭司团以皇家法令的形式告知公民，祭司团有权颁布法令但无立法之权。并且，在这一时期之初，元老院最重要的法令几乎都以文字的形式记载下来，但是关于人民的法令却通常都没有记载。早期的等级冲突，曾有因如何保存法律而起争执的。

意见——成套诉讼程序

书面的法律文件数量上有了增加，法学本身也有了越来越坚实的基础。官员每年一换，从普通公民中选出的陪审人员，他们都需要咨询法律顾问，顾问熟悉法律程序，能提出合乎先例的判断，遇到没有先例借鉴的，则根据具体情况作出合理判断。有关开庭日期和祭拜神灵的疑难问题，祭司们需要做好解答准备。被问及其他法律问题时，他们会给予忠告和意见，因此大祭司团内形成的一些传统便成为罗马私法的基础，尤其是关于一些特殊案件所应采用的诉讼程序。约在罗马纪元450年即公元前304年，阿皮乌斯·克劳狄亚斯或他的职员格涅乌斯·弗拉维乌斯将一整套囊括各种诉讼程序的手册和详细列明开庭日期的日历表，公之于众。在当时，法学并不自认为是科学，想要将其表述为科学，纯属个别行为，无法长久。

当时，熟悉法律并能阐明法律已成为获得民众推荐和谋得官职的手段，这不难想象。据说，第一任平民大祭司普布利乌斯·森普罗尼乌斯·索夫斯（罗马纪元450年即公元前304年的执政官）和第一任平民大祭司长提比略·科隆卡尼乌斯（罗马纪元474年即公元前280年的执政官），都因掌握法律而获得僧职，这故事也许是后人的猜测而非史书记载。

语言

毫无疑问，拉丁文和意大利其他语言的正式形成，是在这一时期之前，并且拉丁文在这一时期初期已经基本完善，《十二铜表法》的残文可以证明这一点。这些残文是半口头流传，几乎都被近代化了。其中有许多古字和有一些残文生硬地拼接在一起，这主要是省略了主语所造成的，不过它们与阿瓦歌不同，没有真正的无法理解的地方；与古代祈祷文相比而言，它们与加图语言更相近。如果罗马纪元七世纪初的罗马人看不懂罗马纪元五世纪的文献，那大概是因为当时罗马还没有开始真正的研究，更不存在对文献的研究。

另一方面，这是阐明法和纂辑法律开始形成之时，罗马实用事务文体一定就是在这一时期开始成立的。从已成形态上看，该风格惯用语的遣词造句、表达转换、列举细节以及冗长句式都绝不输于现代英国的法律文体。同时，该风格以其清晰精确受到内行人称赞，而那些不明其意的门外汉则根据个人的性格以及心情不同，听了之后有的肃然起敬，有的蛮不耐烦或是万分失望。

语言学

此外，在这一时期经过理性方法的研究对本国语言进行了一些处置。在发展的初期，萨贝利语和拉丁语趋向于粗俗化，随处可见末尾的删减元音的混淆以及辅音的精细化，正如罗马纪元第五世纪和第六世纪的罗曼语。后来又有所变化：奥斯坎语的 d 和 r 音合并，以及拉丁语的 g 和 k 音合并再次分隔开，并且每个音都有相应的符号；来源于初始奥斯坎字母表的 o 和 u 都没有单独的符号，而来源于拉丁的有单独符号但却面临着合并的可能，而后又一次区别开，奥斯坎语甚至把 i 分解出读音和写法不同的符号；最后写法的符号更加倾向于发音，例如罗马人在许多情况下把 s 都替换成 r。按照年代学的迹象看这一变化出现在罗马纪元五世纪：例如拉丁语的 g 在罗马纪元三世纪的时候不存在，而是罗马纪元五世纪的时候出现的；帕庇里氏家族的第一个把自己称作是 Papirius 而非 Papisius 的是罗马纪元 418 年即公元前 336 年时罗马的执政官；引进 r 而非 s 要归功于罗马纪元 449 年即公元前 315 年的监察官阿皮乌斯·克劳狄乌斯。毫无疑问，再次引进更加精细和精确的发音与逐渐扩大影响的希腊文明有关，这一特点可以从意大利生活的各方面去观察得知。正如与当代的阿迭亚和罗马的阿斯币相比，卡普亚和诺拉的银币要完美得多，坎帕尼亚的文字和语言同拉丁姆的相较之下，显得更加迅速而有规则。尽管投入了努力，罗马的语言和文字发展如何仍未确定，这些都能在罗马纪元五世纪末期保留下来的铭刻上清楚地显示，其中任意性随处可见，尤其是在音节末尾增加或是删减 m，d 和 s，或者在词中间增减 n，抑或者是在对元音 o，u 和 e，i 的区别上。当代的萨贝利语在这一点上可能深受影响，进步较大，而翁布里亚语则受到希腊的影响渗透进步很小。

教学

基于法律和文法的进步，初等教学也获得了一些发展，当然毫无疑问这些在早些时候就出现了。正如《荷马史诗》是最古老的希腊书，《十二铜表法》则是最古老的罗马书籍，它们都为本土上的教学提供了基础，而罗马青少年训练的主要内容是背诵法律政治课程。自从掌握希腊语成了政治家和商人必不可少的技能以后，除了拉丁的"写作教师"也出现了很多希腊的"语言教师"，一部分是兼作府邸教师的奴隶，还有一部分是私人教师，他们在自己的住所或者学生的住所进行希腊语的阅读和口语教学。自然而然地，惩戒在教学中兴起，同时也在军事管理和司法中起到作用。那一时期的教学并没有跨越初始阶段，在社会认可度上来说，受教育和未受教育的罗马人之间没有本质上的区别。

精确科学——历法计算

众所周知,罗马人在数学和机械学上并不是非常卓越,就当代而言,这一点只能被十执政官所掌管的立法所确切证实。十执政官希望用当代的雅典所行八年历代替先前不完善的三年历,在八年历中,一个农历月有二十九又半个太阳日,但是一个太阳年有三百六十五又四分之一日而非三百六十八又四分之三日,所以不改变三百五十四天为一年的常年,而是以每八年闰九十日来代替之前的每四年闰五十九日。基于相同的想法,罗马历法的改良者想在其他方面保存现行历法,在四年一闰的两个闰年里不将闰月缩短,而是把两个二月各缩短七日,因而在闰年中,原定为二十九天的二月定为二十二天,把原为二十八天的二月定为二十一天。出于计算缺乏精确和宗教考量,尤其是二月的年度节日界神节扰乱了拟议中的改革,所以闰年的二月就成了二十四日和二十三日,因此新罗马太阳年实际上是三百六十六又四分之一个太阳日。在实际操作中对以上情况带来的影响作了补救措施,那就是舍弃了以月或十月为单位的计算方法,不管需要多么精确的计算,他们总能将一个太阳年三百六十五日按照十月计算即三百零四日为一年,但此方法导致月份长短不一所以不再实行。以上方法,意大利早已采用一种欧多克索斯历法(罗马纪元366年即公元前388年),尤其是用于农业中,农民的日历就是基于埃及的太阳历三百六十五又四分之一日为一个太阳年。

建筑和绘画艺术

意大利人的建筑艺术和绘画艺术作品展示了他们在这些领域的出彩,而这些领域也和机械密切相关。我们也无法追寻真正原创的迹象,如果意大利的造型艺术无处不透露出借鉴的痕迹,这一点抹杀了其本身的艺术兴趣,那么随之而来的历史兴趣却会增加,因为一方面该艺术保留了种族之间交往的显著证据,这是其他方面不能做到的,而另一方面在非罗马意大利人的历史遭受的彻底的损失中,艺术是唯一存活下来可以显示不同的人在半岛上生活的痕迹。这一时期没有什么创新记录,但是我们也可以从更精确和更广泛的层面去证明已经展示了的意见,也就是说来自希腊的灵感刺激从不同方面巨大地影响了伊特鲁里亚人和意大利人,给伊特鲁里亚人唤起更丰富而蓬勃的艺术,从在意大利人中产生影响之处唤起更睿智深刻的艺术。

建筑学——伊特鲁里亚

即便是在早期,意大利各地的建筑就被希腊所彻底渗透,我们已经展示过这一点了。意大利的城墙、高架渠,金字塔顶的坟墓以及伊特鲁里亚圣殿无处不与古希腊的建筑相似。伊特鲁里亚这一时期在建筑上的成就已经无迹可寻，没发现他们有吸纳什么新事物，也没看见有什么原创，除非我们将那些恢宏的坟墓也列入此行列，例如瓦罗描述过波尔塞纳的坟墓，这不禁让人想起神秘但毫无意义的埃及金字塔。

拉丁——拱顶

在共和国的前一百五十年的拉丁姆，他们的建筑艺术在前人的基础上基本上进步缓慢，该艺术在共和开始之后没有增长反而有所下降。在那一时期，基本上没有可以称得上优秀的建筑，除了罗马纪元261年即公元前493年在罗马修建的竞技场以外，这被帝国时代的人称为托斯坎风格的典范。在这一时代末尾之际，在意大利尤其是罗马出现了一种新精神，那就是恢宏的拱门建筑。并且我们不能称拱门和拱顶建筑为意大利所创造，但可以确定的是在希腊建筑起源之时希腊人并不十分了解拱门建筑，因此他们对自己神殿的平顶天花板和倾斜屋顶感到满足。拱门也可以说是希腊人较晚的发明，由更合乎科学的机械学而来。希腊的资料把这一发明归功于物理学家德摩克里托斯（罗马纪元294—397年即公元前460—前357年）。希腊人在拱门建筑上领先于罗马人，与此相符合的是经常提出和刚被提出的假说，即罗马角斗场的拱顶和之后被盖在卡庇托尔古井上的金字塔顶是现存的应用拱门建筑的最古老建筑。因为这些拱顶建筑属于共和时期而非王政时代，在王政时代意大利人只对平顶和重叠屋顶比较熟悉。无论拱顶被认为是怎样的发明，这一原理的广泛应用，尤其是在建筑上，至少如它的问世那般重要，而其应用则毫无争议地要归功于罗马。罗马纪元五世纪初基于拱形的门廊、桥梁以及沟渠开始出现之后，拱形的名字就与罗马不可分割地联系起来了。与此相类似的还有半圆顶的圆形神殿，这对希腊人来说很陌生，但却深受罗马人的喜欢，而且他们把它应用于特有的崇拜，特别是对维纳斯女神的非希腊崇拜。

这一领域中，还有很多次要的但并不是等于不重要的成就。他们并不对外宣称他们的原创性或这些艺术成就，但是坚固连接的罗马石板街道、坚不可摧的大路、宽大坚硬的瓷砖以及他们建筑经久耐用的水泥都无声地宣告了罗马品质中坚不可摧的顽强和生机勃勃的活力。

造型和绘画艺术

造型和绘画艺术并不是受希腊刺激而发展的，而是发源于希腊，最后却成熟于意大利，这和建筑艺术一样。我们已经知道，这两门艺术虽晚于建筑，但即使是在王政时期，也至少在伊特鲁里亚开始出现，但是它们在伊特鲁里亚的主要发展却是属于此时，在拉丁姆更是如此。在这些地区有很多地方在罗马纪元四世纪时被凯尔特人和萨莫奈人从伊特鲁里亚人手里夺过去，因此在这里很难发现伊特鲁里亚人的艺术遗迹，这也正好为以上事实提供了证明。伊特鲁里亚人的造型艺术首先主要应用于陶土工艺、铜工艺以及金工艺，这里丰富的陶土层、铜矿以及商贸交易都为艺术家提供了材料。伊特鲁里亚庙宇的废墟至今仍在，他们的垣墙、山墙以及屋顶曾经装饰着无数陶制的凸花和雕像作品，而且拉丁姆和伊特鲁里亚之间的贸易往来也有迹可循。铜器铸造也不落后。伊特鲁里亚艺术家制造了一个五十英尺高的巨大青铜柱，沃尔西尼是伊特鲁里亚的德尔斐，据说在罗马纪元459年即公元前295年拥有两千座铜柱[7]。

再者，大概无论何处，石头雕刻的起步总是比青铜铸造要晚，在伊特鲁里亚也是如此，但是内部原因和合适材料的缺乏抑制了其发展，卢那的大理石在当时也未开发。任何人只要见过南伊特鲁里亚坟墓里富丽高雅的黄金装饰，都不难相信第勒尼安金杯在阿提卡也被珍视。宝石雕刻虽然也起步较晚，但在伊特鲁里亚也有各式各样的样式发展起来。伊特鲁里亚的设计家和画家也同样依赖希腊人，但是在其他方面与造型艺术家旗鼓相当，他们在轮廓画和单色壁画上都展示了他们卓越的才能。

坎帕尼亚和萨贝利人

以意大利人的本土与伊特鲁里亚相比，伊特鲁里亚的艺术更丰富，而意大利人则显得贫乏。深究之后我们也不难发现萨贝利人和拉丁人在艺术的天赋和态度上远超伊特鲁里亚人。事实上，在萨贝利的一些地方，例如萨宾、阿布鲁奇、萨莫奈，几乎很难寻得艺术作品的踪迹，甚至是普通的钱币也很少见到。那些移居到第勒尼安海或者爱奥尼亚海岸的萨贝利人不仅适应了希腊艺术的外在，就像伊特鲁里亚人那样，而且还或多或少完全融入了进去。维利特拉曾经属于沃尔西人，他们的语言和特色都保存得很好，有时还能发现一些彩陶，充分展示了生机勃勃的和独具一格的特点。在下意大利，卢卡尼亚受希腊艺术影响程度较小一些；但是在坎帕尼亚和布雷提大陆，萨贝利和希腊不仅在语言和民族特点上，而且更加在艺术上相互融合，坎帕尼亚和布雷提的钱币在艺术风格上与当时的希腊钱币完全相同，仅在文字上相互区别开来。

拉丁姆

拉丁姆虽然在艺术丰富性和数量上不如伊特鲁里亚，但是在艺术品位和实际工艺上却并不比其逊色，这一点少有人知但是却是可以确定的。显而易见地，罗马在罗马纪元五世纪初期在坎帕尼亚开始建设驻扎，卡勒斯城与拉丁社会相交融，靠近卡普亚的法勒尼安地区与罗马部族相交融，这都开创了坎帕尼亚与罗马艺术交融的先例。在奢华的伊特鲁里亚，宝石雕刻被加以重视和勤练，但是在罗马却很缺乏，而且我们发现拉丁的手工作坊不像伊特鲁里亚的金匠、陶土匠那样，满足的是国外需求。拉丁的庙宇也不像伊特鲁里亚那样各处都有着青铜和陶土装饰；他们的坟墓也不像伊特鲁里亚那样装饰得金碧辉煌；他们的墙壁也不似塔斯坎的坟墓里画满了丰富的色彩，然而，总体上看伊特鲁里亚也并没有更加优越。两面神雕像的装饰正如神本身，是拉丁人的创造，技艺十分精巧，比伊特鲁里亚任何艺术作品都更加具有原创性。美丽的母狼和双生子组合毫无疑问与希腊设计相类似，它们虽然不在罗马城诞生，但是确实是罗马人所创造。另外值得注意的是它们第一次亮相是在坎帕尼亚人制造的银币上。在上文提到过的卡勒斯城，有人在罗马将其殖民不久后设计出一种独特的陶制品，上面刻有设计者的名号和其产生的地方，并且远销各地甚至到了伊特鲁里亚地区。在埃斯奎林山最近发现了带有人像的陶土制品，其装饰风格与坎帕尼亚神庙中的供品的典型代表非常相似，这也并不能排除希腊的工匠为罗马制造的可能。雕刻家达摩菲洛斯曾经和格尔伽索斯一起制造了谷神古庙的彩陶像，这个达摩菲洛思也就是希美拉的德摩菲洛思（罗马纪元300年即公元前454年），即佐客西斯的牧师。这些艺术制品上带有的图画具有指示性，基于这些来自远古的证据和我们自己的观察，从中我们可以用比较的方法做出一些推测和论断。在拉丁的石雕作品中，几乎只有罗马执政官卢修斯·西庇阿的多里斯式石棺保存了下来，它的风格极其简朴，因此衬托了同时期其他的伊特鲁里亚艺术品。在伊特鲁里亚的坟墓里发现了许多漂亮素雅的青铜制品，尤其是头盔、烛台等此类东西，但是有哪一个能比得上罗马纪元458年即公元前296年用罚金制成的鲁米纳无花果树旁的母狼雕像？它迄今为止仍是卡庇托尔神庙里最为精致的装饰。

斯鲁乌斯·卡维利乌斯（罗马纪元461年即公元前293

年的执政官）曾用萨莫奈人的武器铸成卡庇托尔山上那座硕大无比的朱庇特神像，用凿下的铜屑就足以铸成立在巨像下面的那位胜利者的铜像。由此可以看出罗马铸铜匠不辞艰辛地工作，并不比伊特鲁里亚人差，这座神像甚至从阿尔巴山就可以望见。在所有的铸件中最精巧的铜币来自南拉丁姆；罗马和翁布里亚的尚可，而伊特鲁里亚几乎没有，即使有也显得十分粗鄙。在卡庇托尔的幸福神庙里于罗马纪元452即公元前302年由盖乌斯·法布里乌斯铸成的壁画，其设计和色彩都受到奥古斯都时代以希腊艺术欣赏见长的鉴赏家的青睐。帝国时代的艺术爱好者对凯雷壁画评论颇好，但是要说画作的代表，他们还是更喜欢罗马、拉努维翁和阿尔巴的作品。伊特鲁里亚在手拿镜子上装饰金属刻画，而拉丁姆是在梳妆的金属箱子上刻画出优雅的线条，这在拉丁姆的应用远不如伊特鲁里亚，几乎仅限于普雷内斯特地区。伊特鲁里亚的铜镜中不乏有优秀的艺术作品，正如普雷斯特的梳妆盒一样，这其中有一个梳妆盒，很有可能产生于那一时期普雷斯特的作坊。对于这样的物件，我们可以说几乎没有比它的装饰更加美丽而富有特色的古董了。不仅如此，它在艺术纯净和质朴上也是相当完美的，这便是菲科罗宝盒。[8]

伊特鲁里亚的艺术特点

　　伊特鲁里亚艺术作品的总体特征一方面是在材料和风格上都显得略为粗糙浪费；另一方面，缺乏绝对的独创性。希腊匠人轻描淡写之处，伊特鲁里亚人却大下功夫；希腊作品材料轻巧形态合适，而伊特鲁里亚却与之不同，他们注重尺寸的大小甚至以稀有为奇。伊特鲁里亚艺术无处不模仿、不夸大，经他们之后淳朴变成了粗鄙，优雅成了颓柔，可畏变成可怕，丰满成了淫秽。这些特征变得越明显，就会有越多的激励因素衰退下去，而伊特鲁里亚便只能依赖自身的资源了。他们对传统形式和风格的沿袭却让人感到诧异。起初伊特鲁里亚与希腊签订友好协议允许希腊艺术在伊特鲁里亚生根发芽，之后一段时期敌对状态阻碍了希腊艺术的发展，或者更有可能是智力迟缓迅速地席卷了整个国家，不管是否是这些原因，伊特鲁里亚艺术在其发展初期停滞不前，停留在了初始阶段。众所周知，这就是长期以来人们将发育不良的伊特鲁里亚艺术看作是希腊艺术的孕育母体的原因。伊特鲁里亚艺术精神迅速消失殆尽，一方面是由于严格地保留了先前艺术的传统，另一方面也是由于无法对新潮的流行趋势加以利用，这尤其体现在石头雕刻和应用于钱币中的铜铸艺术上。同样具有富有教益价值的还有后来在伊特鲁里亚坟墓里发现的彩瓶。如果他们能像线性艺术和彩陶一样早地在伊特鲁里亚加以应用，毫无疑问，他们将懂得如何大量居家使用瓶子，瓶子本身的质量也至少会达到较好的水平。在那一时期，这一奢侈品需求上升，它的独立再创造生产的能力却下降，因此只有极少的彩瓶出现在伊特鲁里亚的市场上，而且他们满足于消费而非生产此类产品。

伊特鲁里亚北方和南方艺术

即使是在伊特鲁里亚，南方和北方地区之间的艺术也出现了更加显著的区别。在南方地区，尤其是在凯雷、塔昆尼和沃尔西等地保留了大量本国所富有的艺术成就，尤其是壁画、庙宇装饰、金饰品和彩釉瓶。北方地区却逊色得多，例如丘西以北就不见彩画的坟墓。伊特鲁里亚最南方的几个城市维爱、凯雷和塔昆尼在罗马传说里据说是伊特鲁里亚艺术的发源地和主要盛行地区。最北部的城市沃拉泰雷拥有伊特鲁里亚最大的土地，但却与艺术几乎沾不上边，即使是在半希腊文化在南部伊特鲁里亚盛行的时候，北方也没有发现任何文化的踪迹。这一显著差别的原因一部分在于民族性的差异——与北方人相比，南部的人们更加不具有伊特鲁里亚的特质；另一部分在于他们受到希腊的影响程度有所不同，尤其是在凯雷地区这一影响更为显著。这是自身都无法否认的事实。这一事实带来的危害越大，南部伊特鲁里亚地区就越早地被罗马所征服，也就是罗马化，这就导致了伊特鲁里亚艺术极早就开始发展。北伊特鲁里亚坚守自己的努力成果，使艺术得以开始发展，这一点有铜币为证。

现在让我们把目光从伊特鲁里亚转向拉丁姆。拉丁姆没有创造新的艺术，但是在很久以后，拉丁姆以拱门为基础发展出一种不同于希腊的新建筑，由此开创了与该建筑相协调的雕刻和绘画的新形式。拉丁艺术从来都不是独创的，而且通常不具影响力。这种新奇的感觉和选择性汲取的方法，构成了一种较高的艺术价值。拉丁艺术很少变得野蛮，并且其最好的作品几乎达到了希腊的技术水平。我们并不是要否认拉丁姆的艺术，毫无疑问，至少在其早期阶段，它对较早建立的伊特鲁里亚有一定的依赖性。瓦罗的假设可能是相当正确的，他认为在希腊艺术家造谷神庙的陶偶之前，只有伊特鲁里亚的造偶艺术使罗马神庙大为生色。不管怎样，主要是希腊人的直接影响使拉丁艺术走向正确的道路，这是不言而喻的。这在这些雕像以及拉丁和罗马钱币中得到明显的体现。甚至伊特鲁里亚仅将金属雕刻用于厕所镜，而拉丁姆仅用于梳妆镜，也表明艺术冲击对两地影响的多样性。拉丁艺术迸发新活力并不是在罗马，罗马的阿斯币和第纳尔币在精度和做工上远不如拉丁铜币和罕见的拉丁银币，绘画和设计的杰作大多属于普雷内斯特、拉努维翁和阿迭亚。这与我们已经描述的罗马共和国的现实和冷静的精神完全一致，这种精神在拉丁姆的其他地区难以得到同等程度的宣扬。 在罗马纪元五世纪的过程中，特别是在它的下半叶，罗马艺术发生重大变化。这是罗马拱门和道路开始建设的时代，是卡庇托尔母狼类艺术起源的时代，是罗马旧贵族的杰出男人拿起画笔，美化一新建成的寺庙，而获得"画家"殊荣的时代。这并非偶然。每一个伟大的时代必定把控住人的一切权力。罗马的风俗虽根深蒂固，罗马的警察虽严厉，但是因为罗马市民成为半岛的主人，或者更正确地说，因为意大利首次统一成为一个国家，他们的繁荣也显见于拉丁艺术，尤其是罗马艺术的繁荣之中，正如伊特鲁里亚民族的道德和政治衰败显见于伊特鲁里亚艺术的没落。拉丁姆不仅以其强大的国力征服了较弱的国家，也将这不朽的印记刻在了青铜和大理石上。

注释

[1] 根据狄奥尼修斯的说法,以及普鲁塔克引用他的一段里的观点,拉丁节是针对罗马赛会而言,李维《罗马史》第六章第42页有明确的记载。狄奥尼修斯,即使错了,也经常会坚持到底,他误解了大赛会的含义。除此之外,关于民族的传统节日起源,通常的说法是,不是源于第一个塔克文王征服拉丁的时候,而是罗马人在雷吉尔湖战役战胜拉丁人的时候。法比乌斯著作中的靠后章节,流传下来的记载表明:关于感恩节,并不是什么特别的还愿典礼,而只是每年一度的庆典,其花费与阿斯康乌斯书中的数额刚好吻合。

[2] 这本书有些片段仍保留了下来,我们无从得知后来为什么这被视为最古老的罗马诗歌。

[3] 名录的开始部分仍存在疑惑,有可能是后续添加的,用以避免120这个年份,因为其间发生了国王出逃和罗马大火。

[4] 他们原本把三代算为一百年,也把数字两千三百三十一除以三算为二百四十,就像前文提到的把国王出逃一直到罗马大火这段时间算为120年,这也是为什么这些精确的数据本身似乎就经过了调整。

[5] 西西里的"特洛伊殖民地",修昔底德、斯基拉克斯和其他人都提到过,赫卡特泰奥斯称卡普亚是特洛伊人所创立,都需要追溯到斯特西克鲁斯,以及他把意大利的土著人与特洛伊人等同。

[6] 根据他的叙述,一个名叫罗美的女人,从伊利昂逃到罗马,也有可能是她同名的女儿,和当地的王拉提诺斯结婚,并生下三个孩子,一个叫罗莫斯,一个叫洛米洛斯,另一个叫芝勒哥诺斯。芝勒哥诺斯出现在此处,是作为图斯库隆和普雷内斯特的建立者,众所周知,他是奥德修斯神话中的人物。

[7] 并非前人所认为的圆形寺庙仿造了古老的房屋,相反,房屋的构建起源于此类方形建筑,后来罗马的神学便认为这种圆形建筑是受了宇宙以太阳为中心这一想法的启发。实际上,应该只是因为圆形被认为是最方便最安全的空间模型,这便是希腊和罗马圆形建筑的依据。圆形建筑和方形建筑本身在希腊、意大利是比较普遍的。圆形适用于仓库,方形适用于居住房,但是,建筑和宗教的发展以及有柱子的圆形庙宇得归功于拉丁人。

[8] 诺威乌斯·普劳图斯可能只是铸造了盒底和盒盖,而盒子是由更早期的一位艺术家打造的,但一定是普雷斯特人的,因为它只在普雷斯特使用。